绿色低碳　数智赋能
——现代化铁路枢纽广州白云站建设实践与探索

陈伟庚　蒋鹏程／著

西南交通大学出版社
·成　都·

图书在版编目（CIP）数据

绿色低碳 数智赋能：现代化铁路枢纽广州白云站建设实践与探索 / 陈伟庚，蒋鹏程著. -- 成都：西南交通大学出版社，2024.12. -- ISBN 978-7-5774-0324-3

Ⅰ. U238-39

中国国家版本馆 CIP 数据核字第 202468T52W 号

Lüse Ditan　Shuzhi Funeng——Xiandaihua Tielu Shuniu Guangzhou Baiyun Zhan Jianshe Shijian yu Tansuo

绿色低碳 数智赋能——现代化铁路枢纽广州白云站建设实践与探索

陈伟庚　蒋鹏程　著

策 划 编 辑	黄庆斌
责 任 编 辑	赵思琪
封 面 设 计	曹天擎
出 版 发 行	西南交通大学出版社 （四川省成都市金牛区二环路北一段 111 号 西南交通大学创新大厦 21 楼）
营销部电话	028-87600564　028-87600533
邮 政 编 码	610031
网　　　 址	https://www.xnjdcbs.com
印　　　 刷	成都勤德印务有限公司
成 品 尺 寸	185 mm × 260 mm
印　　　 张	14.5
字　　　 数	282 千
版　　　 次	2024 年 12 月第 1 版
印　　　 次	2024 年 12 月第 1 次
书　　　 号	ISBN 978-7-5774-0324-3
定　　　 价	260.00 元

图书如有印装质量问题　本社负责退换
版权所有　盗版必究　举报电话：028-87600562

编委会

单　位　中国铁路广州局集团有限公司
　　　　　中国铁路广州局集团有限公司站房建设指挥部
　　　　　中铁第四勘察设计院集团有限公司
　　　　　中铁建工集团有限公司
　　　　　中国铁道科学研究院集团有限公司电子计算技术研究所
　　　　　通号通信信息集团有限公司

主　编　陈伟庚　蒋鹏程

副主编　陈浩军　王万齐

主　审　钟万才　解亚龙

编　委　刘庆林　邓锡保　陈运新　伍　强　贺廿生　夏　卫
　　　　　聂　楠　洪　江　郭　祥　卢文龙　徐玉胜　刘　伟
　　　　　王海权　蔡　恒　陈冬红　匡国冠　傅禹霖　高　峰
　　　　　罗焰华　龙其锦　曾庆龄　李　斌　康　磊　李　良
　　　　　杨　锋　陈巨滔　雷锋华　刘　俊　黄　波　张俊毅
　　　　　郭　辉　刘玉明　麦一飞　张德新　余　谦　林晓文
　　　　　张延彬　于志明　蓝後礼　王育凯　程建兵　陈永刚
　　　　　李玉德　卢　杰　陈　聪　傅绪志　黄　喆　蔡文枫
　　　　　高　强　范志强　乔立贤　李春红　宋　耀　曾　淀
　　　　　杨　超　邓　渊　邹学军　谢彦林　崔桐赫　于胜利
　　　　　李程旭　孙　阳

序

目前，我国已经成为世界上高速铁路路网规模最大、运营速度最高、运营场景最丰富的国家，高速铁路总体技术水平进入世界现代化先进行列。随着BIM、云计算、大数据、物联网、人工智能等新一代信息通信技术的发展和应用，党的十九大报告中提出的"交通强国"战略，强调了信息技术和制造技术的深度融合是新一轮产业竞争的制高点，为铁路行业转型升级指明发展方向。中国铁路紧跟国家战略发展步伐，把握新时代发展趋势，担负起"交通强国、铁路先行"的光荣使命，将信息技术作为生产力发展的重要推动力，以科技创新为支撑，以标准化管理为纲领，以工程质量安全为核心，创新铁路建设管理模式，力求全面提升铁路建设管理水平，打造铁路建设新典范。

粤港澳大湾区建设是国家区域发展的重大战略，是展现中国式现代化的窗口，粤港澳大湾区发展战略将基础设施互联互通放在了七大重点建设领域的首位。为确保建设质量，提高工程建设管理水平，充分发挥投资效益，广州白云站对接粤港澳大湾区国家发展战略，依托信息化技术，集成高铁技术成果，以"绿色低碳、数智赋能"为指导，针对性地提出优化铁路枢纽功能、促进站城融合发展、打造综合交通体系、探索一体化建设管理、构建绿色低碳站房及探索智慧客站建设等建设目标。并以管理标准化、建设一体化和数据协同化的建设管理理论为标准，融合信息化建设与设计、施工、监理、数字化交付和智慧车站为一体，开展建设管理现代化、站城融合设计一体化、智能建造绿色低碳化、全过程交付数字化、运营管理智慧化的全生命周期数智化建设管理实践。

本书以信息化、智能化引领枢纽现代化，积极探索现代化铁路枢纽客站智能建造新模式，是在当前智能建造、一体化建设等理论研究和技术应用的基础上对广州白云站现代化客运枢纽建设项目实践内容进行的系统总结，是现代化客运枢纽建设管理研究领域开创性的成果，内容丰富，技术先进，实用性强，可为铁路工程现代客运枢纽建设管理及智能建造提供参照和借鉴。

新技术、新理念发展变化很快，尽管反复斟酌、数易其稿，但限于编者的水平和时间有限，书中难免存在疏漏，恳请广大读者批评、指正。

中国国家铁路集团有限公司原总工程师

2024 年 10 月

目 录

第1章 绪 论 ·· 001

1.1 白云站枢纽建设背景 ··· 001

1.2 白云站枢纽建设意义 ··· 002

1.3 白云站工程建设概况 ··· 003

    1.3.1 工程概况 ·· 003

    1.3.2 工程重难点 ·· 005

1.4 白云站枢纽建设面临问题 ··· 006

    1.4.1 站城融合程度不高 ··· 006

    1.4.2 施工建造智能化不足 ·· 007

    1.4.3 客运服务与需求不适应 ··· 007

1.5 白云站枢纽建设探索实践 ··· 008

    1.5.1 建设目标 ·· 008

    1.5.2 应用实践 ·· 010

第2章 智能建设管理现代化 ·· 013

2.1 专业化建设管理模式 ··· 013

    2.1.1 管理标准化 ·· 013

    2.1.2 建设一体化 ·· 016

    2.1.3 数据协同化 ·· 018

2.2 一体化数字管控平台 ··· 020

    2.2.1 统一的铁路工程管理平台 ··· 020

    2.2.2 多元数据融合调度指挥系统 ·· 021

    2.2.3 站城智慧监理管控平台 ··· 034

    2.2.4 钢结构全生命周期管控系统 ·· 035

    2.2.5 智慧工地一体化管控及终端 ·· 051

    2.2.6 岩溶深基坑自动监测预警系统 ··· 061

第3章　站城融合设计一体化 ·· 063

3.1　整体规划设计 ·· 063
3.1.1　融合背景 ·· 063
3.1.2　指导原则 ·· 064
3.1.3　关键挑战 ·· 064
3.1.4　融合方式 ·· 064
3.1.5　实践应用 ·· 065

3.2　融合设计亮点 ·· 067
3.2.1　光谷引导的便携进站体验 ·· 067
3.2.2　多维连通的站城交通体系 ·· 070
3.2.3　立体互通的多层慢行系统 ·· 071
3.2.4　多层衔接的体力结构体系 ·· 073
3.2.5　形式多样的共享公共空间 ·· 075
3.2.6　系统集成的板上综合管线 ·· 076

第4章　智能建造绿色低碳化 ·· 077

4.1　全过程BIM应用 ·· 078
4.1.1　辅助设计 ·· 078
4.1.2　节点建模 ·· 079
4.1.3　施工方案论证 ·· 079
4.1.4　复杂溶洞地质仿真 ·· 079
4.1.5　管综路由深化 ·· 080
4.1.6　砌体造型深化 ·· 081
4.1.7　钢结构施工方案优化 ··· 081
4.1.8　钢结构深化设计与物联网应用技术 ··· 082
4.1.9　幕墙、装饰、膜结构施工设计 ··· 082
4.1.10　结构工程参数化探索 ··· 083
4.1.11　可视化交底 ··· 084

4.2　智能化装备施工 ·· 087
4.2.1　智能机器人辅助施工 ··· 087
4.2.2　钢结构三维激光扫描变形监测 ··· 092

		4.2.3	智能化拌和站上料 ……………………………………………… 101
		4.2.4	智能化钢筋加工 …………………………………………………… 103
		4.2.5	智能化钢结构加工 ………………………………………………… 106
		4.2.6	深基坑施工监测技术 ……………………………………………… 107
	4.3	智能化建造技术 ………………………………………………………… 108
		4.3.1	承插型盘扣式钢管脚手架施工技术 ………………………………… 108
		4.3.2	地下连续墙技术 …………………………………………………… 109
		4.3.3	绿色装配式护坡施工技术 ………………………………………… 110
		4.3.4	泥浆0排放技术 …………………………………………………… 111
		4.3.5	装配式机房设备管线施工技术 …………………………………… 112
		4.3.6	预制叠合板施工技术 ……………………………………………… 112

第5章　全生命周期交付数字化 ……………………………………… 120

	5.1	BIM+AR数字化竣工验收系统 ………………………………………… 120
		5.1.1 应用概述 …………………………………………………………… 121
		5.1.2 进度对照 …………………………………………………………… 121
		5.1.3 施工质量精度校验 ………………………………………………… 123
		5.1.4 机电管线检查 ……………………………………………………… 129
		5.1.5 装饰装修施工 ……………………………………………………… 131
	5.2	基于BIM的档案数字化交付系统 …………………………………… 133
		5.2.1 系统概述 …………………………………………………………… 133
		5.2.2 系统架构 …………………………………………………………… 134
		5.2.3 主要功能 …………………………………………………………… 137
	5.3	数字化站房钢结构健康监测 …………………………………………… 149
		5.3.1 钢结构全面概况 …………………………………………………… 149
		5.3.2 数字化环境荷载监测 ……………………………………………… 150
		5.3.3 数字化结构响应监测 ……………………………………………… 151
		5.3.4 行车状态及振动数字化监测 ……………………………………… 152
		5.3.5 旅客候乘舒适度的数字化监测 …………………………………… 153
		5.3.6 基础不均匀沉降监测 ……………………………………………… 154

第6章 客站运营管理智慧化 …… 156

6.1 旅客便携服务 …… 156
6.1.1 一体化交通出行管理服务 …… 156
6.1.2 无线定位精细化室内导航 …… 160
6.1.3 旅客服务智能化便捷终端 …… 171

6.2 生产安全高效 …… 185
6.2.1 旅客服务与生产管控平台 …… 185
6.2.2 旅客行为视觉阵列系统 …… 192
6.2.3 物联网设备可视化平台 …… 193
6.2.4 车站智能感知与视频分析应用 …… 193
6.2.5 铁路客运设备管理应用 …… 195

6.3 运营节能环保 …… 202
6.3.1 智能运维管控系统 …… 202
6.3.2 智能节能降耗系统 …… 210
6.3.3 智能环保监控验收 …… 215

第7章 总结与展望 …… 216

参考文献 …… 220

第 1 章 绪 论

1.1 白云站枢纽建设背景

以"数字化+智能化"为核心的数智化转型，是促进产业链、供应链高效协同和资源优化配置的有效手段，是赋能制造业绿色低碳高质量发展的重要引擎，也是推动我国经济社会高质量发展的重要方向。党的二十大报告提出，加快建设制造强国、质量强国、航天强国、交通强国、网络强国、数字中国，推动制造业高端化、智能化、绿色化发展。大数据、云计算、人工智能、区块链、物联网等新一代信息技术的快速发展和广泛应用，正重塑着全球产业链、价值链和供应链，智能制造、绿色制造等正在成为继机械化制造、标准化制造、自动化制造之后的新型制造方式。

"数字化发展+智能化升级"是数字技术发展到人工智能技术更高阶段的产物。要实施"数智赋能"行动，加快建设数字产业，驱动生产方式和生态治理方式的变革，就必须应用新一代信息技术。先进通信技术、人工智能、工业互联网等新一代信息技术，在改造传统产业的工艺流程，优化能源调度和精准实施梯级利用，在促进工业节能减碳上展现出了巨大的潜力。

2022年3月，中国国家铁路集团有限公司（以下简称国铁集团）正式印发《"十四五"铁路网络安全和信息化规划》（以下简称《规划》），全面系统地分析了铁路信息化建设的发展基础与形势，提出了"十四五"时期信息化工作的总体要求、重点任务、实施策略和保障措施。作为国铁集团"十四五"时期信息化建设的顶层设计，《规划》的发布实施，对规范和指导未来铁路信息化建设具有重要指导意义。

在"要把推进国民经济和社会信息化放在优先位置""以信息化带动工业化，发挥后发优势，实现社会生产力的跨越式发展"的指导下，铁路作为国家的重要基础设施、大众化交通工具，在社会中肩负着提供运力支持、当好先行的重要历史使命。铁路信息化将信息技术广泛应用于铁路建设运营的各项活动中，因此，国铁集团提出"全面拓展信息化应用工作，依托信息化带动机械化、工厂化、专业化向工艺工序标准化延伸，逐步实现管理制度、人员配备、现场管理、过程控制的信息化管理"。所以，如何加强信息化应用，进一步提升标准化、规范化管理水平，提高铁路运输生产率与竞争力，在运输安全中发挥重要作用，是当下开展建设工作的重要背景之一。

铁路信息化建设是一项复杂的系统工程。为完善广东省高铁路网布局，构建沿海经济带的高铁双通道，推进粤港澳大湾区智能交通系统建设，按照"坚持质量为本、安全第一，坚持预防为主、防治结合，坚持落实责任、完善机制，坚持技术引领、创新管理"的建设目标，广州白云站工程以标准化和智能建造信息化管理为纲领，以工程质量安全为核心，应用"5G+工业互联网"、新一代人工智能技术，在智能制造纵向集成、横向集成、端到端集成的基础上，基于数据要素和数字技术的合作、协同与共享，以优化资源配置为保障，通过数字化与智能化的深度融合提升制造业智慧化、数字化、网络化水平的过程，探索创新自主化BIM（建筑信息模型）软件的施工管理新模式，通过数智化转型推动制造业绿色低碳高质量发展，形成绿色低碳生产生活方式、实现绿色低碳高质量发展，开启了中国铁路工程自主化智能建造建设及施工管理的新篇章，助力推动国内铁路工程智能化发展。

1.2 白云站枢纽建设意义

在习近平新时代中国特色社会主义思想指引下，以创新、协调、绿色、开放、共享的新发展理念为引领，为贯彻科技强国、制造强国、质量强国、交通强国等强国战略，中国铁路担负起了"交通强国、铁路先行"的光荣使命，牢牢抓住"强基达标、提质增效"的工作主题。以标准化管理为纲领，以工程质量安全为核心，以科技创新为支撑，以优化资源配置为保障，以服务运输经营为目标，创新铁路建设的管理模式，全面提升铁路建设的管理水平，努力打造铁路建设的新典范，使广州白云站成为高铁技术成果应用的集成平台，树立标杆引领工程，致力于推动中国高铁从世界先进水平迈向世界领先地位，以精品建设彰显高铁强国世界品牌的实力与风采。

为确保广州白云站（原棠溪站）工程中白云站站房及相关工程建设质量，提高工程建设管理水平，充分发挥投资效益，提高社会效益，促进工程向程序化、标准化、规范化、科学化方向发展，白云站建设以站城融合为总目标，利用各类信息化手段，分别在设计、施工、运维等阶段进行信息化建设，其建设具有重要的意义。

在设计阶段，基于BIM技术，进行客站智能化、绿色化和精品化设计应用，实现智能勘探、正向设计、智能选址、智能算量应用设计等，以提升智能客站设计质量和协同设计水平，并将设计阶段成果自动传递给建造阶段，可实现三维可视化智能交付。

在实施阶段，通过物联网、云技术、大数据等先进信息化技术手段及 GIS（地理信息技术）+BIM 的运用，为铁路站房工程建设赋能，提高建设管理水平，进一步打造精品站房工程。

在运维阶段，利用信息化技术手段及 GIS+BIM 形成智能客站 BIM 运维基础设施数据管理平台，实现智能客站运维基础设施、移动装备等智能监控管理。基于 BIM 的智能建筑，可实现资产使用状态和健康状态可视化和数字化管理，提升资产利用率。

1.3 白云站工程建设概况

1.3.1 工程概况

1.3.1.1 站房工程

广州白云站（以下简称白云站）位于广州市白云区京广线上，车站南距广州站约 5 km，车站中心里程对应京广三线Ⅲ3K2260+025，规划为广州枢纽"五主四辅"主要客站之一。

白云站整体如图 1-1 所示。站场按东侧城际场、西侧国铁场分场布置。其中，西侧国铁场采用东侧京广高速场、中间普速场、西侧广湛高速场的线路分场布置方案。车站总规模为 11 台 24 线（国铁场 10 台 22 线、城际场 1 台 2 线）。

图1-1 白云站整体效果

新建白云站综合交通枢纽建筑总规模按 $4.53 \times 10^5 \, m^2$ 设计。其中站房工程 $1.445 \times 10^5 \, m^2$，铁路配套地下停车库 $1.485 \times 10^5 \, m^2$，地铁集散、城市换乘通道及配套工程 $1.17 \times 10^5 \, m^2$，其他 $4.3 \times 10^4 \, m^2$。

白云站站型为线正上式，设高架候车室及东、西线侧站房，在车场上方高架层设上盖平台，在高架候车室南北两侧布置旅客集散广场（"呼吸广场"）、市政交通落客车道、盖上综合开发平台。地下设出站厅、地下进站厅、停车场及社会通廊。旅客流线采用上进下出与下进下出结合的进出站流线。建成后的白云站将成为集各种方式一体化换乘的综合交通枢纽。

1.3.1.2 市政配套

新建白云站工程通过白云二线、棠槎路、铁路东路和石槎路等放射性道路，接入华南快速干线、环城高速公路、广清高速连接线和基础高速公路构成高快速环路，提高区域交通可达性，其周边市政规划如图 1-2 所示。

图1-2 周边市政规划

另外，新建白云站工程通过在建的地铁 12 号线、22 号线、24 号线、佛山 8 号线及预留新线的城市轨道，衔接广州市主要功能区域，可实现与广州站、广州南站和广州北站等重要交通枢纽的互联互通。地铁预留工程作为白云站综合交通枢纽一体化建设工程的一部分，站房西广场设南北向 22 号线地铁车站，东广场设南北向 12 号及 24 号线地铁车站，站房出站层地面以下设东西向两座地铁车站，分别为佛山 8 号线及待定新线（图 1-3）。

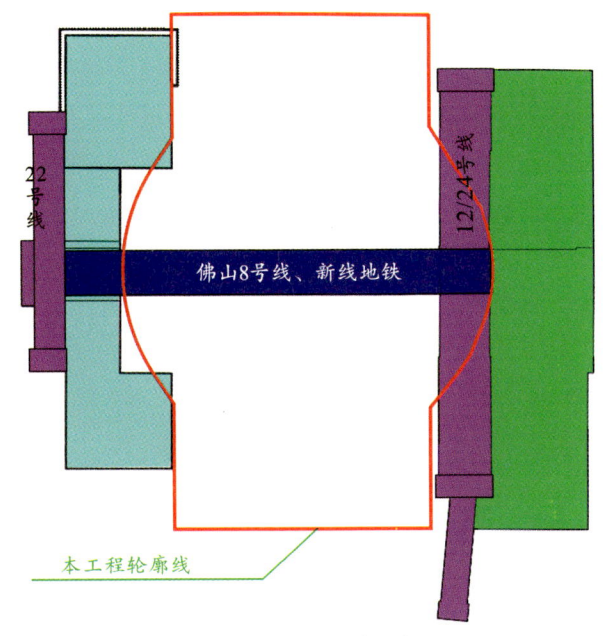

图1-3 轨道交通引入情况

1.3.2 工程重难点

1. 地质条件差，环境保护、文明施工要求高

浅覆盖型岩溶普遍发育，局部地段软土发育，工程性质较差，且站房位置地表广泛分布厚度不均的饱和粉细沙层，地下工程施工难度大。工程主要施工范围位于广州市闹市区，周边人口密集，在环境保护、文明施工方面提出了极高的要求。

2. 工期压力大，施工交叉多，接口多，协调量大

站房中心有2条东西向地铁下穿（底板标高约为−34 m）需同步施工，且为保证既有线运输，车站需倒边施工，对站房工期影响大。同时，车站、地铁及周边地区的综合开发一体化同步施工，其场地狭窄、界面复杂、施工干扰多、协调量大。

3. 结构体量大，结构体系、造型复杂

白云站基坑土方量约$2.6 \times 10^6 \text{ m}^3$，桩基约8 000根，钢结构约$1 \times 10^5 \text{ t}$，整体工程量大。且本工程有大量的混凝土结构、劲性混凝土结构、钢管混凝土结构、装配式结构、钢结构、预应力结构等结构体系，各联系节点处理、施工流程组织、施工质量控制难度大。同时，钢结构的装饰装修有大量复杂造型，过程工艺管控要求严。

4. 周边交通运输环境有严重的局限性

白云站东西广场一体化1标及3标现已开工，目前施工阶段为支护施工，与白云站房标段整体施工阶段基本同步。在站房标段南边，由于铁路线路施工及现场情况无法设置相应的施工道路，现场站房施工所有外部交通组织运输只能通过站房西北角原有棠乐路通往石槎路、东北角修建的与黄石西路接通的临时便道，严重影响整体施工工效。

5. 危大工程类型多，安全风险管理要求高

白云站工程有深基坑、高大模板、大型起重吊装、大跨度钢结构安装等危大工程，需要组织相应专业的专家论证。在施工全过程中需要严格按照危大工程的管理要求进行全过程管理。

6. 邻近既有线保护要求高

在一期基坑施工时，既有京广铁路保持运营。一期施工完成且具备转线条件后，改迁京广铁路至Ⅲ线、Ⅳ线。一、二期施工的工作面都涉及邻近既有线施工，因此在邻近营业线施工过程中存在重大危险源集中，安全防护等级要求高，防护面积大。

1.4 白云站枢纽建设面临问题

粤港澳大湾区是国家重大发展战略内容，是展现中国式现代化的窗口。为建成区内新建特大型铁路综合枢纽客站，面临着一系列困境与挑战。本节将基于现代化枢纽建设的背景，详细分析其在站城融合、施工建造、客运服务等方面所面临的挑战。

1.4.1 站城融合程度不高

现代化铁路枢纽的站城融合是朝着我国站城完全隔离的状态迈进的，符合国家发展战略和新时代对铁路便捷出行的需求。但站城融合程度应根据我国自身特点（如经济水平、行政管理、地方性法规、建成区条件以及不同项目的特点）来确定，不可一概而论。

1.4.1.1 投资代建的挑战

在站城融合理念下，铁路红线内通常存在地方代建工程，而同一区域可能存在多个建设主体，导致多个建设管理单位存在多头管理的情况。在这种管理体系下，建设管理单位未能实现统筹管理，地方工程未能由国铁集团统一代建和一体组织推进，造成现场的多头管理。这种不同建设主体和建设管理单位的工程未能同步推进，引起施工时序的不一致，增加了部分施工措施的费用。举例来说，代建工程和国铁站房的开工时间不一致，导致施工过程中的措施费增加，如地铁工程先行施工导致的空桩（钻孔桩）和空墙（地下连续墙）费用。此外，地方政府对土地开发程序的管控影响了上盖开发与站房建设同步进行，制约了设计风格的统一延续、各专业系统的协调一致，以及提高了施工管理的成本。代建工程的变更设计审批流程通常很长，施工单位可能面临资金短缺等问题。

1.4.1.2 规划设计的难题

一方面，大型铁路站房枢纽的规划设计通常是围绕铁路站房展开的，而地方市政配套和开发规划未能提前展开研究工作或研究深度有限，进而影响铁路站房枢纽方案的稳定周期。

另一方面，不同的设计主体参与，存在不同的设计理念和设计风格，结构设计选型、机电管线通道、外部水电设施、开发通道等方面难以协调一致，从而导致资源浪费、总体协调性不足和工作界面划分不清晰等问题。由于设计主体不统一，大量接口部位需要反复协调，这往往会影响铁路枢纽的总体建设进度。此外，由于特大型站房枢纽常位于已有城市建成区域，其外部交通衔接受到现有交通体系的限制，可能无法满足远期大型站房枢纽对外部交通疏解的需求，从而存在未来交通拥堵的潜在隐患。

1.4.2 施工建造智能化不足

1.4.2.1 施工组织的挑战

站城融合理念下的综合枢纽建设通常涉及多个不同主体的工程同步进行，这导致了一系列问题。首先，多类型工程、多个施工单位和多个建设管理单位在施工时间安排、施工资源投入和施工方案上未能统一考虑，特别是地方工程未能适应围绕站房的施工组织、计划安排，导致工期难以控制。其次，由于施工场地受限，存在大量交叉作业，各方施工都受到较多的限制。随着项目的同步纵深推进，现场施工作业面的矛盾逐渐显现，各参建单位频繁交叉作业，需要多个建设管理单位共同协调推进。

1.4.2.2 同步开通问题

目前，缺乏完善的整体审查、审批路径，不同审批单位之间存在流程较长的问题。这可能导致站房建设和周边配套工程无法同步开通，给项目的进展带来不便。

1.4.3 客运服务与需求不适应

客运服务与需求的不适应主要表现在目前枢纽客站客运服务及设施与新时代人民对美好出行体验的期盼不匹配，以及后期运营时旅客体验不佳等。铁路客运服务是直接面向旅客，使旅客更好地完成旅行过程而具有的设施或服务，是旅客运输组织的关键环节。但目前客运服务与需求之间还存在一些不适应，主要包括信息查询服务不完善以及设施设备不完善两方面。

① 信息查询服务不完善。当前铁路与城市轨道之间的衔接换乘还有很多不足，旅客出行不便，大型枢纽客站流线、引导标识不清晰，目前部分车站虽已经应用旅客信息查询服务系统，但功能还不够完善，使用不便，旅客仍习惯拥挤在问讯处询问。因此，高

速铁路的建成应给旅客带来更大便利,可在高速客运站装备先进的信息查询服务系统,使旅客能够方便地获取各次列车的到发时刻、最佳换乘列车、到发列车停靠站台、行包到达等铁路运输信息,以及市内交通、旅游、住宿信息等社会信息。② 设施设备不完善。部分站房的热工环境无法满足旅客候车舒适度的需求,客服运维的冷暖、空气净化、照明、供水、卫生保洁等工程设施方面存在不足。

1.5 白云站枢纽建设探索实践

随着高速铁路建设的发展,中国铁路工程建设取得了举世瞩目的成就。广州白云站对接粤港澳大湾区国家发展战略,以信息化技术为依托,坚持问题导向、目标导向和结果导向,凝聚各方力量,久久为功,持续发力,积极探索实践现代化铁路枢纽客站建设新模式。

1.5.1 建设目标

本节基于建成区内新建特大型铁路综合枢纽客站在站城融合、施工建造、客运服务等方面所面临的挑战,针对性地提出优化铁路枢纽功能、促进站城融合发展、打造综合交通体系、探索一体化建设管理、构建绿色低碳站房及探索智慧客站建设等建设目标。

1.5.1.1 优化铁路枢纽功能

为推进粤港澳大湾区、深圳先行示范区战略,依据国土空间规划,高质量推动粤港澳大湾区一体化规划建设,形成布局合理、一体便捷、智慧高效、站城融合的现代化铁路交通运输网络。

为解决枢纽内客站运能紧张以及广州中心城区客站不能互联互通等问题。中国铁路广州局集团有限公司首先补强枢纽内通道能力,规划建设广州东至新塘五六线、广州至广州东三四线等项目;其次,统筹做好枢纽内互联互通,加强正线与联络线联通、站型设计等研究,实现多点到发、衔接顺畅、便捷通达的运输效果。

1.5.1.2 促进站城融合发展

在白云站建设过程中,深入探索站城融合模式,致力于实现交通功能与城市功能的高效整合,以达到更高层次的站城共生关系:① 有机衔接多种交通方式,通过立体规划和空间衔接整合,将铁路、城际、地铁、公交、汽车合成为一个立体交通系统,通过环形步道、光谷等特色空间有机衔接、便捷换乘。② 推进资源共享,基于白云站位于城市高度建成区的背景,采用整体规划衔接、多维首层空间营造等手段,通过上盖再生地面打造了 $1.8 \times 10^5 \text{m}^2$ 的正线上盖物业开发,并与市政一体化设计、建造,将多方资源有机整合。③ 打造功能高度复合的场所，广州东站以高铁进城为改造契机，打造集交通枢纽、公共服务、文化展示、旅游服务于一体的高铁枢纽中心区，致力于实现天河 CBD（中央商务区）向 CAZ（中央活力区）+ 枢纽中心区的转型升级。④ 统一专业标准，从服务标准、效率量化标准、信息协同标准、评价指标体等方面统一协调，解决站城融合下专业众多，接口复杂的难题。⑤ 打造人本客站，综合安检互信、打造无障碍环境、创作白云站视觉文化专项提升等多种策略，打造全龄友好型客站，践行人文关怀。

1.5.1.3 打造综合交通体系

为推动干线铁路、城际铁路、市域（郊）铁路、城市轨道交通"四网融合"，可通过多目标的交通需求预测、分层次的车辆引导，以及分流技术、数字仿真及优化技术，实现交通与功能的有机整合，并以交通换乘中心取代站前广场的功能，以服务人民、方便换乘。白云站建设以车站为中心，通过四角交通核心形成立体换乘空间，将站、城、景、人融合。并且引入京广铁路、京广高铁联络线、广湛高铁联络线、广清城际以及 6 条地铁线路联通白云机场。广州东站东向衔接广深四线、广汕铁路，西向衔接广深Ⅰ、Ⅱ线，广州至广州东三四线，接入穗莞深城际和 4 条地铁线路，同时进一步研究车站北侧引入广深高速磁悬浮线的可能性。

1.5.1.4 探索一体化建设管理

在站城融合理念下，枢纽客站建设存在投资多元化引发管理多元化，市政配套规划不同步、设计理念风格不一致，施工组织计划安排不统一，运营不同步等风险。探索形成"一体化建设管理"的模式：① 规划设计层面实现多方位全要素一体化，达到站城规划"一张图"。② 路地一体化高效推进项目审批，对国铁、地方市政配套、轨道交通、商业开发等，采用路地双方联合进行初设批复的方式，对枢纽区内所有相关的功能进行联合批复，路地互认。③ 建设管理层面探索采用多维度一体化管理模式，统一纳入铁路建设管理部门统筹管理，合理化解复杂界面难题。④ 在施工建设专业化管理层面，利用智能建造技术等各类信息化手段，实现智能建造全过程体系，为推进一体化建设管理提供专业保障。

1.5.1.5 构建绿色低碳站房

通过科学管理和技术创新，采用有利于节约资源、保护环境、减少排放、提高效率、保障品质的建造方式，实现人与自然和谐共生：① 充分利用土地，因地制宜，采用站场上盖、双层车场、桥下空间等措施，挖掘土地价值，提升土地利用效率。② 简化建筑造型，践行重结构轻装饰理念，通过采用简化建筑造型、土建装修一体化的方式节约建筑材料。③ 对标绿建三星提升能效，提高维护结构热工性能、增设光伏发电系统、优化空调末端节能控制系统、集中空调冷源能效提升系统以满足国标绿建三星要求。

④ 绿色施工，研究并应用绿色装配式护坡、泥浆零排放系统、建筑垃圾减量化与资源化利用等新技术。

1.5.1.6　探索智慧客站建设

基于新一代信息技术，白云站建设围绕智能运维与旅客服务，全面提升整体运营管理效率。在智能运维方面，探索运用各类信息技术，实现高精度、高效率运维管理：① 实现站场建筑全生命周期的状态评估与预测、管线设备与运维信息的可视化管理等各项功能。② 开展高铁站房钢结构管理智能建造新模式。③ 基于无线传感网络技术，运用信息化现代控制技术，实现大型客运站钢结构等关键设施服役状态在线监测、远程诊断和智能维护。在智能客服方面，基于旅客出行实际需求，探索新时代便捷出行服务：① 根据白云站的建筑结构情况，形成物联网无线定位基站网络的部署方案，提供精细化的地图导览服务，实现高精度的三维定位导航服务。② 提高运营管理体系和旅客出行的效率。

1.5.2　应用实践

基于以上建设目标，本书以各类信息化技术为手段，依托于广州白云站站房及相关工程建设，以管理标准化、建设一体化和数据协同化的建设管理理论为标准，融合信息化建设与设计、施工、监理、数字化交付和智慧车站为一体，积极探索"绿色低碳、数智赋能"的智能建造新模式。信息化建设实践内容如图 1-4 所示。

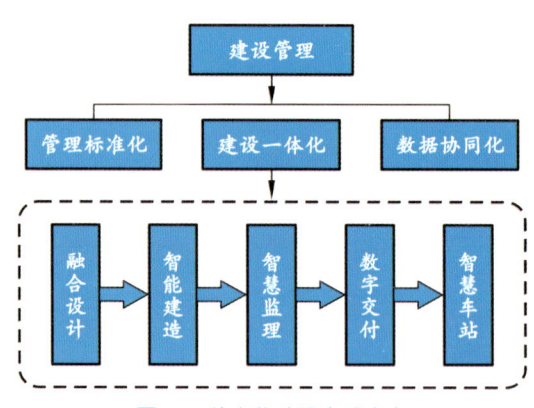

图1-4　信息化建设实践内容

作为信息化建设的基石，白云站深入推进管理标准化，通过设计、施工、运维等多个环节的数据系统，实现了底层数据的系统化建设。不仅提高了各个部门间的协作效率，还为信息的全面共享创造了更有利的条件，同时在确保信息流畅的同时，保障信息的质量和安全。

白云站通过管理标准化，实现了数据的高效协同，利用数据采集、标准制定、数据融合等手段，站内数据得以规范化和高效化管理。例如，通过视频终端、无人机等现代技术的数据采集，实现了实时监控数据的动态展现，为决策提供了更直观的支持。同时，白云站采纳"互联网+"思维，将BIM与其他尖端技术进行融合，实现了数据的高效协同。

白云站构建了多层次的一体化管理体系，包括"建营一体化""建维一体化""路地一体化""站城一体化""站区一体化"等先进管理模式。白云站通过创新管理模式，将建设和运维等多个阶段的管理合并为一个整体。在这种创新模式下，各个阶段的数据信息能够实现全面共享，提高了工程建设项目管理的整体效率。这些模式的实施，使得各个阶段的数据信息得以共享，从而提高了工程建设项目管理的整体效率。通过多个投资主体的建管一体化，白云站成功地打破了信息孤岛，实现了跨部门、跨领域的协同合作，为项目的有序推进提供了坚实的基础。

在白云站项目管理中，通过建立统一的数据标准和协同机制，确保了不同部门、系统或平台中的数据能够无缝交流和共享，包括数据的采集、存储、传输、处理等各个环节的协同，以及建立统一的数据管理体系。白云站通过数据协同，提高了数据的可访问性、一致性和整合性，促进了更高效的决策和操作，实现了不同系统之间的数据互通，加强了信息共享，促使了整个项目在数据管理方面更具协同效应。

1. 融合设计

将铁路交通组织与城市空间整合，实现交通枢纽功能与城市空间的有机衔接。通过实施站城一体规划设计，统筹设置铁路、市政、环保、公共安全等功能，实现高效、协调、可持续的综合交通枢纽。

融合设计方法不仅仅是简单地将铁路和城市空间连接起来，更重要的是在设计中统筹考虑铁路交通组织与城市空间的整合，实现交通枢纽功能与城市空间的有机衔接，包括公共交通设施的合理设置、交通流线的优化规划以及城市空间的多功能。

2. 智能建造

智能建造是指在建筑行业中应用各种新技术，包括物联网、云计算、大数据、人工智能等，以提高建筑行业的生产效率、降低成本和提高建筑质量、减少环境污染等。智能建造的应用范围包括建筑设计、施工、运维等各个环节，涵盖了建筑行业的全生命周期。智能建造的应用可以带来很多好处，如提高生产效率、降低成本、提高建筑质量、减少环境污染等。

3. 智慧监理

智慧监理是指利用现代信息技术手段，对工程建设过程中的质量、安全、进度、成本等方面进行实时监控、预警、分析和管理的一种监理模式。本项目通过智慧监理，实现对工程建设过程的全面、高效、智能的监管，以提高工程建设的质量和安全水平，降低工程建设的成本和风险。

4. 数字化交付

数字化交付是将工程项目的各个阶段所产生的数据、信息和文档等资料，通过数字化手段进行整合、管理和交付的过程。在白云站的建设实践中，数字化交付主要体现在以下几个方面：① 竣工资料预归档系统。竣工资料预归档系统集资料采集、存储、整理、移交、利用等功能于一体，内置规范结构层级，可绿色、智能、高效、便捷地完成建设项目档案整理交付工作，是专为铁路行业的企事业单位提供档案电子管理的产品，是对现有手工管理的有效补充。② 数字化站房钢结构健康监测。数字化站房钢结构健康监测对铁路客站钢结构健康状况进行监测，保障了高铁客站建筑钢结构的安全和管理维护需要，达到了实时互联、协同作业情景关联和智能预测等智能建筑卓越运营的目标。③ BIM+AR 数字化竣工验收系统。BIM+AR 数字化竣工验收系统协同应用在数字化竣工验收中，提高了数据共享和协同工作的效率，BIM 模型中的数据可以通过 AR（增强现实）技术与施工现场实时结合，使施工管理人员更好地掌握项目进度和质量，以便及时应对潜在挑战，这种协同应用的综合优势为铁路工程行业带来了更高的效益和质量标准。

5. 智慧车站

结合中国铁路广州局集团有限公司对车站旅客服务信息系统的既有管理模式，建立生产管控平台，打造智慧车站，对旅客服务集成管理平台、客运管理、客运设备管理和客运站应急指挥四个应用进行深度融合，以实现旅客无障碍便捷服务、车站安全高效作业及环境绿色节能环保的智慧车站运营目标。

第 2 章　智能建设管理现代化

2.1　专业化建设管理模式

白云站积极建设专业化建设管理新模式，实现了管理标准化、建设一体化、数据协同化。建设单位积极推动铁路建设项目标准化管理，建立了标准化项目管理运行机制，全面实现了白云站的建设目标。全力整合参建单位技术优势资源，推动实现了科研组织、人才组织、机构组织标准化。白云站建立"建营一体化""建维一体化""路地一体化""站城一体化""站区一体化""多个投资主体建管一体化"集合的先进建设管理模式，实现了建设一体化。白云站通过人工录入、各业务系统自动推送、视频终端、无人机等实现数据的采集。通过数据共享、处理、存储和管理等方面的规范化、标准化和信息化，实现更高效的协作和信息流通，推动智能建造技术在建设过程的应用。通过将智能建造技术与其他先进技术或与应用系统进行数据融合，使其发挥更大的综合价值，促进工程建设项目全生命周期的信息化管理。

2.1.1　管理标准化

1. 项目标准化

白云站致力于推动铁路建设项目标准化管理，项目标准化管理是打造世界一流现代化铁路综合枢纽的重要抓手，是科学有序推进铁路建设的基本方法，是实现项目建设目标的科学管理体系，具有先进性、科学性、统一性、文化性。白云站项目纵深推进铁路建设项目标准化管理，牢固树立了"标准成为习惯、习惯符合标准、结果达到标准"的理念，认真贯彻落实"畅通融合、绿色温馨、经济艺术、智能便捷"的站房建设理念和"精心、精细、精致、精品"的站房建设要求，确保了以工程质量安全为核心，以四个标准化为基本内涵，以技术标准、管理标准、作业标准和工作流程为主要依据，以机械化、专业化、工厂化、信息化为支撑手段，建立标准化项目管理运行机制，全面实现白云站的建设目标。

白云站项目标准化建设拆解出了两个关键抓手：① 督促施工单位制定作业标准，引导施工企业主动制定和实施先进标准以提升作业标准；② 组织推广应用先进作业标准，按"标准建设、试验先行、样板引路"的要求，组织施工单位对照标准落实项目管理团队、工装设备、技术支撑和专业化队伍等资源配置情况，加强作业标准的检查工作，加强关键工序、关键作业标准的落实情况，检查作业标准人员、材料、设备的配备情况（图2-1）。

图2-1　作业检查

2. 制度标准化

制度是项目管理的核心抓手。鉴于此，白云站的建设围绕工程安全质量管控关键点，健全并完善了制度标准，包括：专家治理论证制度、重大方案编制评审制度、全生命质量管理制度、"一图四表"质量安全风险管理制度（"一图"指安全质量风险公示图，"四表"分别为安全质量风险识别分析登记表、安全质量风险应对计划责任展开表、安全质量风险动态管理监控表、安全质量风险处置结果评价表）及三全检查制度（三全检查是全员、全线、全面检查的简称，是由养路工长组织，并于每月编制下一月度养路作业计划前实施。全员：是相对于工长的重点检查而言，一般8～9人参加，参加检查人员按项目分工，各负其责。全线：是对正线、到发线、主要站线、专用线及全部道岔进行检查。全面：是对轨距、水平、三角坑、方向、高低、爬行、钢轨接头状态、轨枕状态及根据季节特点需要检查的项目，携带符合规定标准的量具进行全面检查）实现了制度标准化（图2-2）。

（1）健全完善专家治理论证制度，坚持走"专家指导、专家治理、专家论证"之路，发挥站房指挥部核心作用，组织协调各专业和各单位的工作，确保工程建设有序进行。同时，成立对应专业的技术攻关组，发挥集体智慧和力量，对工程建设总体难题进行研究和攻克，提高工程建设的专业水平和技术含量。

图2-2　制度标准化相关文件

（2）健全完善重大方案编制评审制度，注重制度的合理性和可操作性，加强方案的科学性和前瞻性。为将质量安全问题降到最低，采用科学方法对重大方案进行分析预测，注重质量安全管理体系的建立和实施，认真落实国家、国铁集团建设工程有关重大方案工作要求，确保重大方案的可行性、经济性、实用性。

（3）健全完善全生命质量管理制度，运用系统工程的方法和模型，统筹协调铁路规划、设计、建设、运营等全生命周期的管理行为和技术要求，科学控制运营风险、整合维修资源、降低维修成本、提高管理效率，确保建设工程的优质、高效。

（4）健全完善"一图四表"质量安全风险管理制度，坚持把防控风险作为加强过程质量安全管控的基本之策，按照分层管控原则，将责任层层分解落实，强化风险管控，有效提升建设工程的质量和安全水平，保障人民的生命财产安全。

（5）健全完善三全检查制度，即对全员、全过程、全项目的施工现场的检查，通过检查和反馈生产过程中发现的问题和不足，从而进行改进和优化，提高施工现场管理水平。

3. 组织标准化

组织标准化可分为三个方面：①科研组织方面：白云站建设方结合建设实践，系统总结了《站房前期工作指南》《站房安全质量现场检查手册》等一系列成果，为全路站房建设管理提供制度借鉴；完成编制国铁集团交办的《站房工程突发事件应急预案》，为全路站房突发事件应急处置提供"广铁经验";组织起草规范标准、培训教材等资料,推动形成更高层次的专业化成果。②人才组织方面:白云站建设方全力整合参建单位技术优势资源,形成9个专业的引领小组,并充分利用各项目相关院士、大师工作室的支持,不断总结提升管理水平;同时通过集中培训、现场实践、岗位交流等方式,全面提升综合素质,培养出一批高素质的带头专家、专业管理人才。目前,指挥部已被评定为集团公司"211人才"的有7人,房建专业高级职称人员占比38%。③机构组织方面:中国铁路广州局集团有限公司站房(住房)建设指挥部组织由综合管理部、计划财务部、工程管理部、安全环保部、质量管理部及物资设备部构成,由指挥长、党委书记、副指挥长、总工程师、党委副书记(纪委书记)领导指挥工作(图2-3)。

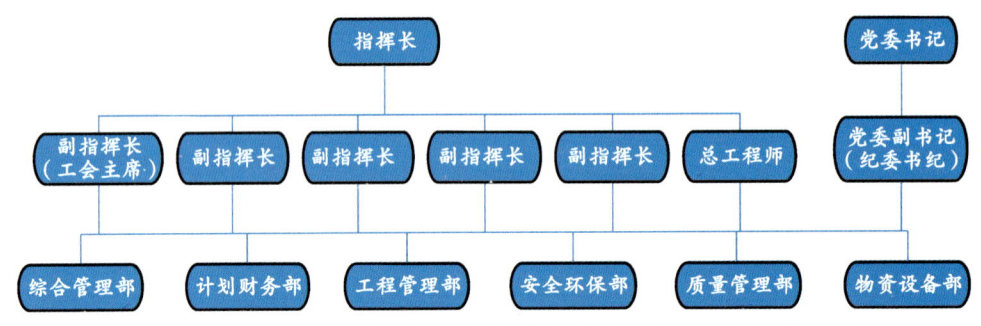

图2-3 中国铁路广州局集团有限公司站房(住房)建设指挥部组织架构图

2.1.2 建设一体化

建立"建维一体化""建营一体化""站城一体化"集合的先进建设管理模式。

1. 建维一体化

随着工业4.0时代的到来,智能化、数字化已然成为主流发展方向,其中智慧车站就是铁路智能化的重要组成部分。以智能建造技术为抓手,数字孪生为手段,在建造施工、运维管理等方面上实现智能化、数字化管理。在列车调度、客流引导等方面实现智能化、数字化管理,以提升车站的管理水平。

一方面,建设一体化综合视频监控系统。开展基于AI识别的铁路车站人数统计系统的研究,嵌入式系统的AI人头检测摄像头硬件处理系统的研究,以及基于车站客流量的信息报表、预警以及综合应用系统的研究。另一方面,执行国铁集团精品站房工艺标准,采用"分层、分类、分槽"三分技术和"平顺分明、直齐圆柔"工艺八字法,建设标准化机房,提高了车站的整体管理水平,提升了站房的质量和形象。通过一体化综合视频监控系统,实现了自动精准识别人头,可实时监控和统计车站客流量,提高了车站客流量统计的准确性和效率,也为车站管理提供更准确的数据支持,使车站能及时发现异常情况，保障了站内安全。

2. 建营一体化

聚焦"交通强国、铁路先行"，深化"强基达标、提质增效"，坚持以国铁集团标准化、规范化建设评价体系为指标引领，以安全优质标准线建设为载体，以"转观念、定标准、精设计、严管控、建精品"为工作思路。通过提前深度介入，与参建单位充分沟通，无缝对接建设、运营两个标准，使建设标准和维护标准实现有机统一，最大限度地在建设期为后期运营维护管理提供便利，全方位建造"建维一体"的安全优质精品示范工程。

3. 站城一体化

随着我国城市和铁路的飞速发展，大型铁路客站已进入"四代"客站时代——站城融合，其具有规模大、空间丰富、功能完善的站城高度融合特点。具体表现如下：

（1）物理功能区立体交叉。站城融合的四代客站客观上存在一个区域内各类功能区立体交叉多的问题，如平面功能区布局交叉（即铁路客运运营区、停车场、车库进出场通道、高架匝道桥、市政配套广场和道路等布局交叉）、空间立体功能区交叉（即地铁、公交、铁路客站、上盖开发等空间立体交叉）。

（2）不同功能区投资主体不同导致建设、运营管理界面相互交叉。不同功能区的投资主体不同（如铁路站房、地铁、市政道路和上盖开发工程投资主体不同）会带来工程、投资、资产、建设和运营管理界面交叉，故理清工程、投资、资产、建设和运营界面，是项目快速组织推进基础。

（3）规划和方案复杂，前期论证周期长。在一个特定空间区域要实现不同功能区各自功能目标、技术标准和管理要求，必然给枢纽工程规划和设计方案带来一定的复杂性，为统一协调并尽可能最大化实现枢纽工程各功能区目标、管理和技术衔接，项目前期需要做大量的沟通协调和反复论证，故项目前期周期长。

（4）涉及专业多，存在众多设计接口和较多特殊设计。大型铁路站房枢纽及相关工程一般包含桥梁、房建、给排水、轨道、市政道路、电力、通信等众多专业，专业接口设计多且复杂，并且还存在不同功能区的结合部没有既有规范标准依据的问题，需进行特殊设计。

（5）施工交叉多，现场管理协调工作量大。不同功能区平面和立面犬牙交错，造成施工交叉多，施工各自互为条件，建设管理主体分别主导组织各自功能区工程建设，需多个建设管理单位共同协调推进。

鉴于此，基于白云站项目特点和站与城的融合程度，结合我国自身特点，以经济水平、行政管理、地方性法规、建成区条件等的特点，采取站城一体化形式进行设计规划和后期建设。

（1）在规划融合方面，白云站建设从设计规划到施工规划均进行了规划融合实践。

（2）在设计规划方面，实行站城融合下的特大型铁路综合枢纽的周边规划先行、一体化设计和一体化组织建设，通过对接集团各接管单位，充分了解接管单位的需求，在建设允许范围内给各单位创造良好的维管环境，实现了白云站建设与城市发展高效融合。

（3）在施工规划方面，白云站施工规划采用统一主体，按一个施工组织实施的方式，一体化综合交通枢纽采用代建模式，由一家建设单位统筹考虑，有利于满足一体化综合交通枢纽建设总进度的要求，同时增大采购量、降低单价，统一分配劳动力和材料，周转材料周转次数得以增加，现场的施工道路、施工机械、临时水电、加工场地、材料堆场等都能一体化统筹使用，能较大程度地节省管理人员、办公场所、办公用品、生产用车、生活区等办公费用。对于涉及铁路营业线的综合交通枢纽，由铁路建设主管部门统一管理，以有效进行营业线相关管理，确保运营安全。

（4）在功能融合方面，白云站在铁路上盖开发和城市交通设施上盖开发中，结合交通条件和后勤服务，统筹考虑规模和业态，开发公寓和商务办公，调配开发规模，完善片区产业、服务和生活体系，满足城市功能需求，保证建设合理性。

（5）在交通融合方面，白云站采用"快速集散、高效衔接、过停分离、系统分流、以人为本"的设计策略，与周边城市设施整体统筹布局，综合考虑功能分配、流线组织、人流导向等问题，使得交通组织更安全、便捷、高效、可靠。从空间融合方面，白云站的盖板与市政配套上盖形成整体，设置环绕式走廊和连接平台，改善枢纽与城市广场衔接，创造公共空间，提高物业空间可达性，实现地下、地面、地上空间便捷联通，形成立体化、复合化、一体化的站城融合空间。

2.1.3 数据协同化

1. 数据采集

随着互联网和物联网的快速发展，大量设备和传感器产生的数据规模呈指数级增长，这些数据蕴含着丰富的信息和价值，需要进行有效的采集和分析。站城融合规划建设需要对土地、人流、交通等方面的数据进行采集和分析，以便进行项目规划和设计，此外还需要对各种设备、人员、物资等进行管理和监控。白云站数据的采集方式主要包括人工录入、系统自动推送、视频终端和无人机采集等方式，具体如下：

（1）通过人工录入方式采集电子沙盘数据、工程概览数据，以及进度管理、安全管理等数据。将录入的数据通过互联网上传到平台服务器，供站房工程信息化建设管理系统使用。

（2）通过各业务系统自动推送数据至站房工程信息化建设管理系统，如工程进度动态、安全质量业务数据、环保监测数据、投资管理业务数据、设计管理、技术资料、监理管理业务数据等。

（3）通过视频终端、无人机等采集数据传输至站房工程信息化建设管理系统中，实现监控数据实时动态展现。

通过数据采集来实现对施工进度、设备状态、人员安全等方面的监控和管理，从而有效提高工作效率。

2. 数据标准化

数据标准化是白云站规划建设非常重要的一部分，它们有助于确保数据的一致性、可靠性和可用性，同时也提高了数据交付的效率和质量。白云站数据标准化包括数据处理机制标准化和数据交付标准化等。

在数据处理机制标准化方面，白云站项目通过设计施工运维的数据系统，开展底层数据建设，可用来支撑所有的设计施工信息，通过数据共享、处理、存储和管理等方面的规范化、标准化和信息化，实现更高效的协作和信息流通，推动BIM技术在建设过程的应用和推进工作。

在数据交付标准化方面，BIM建模组与设计组就项目推进过程中的图纸、标准、参数化问题进行沟通，为后期白云站项目模型参数化做准备，BIM建模组与设计组及相关专家进行多次讨论，平衡实际应用与Revit软件本身功能，编写各类建模标准和数据参数表，建模标准包含《白云站建筑信息模型分类和编码标准》《白云站建筑信息模型设计交付标准》《白云站建筑工程设计信息模型制图标准》《白云站铁路工程信息模型分类和编码标准》，数据参数表包含《白云站建筑参数表》《白云站结构参数表》《白云站电力参数表》《白云站信息参数表》《白云站给排水参数表》《白云站暖通参数表》等（图2-4）。

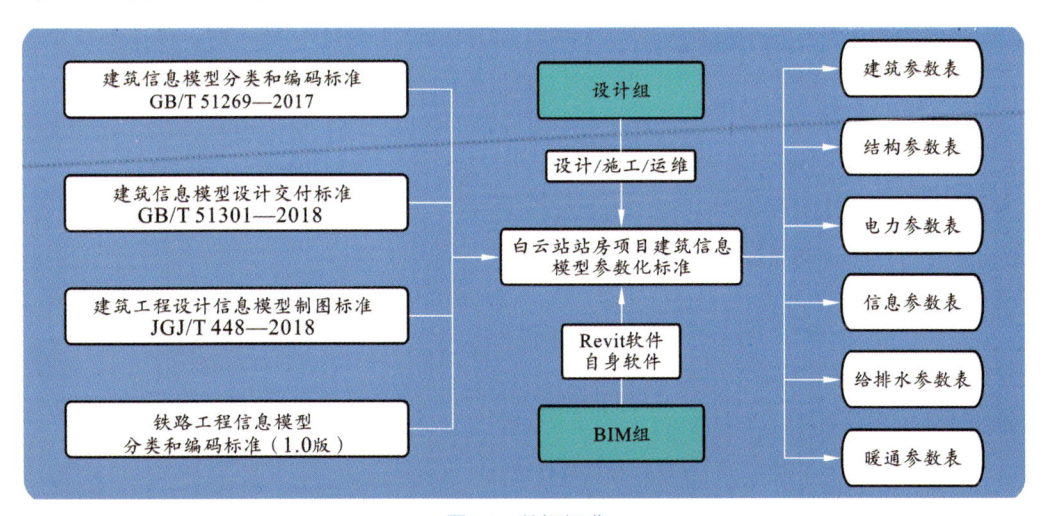

图2-4 数据标准

3. 数据融合

近年来，随着BIM技术的快速发展，促进了建筑业全产业链的变革。BIM具有信息化、三维直观表达、协同工作性、参数联动性、运营管理性和数据追踪性等优点，是一个围绕建筑全生命过程的信息交换与共享的平台，可利用连接端口实现多方协调工作，最终充分利用自身高度可视化的优势实现监测结果的三维动态显示。

白云站信息化项目组在国铁集团和中国铁路广州局集团有限公司各类文件和政策的指导下，大力推进BIM技术在规划、设计、施工和运维等领域的集成应用，并参考"互联网+"思维，将BIM与其他先进技术或者应用系统进行数据融合，即利用计算机技术对按一定时序获得的多源传感器的监测数据通过一定的准则加以分析和整合，以满足决策和评估诊断任务的需求而进行的信息处理过程。

白云站通过数据融合，充分利用多个传感器的数据，消除了单传感器的误差与局限性问题，提高了数据处理的精确度与监测结果的可信度，以期发挥更大的综合价值，促进了工程建设项目全生命周期的信息化管理。

2.2 一体化数字管控平台

随着社会经济的快速发展，铁路建筑行业也面临着诸多挑战和机遇。在这样的背景下，数字化管控成为了铁路建筑行业发展的必然趋势。通过数字化技术，可以实现施工过程中的精准管理和实时监控、施工过程的全面监控和数据分析、施工现场的安全监控和预警、施工过程的全面信息化管理，从而提高施工效率、提升施工质量、降低施工风险、提升管理水平，进而推动铁路建筑行业发展。目前，铁路建设行业数字化管控已经渗透到了铁路建设过程中的多个方面，包括施工管理、设备监管、安全管理等，对铁路建筑行业的进步起到了积极的作用。本节将详细介绍白云站的数字管控平台，利用GIS+BIM等技术搭建铁路工程管理平台、融合调度指挥系统、钢结构全生命周期管控系统等，实现了白云站一体化数字管控。

2.2.1 统一的铁路工程管理平台

BIM技术支持建筑工程全寿命期的信息管理和利用。在规划设计和施工建造两个阶段应用BIM技术，依托铁路工程管理平台，构建基于智能技术的综合应用平台，大力推广智能设备运用。应用基于BIM+智能网络协同平台实现系统集成，实现项目管理流程再造、智能管控、组织优化，实现建设过程、建设向运营所有信息系统的无缝集成，消灭信息孤岛，实现人、设备、对象的互联。加快建造的运转速度，提高劳动生产率，提高建设管理智能化水平。

工程管理平台是以设计、建设、运营全寿命周期管理为目标，以 BIM 技术为核心、以云计算为平台架构、以感知技术为基础、以移动互联为传输手段、以建设项目为载体而建立的统一开放的工程信息化平台和应用。工程管理平台采用云数据中心作为部署环境，现场采集端数据直接上传到云中心，现场施工数据可通过平台三维环境进行可视化展示。站房指挥部及参建单位通过互联网即可访问平台。

铁路工程管理平台（图 2-5）是全国统一推广的铁路信息化基础管理平台，集成电子施工日志、工程影像、首件工程和技术交底、试验室、拌和站以及竣工预算归档系统，对施工全过程工程资料进行上传。

图2-5 铁路工程管理平台

2.2.2 多元数据融合调度指挥系统

智能站房 BIM 建设管理平台是指挥部在调研全路其他大型站房枢纽信息化管理成效后，在借鉴杭州西站优秀成果的基础上定制研发使用的建设管理平台，是作为站房方面首个公司级管理平台，以实现指挥部多层级项目管理。该系统将下辖项目白云站安全、质量、进度、BIM 等数据集成到一个统一的平台，基于平台将各单位各子应用系统的数据统一呈现，并创新性地运用无人机、巡检机器人、小程序等手段，识别生成室内外

720°高精度全景、现场机器人巡检视频、问题库闭环等管理数据，并集成钢结构健康监测、电子档案等数据，形成多平台、多维度、全过程数据互联，关键指标可通过直观的图表形式呈现，能智能识别项目风险并预警，将档案资料一键组卷移交，实现无纸化、数字化、智能化，最终实现真正意义上的数字化交付应用。多元数据融合调度指挥系统如图2-6所示。

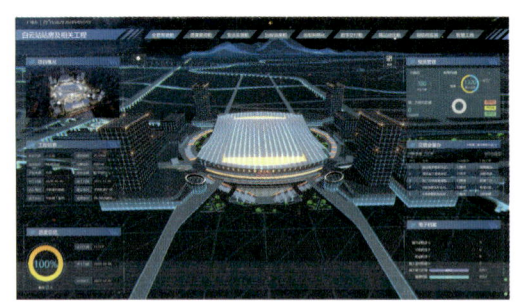

图2-6 多元数据融合调度指挥系统

2.2.2.1 指挥部级系统看板

为实现指挥部层级多项目管理，基于BIM模型展示每座客站投资、进度、质量、安全、监测以及施工现场等建造和管理业务的建设全景图，对预警数据、工程调度、重难点施工状态进行实时提示，将多方面的信息资源兼蓄并容，运用大数据挖掘技术，实现数据按地理空间坐标体系进行数据管理、可视化展示、工程建设信息统计分析、工程项目信息管理，为客站工程建设管理与决策提供多层次、多功能的信息服务，打造可感知的虚体建造现场。具体建设内容如下。

1. 基于BIM技术的建设业务展示

结合虚拟仿真技术，模拟施工过程，直观反映项目设计、施工成果，为建设过程管理提供数据支持。同时依托BIM模型将各专业、各维度数据串联起来，进行宏观大尺度分析预测。

2. 基于BIM模型实时进行预警提示

利用BIM模型的直观性，对工程建设过程中各专业的预警数据、工程调度任务、重难点施工状态进行数据集成和实时展示，帮助非专业人员理解建设工程，进行项目精细化的施工管控，提高项目管理效率。

3. 基于BIM的建设业务虚拟现场

建立BIM技术应用的体系和关键技术，融合投资、质量、安全、进度、监测和施工现场等业务场景，结合漫游、VR（虚拟现实）等技术打造虚拟的施工现场。

2.2.2.2 站房工程电子沙盘

通过统一白云站电子沙盘制作标准、BIM建模标准、矢量数据制作标准、BIM数据规范、GIS数据规范等标准，对白云站电子沙盘制作的流程和服务方式进行规范，结合BIM、GIS、倾斜数据、DEM（数字高程模型）、DOM（数字正射影像）等高清数据，打通白云站综合展示及管理应用的多层级业务及数据总线，实现站房工程、重难点及控制性工程、既有线路、改建线路等信息的高度集成。利用电子沙盘系统，集成白云站改建工程场地信息、周边环境信息、构筑物模型及各类专题展示信息，结合白云站改建工程建设管理业务及应用需求，对白云站改建工程建设管理要素、主要技术风险、关键技术、工艺方法等相关信息进行管理和展示。

1. 项目概况

利用BIM技术、三维地图等技术，结合设计数据，从站房的战略定位、站房的区位规划、站房整体组成三个方面对每座站房进行可视化、形象化介绍。

（1）站房的战略定位，主要是与相邻站房、机场位置关系，以及所在区域周边环境关系。

（2）站房的区位规划，主要是周边高速路、道路、既有铁路线、地铁站、小区等。

（3）站房整体组成（图2-7），主要包含站房本身、东西广场以及四角的功能建筑、旅游大巴、长途枢纽、公交枢纽、运营管理中心。

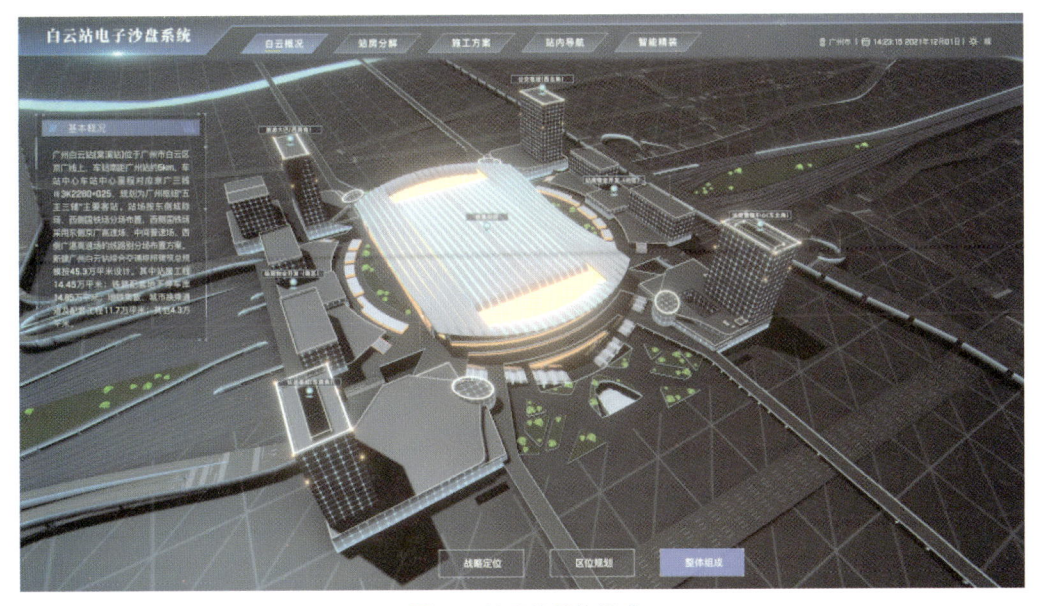

图2-7 站房的整体组成

2. 站房分解

爆炸分层和剖面分层两种模式用于具体介绍站房本身每一层的功能,是以模型为中心进行360°展示的交互方式。车站整体结构分层爆炸展示,各层独立信息展示,BIM信息跟随各层显示。

(1)爆炸分层(图2-8),以爆炸的形式直观感受建筑每层的相互关系,从该模块可以查询了解建筑每一层的构造功能信息。

(2)剖面分层(图2-9),以剖面的形式直观感受建筑每层的相互关系,从该模块可以查询了解建筑每一层的构造功能信息。

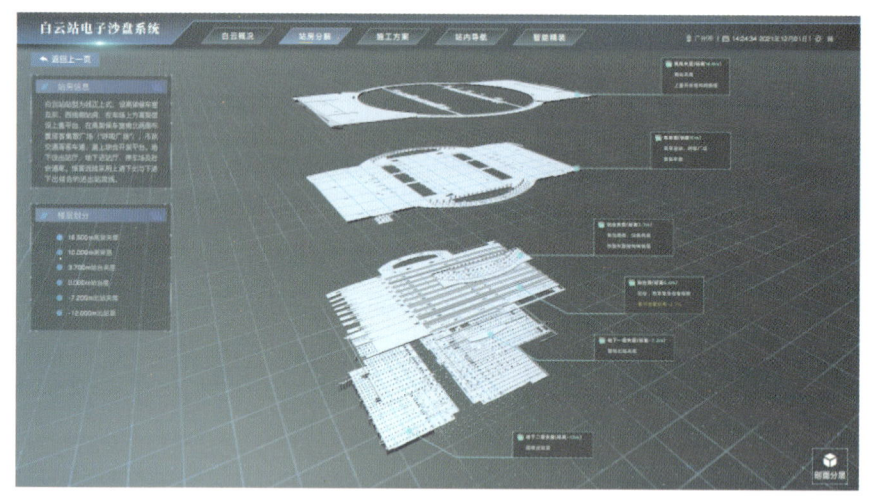

图2-8 站房分解(爆炸分层)

图2-9 站房分解(剖面分层)

3. 施工方案（图 2-10）

针对施工重点进行数字模拟，展示施工工艺完整的动态过程。同时把施工工艺分成各个子阶段，点击子阶段，程序会模拟相应子阶段施工过程，让施工人员可以反复研究，以彻底理解。

（1）针对站房施工工况，共分 10 个节点，包括各个节点完成时间及完成内容介绍。

（2）针对站房一期施工工况，共分 8 个节点，包括各个节点完成时间及完成内容介绍。

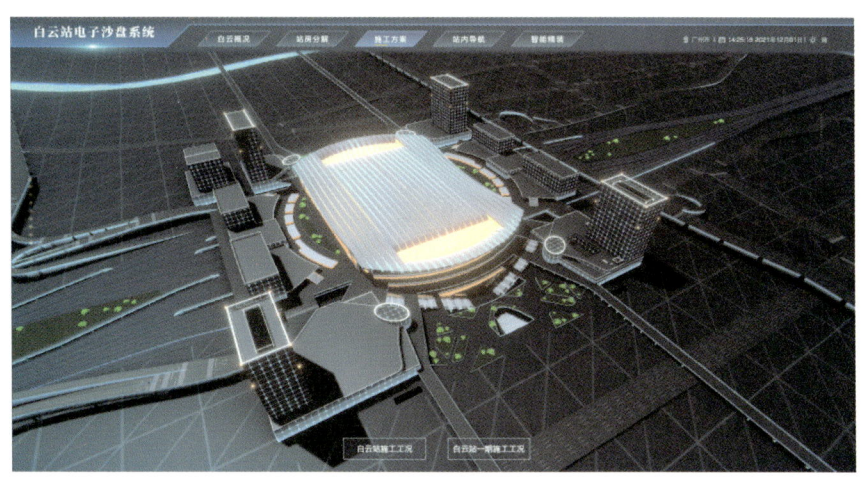

图2-10　施工方案

4. 站内导航

以第一人称视角展示乘客进站、乘车、出站的全过程，有引导效果，同时标记应急疏散通道位置。乘客站内导航信息，以漫游方式为乘客的进站、出站做引导，如图 2-11、图 2-12 所示，可展示闸机位置、电梯位置、候车室位置等。

图2-11　站内导航（进站导航）

图2-12 站内导航（出站导航）

5. 智能精装

基于平台实现对候车大厅、VIP候车室、卫生间、站台层等重点部位建筑造型创意以及装饰设计整体化、可视化、形象化及交互化介绍，如图2-13所示。

图2-13 智能精装

2.2.2.3 项目级信息化系统

1. 站房全景（图 2-14）

基于 GIS+BIM 技术实现站房工程信息化，用一张图对综合进度、质量、安全、技术等进行综合展示，以辅助领导决策。将工程各专业 BIM 模型载入 GIS 环境，进行综合展示，实现进度、安全、质量、技术等信息的汇总展示。

通过平台对督办问题进行发布、跟踪及闭环管理，系统显示历次督办问题及各单位待解决问题和处置情况，调度人员能够及时发现未协调解决的问题，以方便下次交班会进行汇报解决。

图2-14 站房全景

2. 进度管控

（1）网格化管理（图 2-15）：将网格化管理有效运用到特大综合型工程管理中，大型工程的网格化管理依托统一工程管理以及数字化平台可将工程管理网格按照一定的标准划分成单元网格。通过加强对单元网格的安全、质量、进度等各种管理要素日常巡查，建立一种监督和处置互相分离的形式；通过每天对每个网格单元的施工进度情况用不同的颜色进行填充与计划进度进行比对，可以准确地分析现场的进度偏差情况；通过对主体结构网格单元进度施工模拟与现场航拍照片进行比对，实现精准进度分析。

（2）720°全景（图 2-16）：对每周两次无人机航拍的大量高清影像图片进行叠加处理，系统自动生成每周施工区域 720°全景，可以清晰看到每个区域的施工情况，同时可以自动标注施工进度红线、安全红线等，并可以调整焦距和分辨率，同时支持场景自定义功能，720°全景可以生成二维码，通过手机扫描分享给其他管理人员。

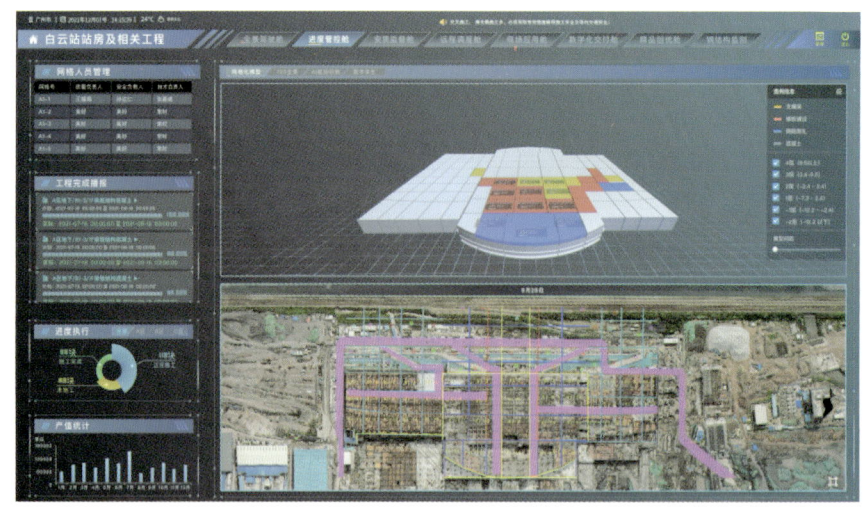

图2-15　进度管控（网格化管理）

图2-16　进度管控（720°全景）

（3）AI自动识别（图2-17）：利用无人机手段，结合影像数据、点云数据等，通过BIM、GIS、影像、点云快速分析处理技术，集成含地理信息的视频影像资料和三维虚拟工程场景，自动识别生成站房项目进度、质量、安全等情况。根据站房施工区域划分特点，自定义设定航拍飞行采集路线，站房分区进行无人机动态航拍，对不同时间同一路线视频进行自动对比，自动分析施工进度，需要制定相应航拍标准要求及大量数据，构建动态视频识别算法并进行大量训练。

（4）数字孪生（图2-18）：通过无人机搭载激光雷达定期对站房区域进行采集，

生成不同时期点云模型进行处理后自动对比分析，并与 BIM 模型进行高精度融合，实现 BIM+ 点云的孪生站房。

图2-17　进度管控（AI自动识别）

图2-18　进度管控（数字孪生）

3. 安质管理

安质管理（图 2-19、图 2-20）覆盖客站工程主要风险源三维识别、统计、提醒和综合应用。基于 BIM 集成群塔、压路机、吊车等大型机械，实现综合三维机械安全管理；基于 BIM 集成视频监控、深基坑监测、高支模监控、钢结构监控、营业线监测等安全风险信息，实现综合三维安全监测管理；基于 BIM 实现安全综合专业分析、图形曲线展示和报表输出等三维可视化分析展示应用；基于BIM集成，进行三维可视化专业分析、预警预报和闭环处置管理。对项目各参与方所提交的土建专业、机电专业、站场专业、信息专业（含客服）阶段性或重要节点的成果文件进行检查与监督，严格管控项目设计质量，施工质量等，缩短项目整体建设周期。将质量监测数据试验室、拌和站、影像资料、桩基监测、线性监控、路基压实、沉降观测、轨道精调、机电设备挂接于对应多元异构模型之上；利用多元异构模型进行驱动现场监测设备情况，并接收现场监测数据，监测数据进行汇总分析后，分析偏差数值及状态展示与对应模型之上实现三维可视化专业质量分析、预警预报和闭环处理，实现基于BIM的实体部位原材料全生命周期质量追溯。

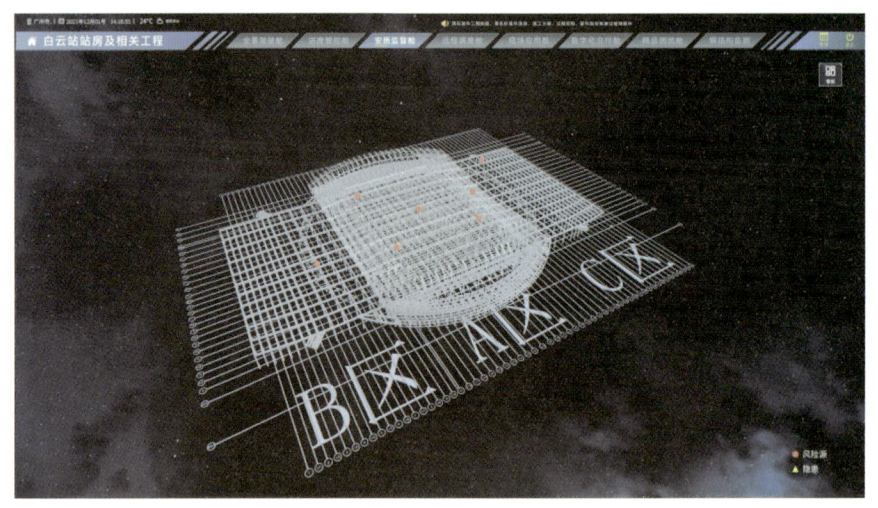

图2-19　安质管理（风险源、隐患标记）

图2-20　安质管理（数据面板）

4. 远程调度

（1）通过利用高精度无人机航飞设备，制定航飞的相关要求和标准，每周三次采集现场的高分辨率影像和全景照片，通过系统可以自动进行调度情况配音、红线标注以及自动进行调度命令下发传达等，还可以按照日期、区域等进行数据查询和筛选，如图2-21所示。

（2）通过数据推流的方式，对施工现场及材料区等重点区域的摄像头监控数据进行实时播放和监控，并可实现远程遥控摄像头及喊话等功能，实现对现场远程调度。

（3）基于5G、单兵摄像头等多源数据的实时调度。

（4）基于5G+多源影音数据融合的实时调度指挥系统建立实时调度指挥系统，融合视频会议、现场视频监控、无人机视频、360°全景照片、单兵摄像头及对讲等多源数据，通过5G传输手段，实时传输到调度中心，通过位置信息与数字孪生模型集成，让整个实时调度指挥画面精确显示，实现快速调度，让决策更加果断和精准。

（5）根据多源数据，按照特定模板自动生成调度日报、月报、周报等资料，并自动分析汇总成各专业形象进度，并且报表中自动挂接检验批、工程影像、日志等施工资料，并根据等级推送到交班会模块中进行发布。

（6）根据指挥部重点工作指示下发督办任务，同时通过对各参建单位发布任务督促落实重要工作。

图2-21 远程调度

5. 现场应用

按照指挥部要求，对各个参加方的进度、安全质量等终端数据进行统一集中管控，制定统一数据和接口标准，并与 BIM 进行数据集成，实现现场数据统计上传、统一监控及统一分发等，如图 2-22 所示。

图 2-22 现场应用

6. 数字化交付

通过与电子档案系统及竣工交付系统的数据对接，自动生成数字化交付（图 2-23）组卷文件及进度统计，以柱状图、饼状图等形式展示分析，并可以实现在线查看、预览、下载、打印等功能。本项目将建立白云站全过程电子档案系统，对全线、全过程 CAD 文件、BIM 文件、电子文档的管理、组卷和交付研究，探索统一、规范的电子文档的管理、组卷和交付流程，建立可行的电子档案管理方法，提升工程建设管理的效率，对相关行业的市场行为的信息化推进提供数据支撑，对我国的信息化发展具有重大的意义。

竣工交付管理用于存储与更新施工数据、BIM 基础模型及各类应用模型（包括信息集成、模型展示、信息交互、技术协调等应用），主要由总服务器、专项工作站及移动终端三部分组成，反映铁路工程管理平台 1.0、设计方 BIM 平台、施工方 BIM 平台数据间的映射关系，并对交付成果的文件（数据）格式做统一规定。各参与方应按规定选用项目 BIM 实施软件，将统一格式的成果文件（数据）存储到 BIM 数据中心。项目实施过程中，不同专业软件之间的传递数据接口应符合 BIM 数据中心规定，以保证过程中的 BIM 模型和相关成果能及时按规定节点更新，最终全过程档案均将记录在竣工交付系统中，其也将作为白云站竣工交付的一个重要成果移交建设方，以保证图模一致和物模一致。

图2-23　数字化交付

7. 精品创优

全面落实创新、协调、绿色、开放、共享的新发展理念，坚持目标和问题导向，科学组织，有序推进，把握新时代中国高铁客站"站城融合、功能复合、文化契合、智能统合、绿色结合、经济适合"的特征，建设新时代中国高铁精品工程、智能客站示范工程。

精品创优（图 2-24）主要包括科技创新以及智能客站的设计、施工、运维等技术体系、模拟建造、智能建造等方面。在建设精品智能客站方面，能形成一批可推广应用的创新成果和建设管理经验。

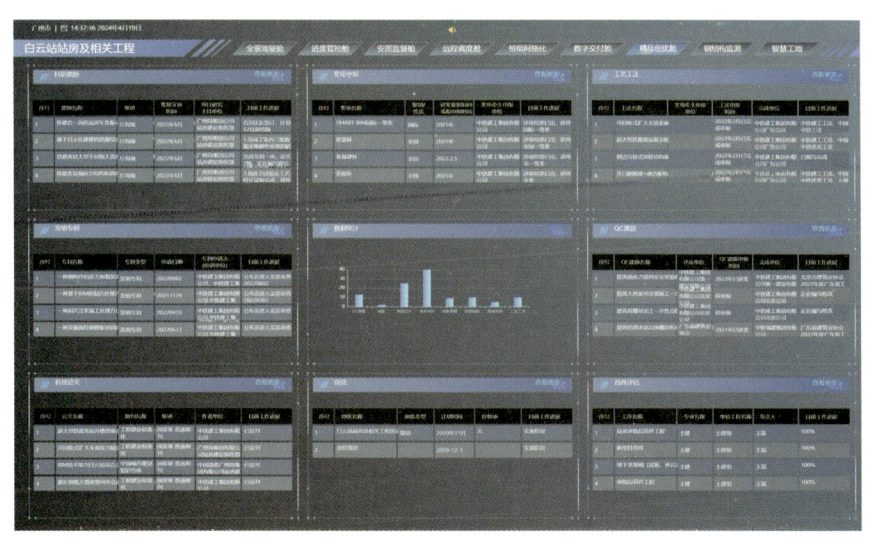

图2-24　精品创优

8. 钢结构监测

根据《高速铁路设计规范》（TB 10621—2014）相关规定："特大型站房结构宜进行整体结构健康监测。复杂的大型站房结构可进行整体结构健康监测。站房结构中处于恶劣环境下易受腐蚀或长期承受交变荷载作用的重要构件可进行局部结构健康监测。"为确保结构在全寿命周期范围内安全可靠，对其应进行健康监测以便能有效进行安全预警，确保结构在服役期的安全。

9. 投资管理

将项目的建筑信息模型与工程造价信息进行关联，可有效集成项目实际工程量、工程进度计划、工程实际成本等信息，方便建设单位能够进行动态化的成本核算，及时控制工程的实际投资成本，掌握动态的合同款项支付情况以及实际的工程进展情况，确保项目能够在核准的预算时间内完成既定目标，提升建设单位对该项目的成本控制能力与管理水平。

2.2.3 站城智慧监理管控平台

2.2.3.1 平台简介

新建广州白云站工程由四川铁科建设监理有限公司承担施工期全过程监理。监理项目部已于2020年10月10日严格按铁路标准化管理要求组建，并于2021年4月经站房建设指挥部验收合格，为标准化项目部。

标准化管理贯穿于工程项目全过程，是工程建设全过程管理的有效方法和手段，需不断完善和推广。为此，四川铁科建设监理有限公司联合西南院信息所共同研发了广州白云站站城智慧监理管控平台（以下简称智控平台），以更好地对工程安全、质量、进度、投资进行管控。智控平台于2021年4月份立项，2021年10月初正式上线。平台上线之初就秉承高起点、高标准、高要求理念，力争将该平台打造成全院的标杆型信息化系统。

2.2.3.2 应用情况

现场项目施工过程中，以数据协同化为基础，结合一体化数字管控平台的其他管控系统柜数据，针对监理现场具体需求进行定制化服务。监理平台主要对进度、投资、质量、安全、设计、环水保等重点环节进行管理，贴合现场管理，精准重点管控，避免信息大而全，有效提升管理效率，降低管理成本。

项目实施范围包括进度管理、投资额度管理、计量情况管理工程变更与索赔台账、农民工薪酬管理、方案管理、试验管理、进场材料验收、检验批分部分项验收、安全风险管理、隐患排查、视频监控、应急管理、大型设备、监测报告、农民工培训监督、设计管理、环水保、科技创新、大事记。

智控平台2021年10月初上线运行以来，采用小步快跑、快速迭代更新策略，先后修改程序错误共计32项，建议修改实验室数据导入Excel表格23张，展示大屏优化显示效果8处，目前大部分功能已基本趋于稳定。

智控平台分为展示前端和管理后端，一共8个大类，20个功能模块。隐患排查数据为监理钉实时推送更新，其余数据由监理站每月组织人员进行更新。监理站通过责任分工、落实到人、定人定时录入数据，目前系统共计录入数据31 254项，其中安全隐患585项、质量隐患220项、试验台账4 429项、原材料进场验收18 258项、检验批分部分项验收7 762项。

2.2.3.3　平台效益

（1）点对点高清大屏高端、大气地展示了四川铁科白云站项目形象。

（2）隐患排查整合了监理钉自动推送功能，无需现场监理人员再录入一次系统，优化了监理人员作业方法、提高了监理人员的工作效率。

（3）AI视频监控可以自动化识别现场违章作业行为，保障了施工现场作业安全，是对AI监理的有益探索。

（4）智控平台可让全项目的数据电子化、云端化，对项目内业管理系统化、规范化、标准化有很好的助力。

（5）Excel模板表格导入数据可大大降低录入数据的工作量，提高工作效率。

（6）智控平台可根据导入的数据，自动生成可视化图表，数据展示形象生动。

（7）环水保模块可根据传感器自动记录施工现场各种环水保数据，并对超标值进行自动预警。

（8）智控平台可与施工单位、业主单位的信息化平台进行对接，数据、传感器均可共享、提高了项目信息化水平，节约了项目投资。

2.2.4　钢结构全生命周期管控系统

2.2.4.1　系统概述

随着我国经济社会的高速发展，我国大中型城市都陆续建设出了不少具有地方特色、造型优美的高铁站房，成为了城市地标性建筑。钢结构因为具有自重轻、强度高、抗震性能好、工业化程度高、施工方便、造型设计自如等众多优点，被大量地运用在高铁站房的建设当中。钢结构分部工程在施工体量方面占据了举足轻重的位置。在钢结构工程的建造历程中不断吸纳信息化、智能化、绿色化的技术及成果，并基于BIM技术、智能制造系统、智能机器人、构件编码追溯系统等，逐步实现了智能数字化钢结构加工生产，推动钢结构工程成为智能化建造领域的代名词。而要实现钢结构工程的智能化生产管理，就需要对钢结构工程从设计阶段开始，直到工程交验阶段展开全面而深入的研究。在钢结构深化设计、原材控制、预制加工、构件及焊缝编码体系建立、安装、构件追溯等方面力争实现全生命周期的管理。

2.2.4.2 工程概况

该工程站房建筑总面积约 $4 \times 10^5 \text{ m}^2$，车站设计规模为 17 站台 32 线，是我国首座采用双层立体车场的大型客站。白云站改建工程竖向构造如图 2-25 所示。

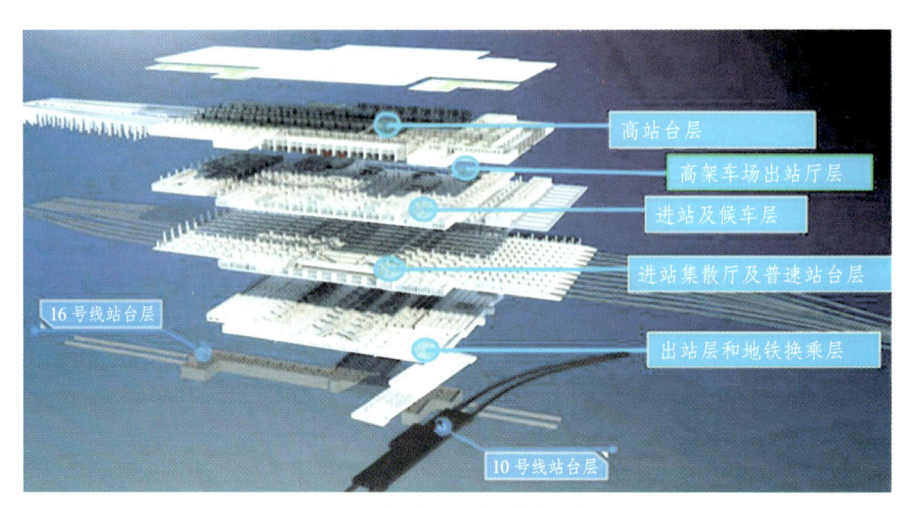

图2-25 白云站改建工程竖向构造

中央站房主体及东西站房均采用框架结构体系，框架柱均为田字形或口形钢管混凝土柱；西站房及中央站房框架梁采用劲性钢骨混凝土梁；东站房楼层框架梁采用焊接箱型或 H 型钢梁。屋盖钢结构分为高速场屋盖和中央站房进站厅屋盖两部分，结构采用钢桁架加十字形钢柱体系。进展厅屋盖南北向主桁架最大跨度 41.5 m，东西向主次桁架跨度 20 m，中央站房南北两侧悬挑 16.2 m。

中央站房主体（图 2-26）采用钢筋混凝土框剪结构+防屈曲支撑、矩形钢管混凝土+钢梁+防屈曲支撑，以及矩形钢管混凝土+型钢+钢筋混凝土梁结构形式。进站厅屋盖及高速雨棚采用十字形钢管混凝土柱+钢箱梁或钢桁架结构。钢结构轴网宽度方向柱间距东西向 20.5 m，南北向 21.5 m，框架梁大量采用劲性钢骨混凝土梁，局部采用钢骨混凝土梁。钢结构工程量约 $2 \times 10^5 \text{ t}$。

2.2.4.3 方案策划

钢结构全生命周期管理平台（图 2-27）打通了白云站钢结构工程全生命周期管理数

据链，以构件为单位将钢结构的管理分为设计、深化、生产、运输、安装、交验6个阶段。6个阶段的过程资料都与三维模型相关联，在施工中，应用管理平台进行全过程的进度跟踪，在施工完成后，可进行钢结构全生命周期的追溯。

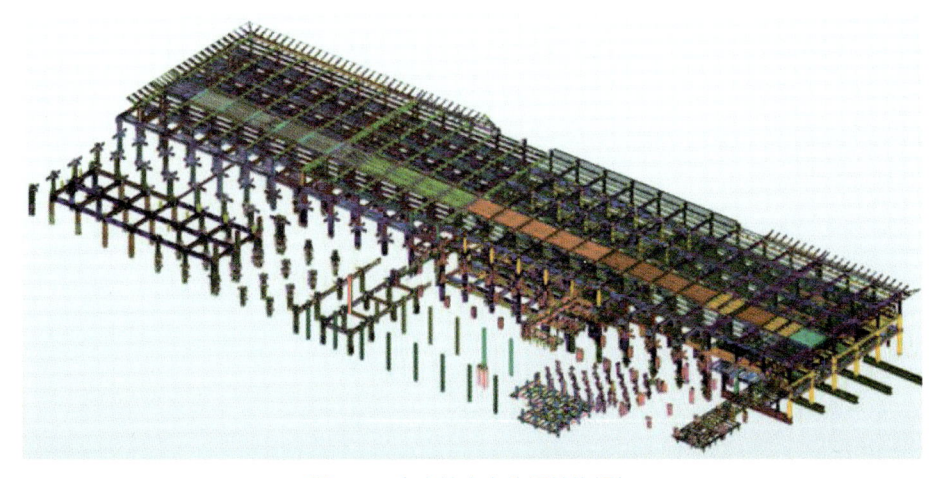

图2-26 中央站房主体钢结构框架

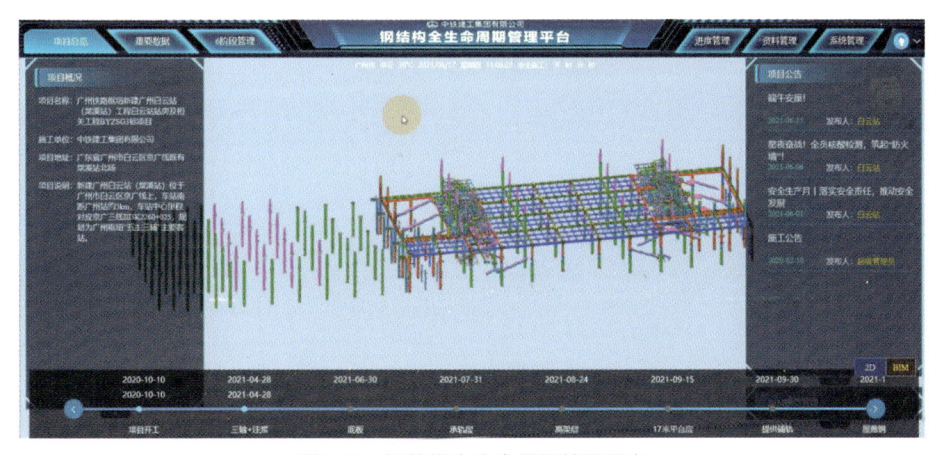

图2-27 钢结构全生命周期管理平台

白云站项目依托于当地环境及其工程概况，通过对高铁站房钢结构工程建设进行分析，开展钢结构全生命周期平台研究，实现设计、深化设计、预制加工、物流运输、现场安装、竣工交验信息的无缝传递，以及钢结构构件级别的可追溯性，提升了项目精细化管理水平，实现钢结构BIM全生命周期智能建造新模式。

2.2.4.4 编码管理

为实现钢结构全生命周期管理，白云站对钢结构工程实体进行分析编码，形成钢结构构件编码、钢结构构件焊缝编码体系，使得每个构件都有独立的编码作为唯一的身份标识参与到从构件设计到验收全过程管理。编码管理是钢结构管理的核心,也是追溯构件及焊缝信息的基础,构件编码必须唯一,才能有助实现钢结构全生命周期管理平台对钢结构构件级别的管理。根据高铁站房的特点,构件编码由6部分组成,包括分区、定位、分段、构件类型、分节或顺序号、流水号。各部分用"-"连接,部分字段可以为空。"分区"是指区域划分;"定位"是指对楼层及屋面区域进一步细分;"分段"是指在对"钢柱"分节后进一步细分段;"构件类型"是指钢结构实体进行划分,如"钢柱""钢梁""钢楼梯""屋面桁架"等;"分节"或"顺序号"是指对某种类型的钢构件的一种划分方式(分节对应于钢柱);"流水号"是指某种构件类型的构件具有多个相同或类似构件,需要增加流水号加以区别。钢结构构件编码示例见表2-1。

表2-1　钢结构构件编码示例

序号	构件类型	构件编码	详细说明
1	地脚锚栓	6 m-MJ-1	中央站房2-3区1号地脚锚栓
2	地脚锚栓	6 m-MJ-2-1	中央站房2-3区2号地脚锚栓第1件
3	预埋件	6 m-TYMJ-1-1	中央站房2-3区楼梯预埋件1号第1件
4	预埋件	6 m-L2-LYMJ-2-1	中央站房2-3区地上二层钢梁预埋件2号第1件
5	预埋件	6 m-ZYMJ-2-1	中央站房2-3区钢柱预埋件2号第1件
6	预埋件	6 m-ZYMJ-3	中央站房2-3区钢柱预埋件3号
7	钢柱	6 m-U-18-1	中央站房2-3区U轴交18轴线一节柱
8	钢柱	6 m-U-17-a-1	中央站房2-3区U轴交17轴线一节柱A段
9	钢柱	6 m-U-17-b-1	中央站房2-3区U轴交17轴线一节柱B段
10	钢柱	6 m-GZ-1	中央站房2-3区一节柱(未在轴线交叉处)
11	钢梁	6 m-L1-GKL-a-1	中央站房2-3区地上一层框架梁A-1
12	钢梁	1E-L1-GKL-a-1-1	东站房6-1区地上一层框架梁A-1第1件
13	钢梁	4 m-L1-GKL-a-1-1	中央站房2-1区地上一层框架梁A-1第1件
14	钢梁	1E-L1-GL-1-1	东站房6-1区地上一层次梁1第1件

续表

序号	构件类型	构件编码	详细说明
15	钢梁	1E-L1-XC-1-1	东站房 6-1 区地上一层支撑 1 第 1 件
16	钢楼梯	5 m-GTL-1-1-1	中央站房 2-2 区 1 号钢楼梯梁第 1 节第 1 件

2.2.4.5 全生命周期管理

钢结构全生命周期管理（以下简称 6S 管理）包括：设计阶段、深化设计阶段、预制加工阶段、物流运输阶段、现场安装阶段、竣工交验阶段。

各阶段的模型构件以不同颜色区分，在平台上显示钢结构的总体进度情况、当前构件的详细信息、各阶段信息。平台共建设 8 个模块，覆盖钢结构从设计、加工到现场安装等 6 个阶段 16 个环节管理，无缝拓展至运维阶段，可降低管理成本，提高管理效率。

1. 设计阶段

设计阶段主要是图纸管理、图纸会审以及设计变更管理。为方便用户快速查找和使用图纸，建立图纸管理系统可对图纸进行有效的组织管理，并自动对同一存储节点下相同名称图纸进行版本管理，且支持用户对最新版本的图纸文件自动打包及压缩包下载，可实现便捷的图纸标准化资源共享。设计阶段模型如图 2-28 所示。

为保证施工阶段 BIM 应用工作顺利开展，在设计阶段就对设计的 BIM 模型及成果进行审核。由施工总包组织设计院、监理单位、BIM 顾问等相关方联合审核，在平台中形成审核记录，并搭建一套以变更为核心的管理模块，从变更信息至设计变更各流程，通过对变更信息的综合管控，让变更的每一个环节都可控，可回溯。钢结构全生命周期管理平台页面及流程如图 2-29、图 2-30 所示。

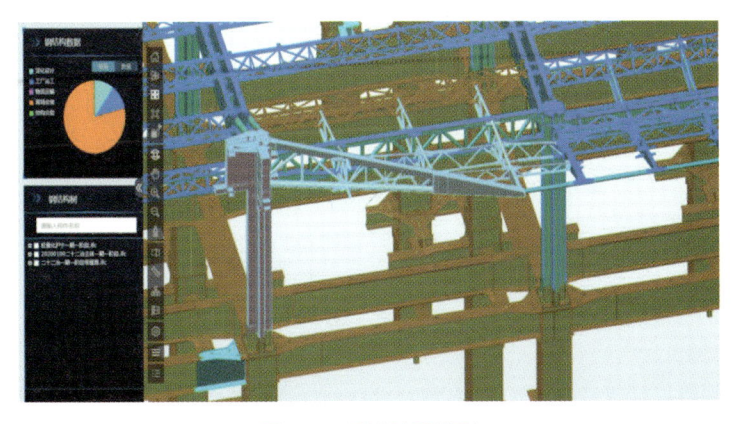

图 2-28 设计阶段模型

图2-29　钢结构全生命周期管理平台页面

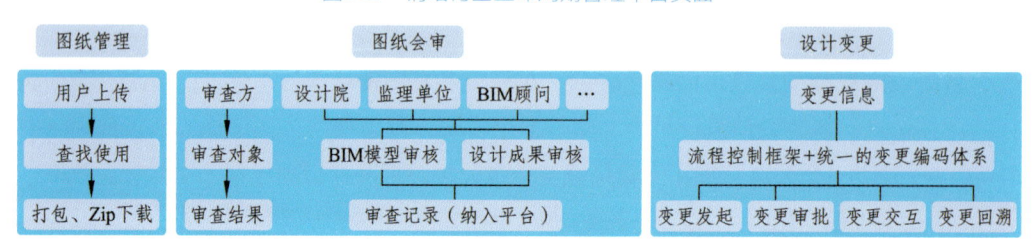

图2-30　钢结构全生命周期管理流程

2. 深化设计阶段

深化设计阶段（图2-31）建立在深化设计工作的基础之上，主要包含深化模型建立环节和图纸确认环节。

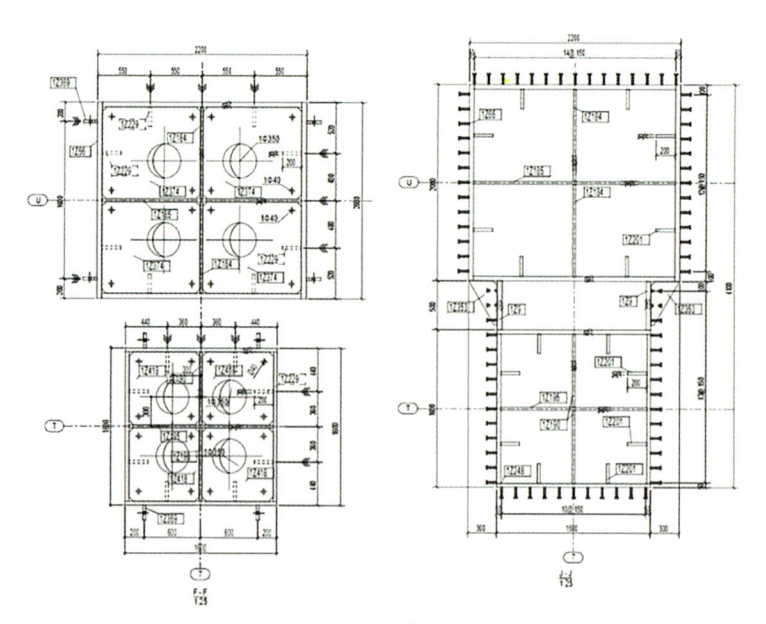

图2-31　深化设计阶段

平台记录深化模型构件的详细深化成果及其完成时间，完成对深化成果的认证，并发布为管理工作的基础数据，同时单独将每一个构件的高精度模型与GIS/BIM场景中构件通过构件编号进行挂接，以实现具体构件的高精度模型在线查看及操作浏览。

图纸确认环节，由施工总包组织设计院、监理单位、BIM顾问等相关方联合对深化成果的图纸进行审核，并对深化图纸签认。

3. 预制加工阶段

预制加工阶段中，通过与钢结构工厂建立战略合作关系，制定数据交换标准，根据设定的频次或由平台主动发出指令之后，工厂生产管理系统通过数据库接口及协议向平台传输数据，平台能够访问钢结构工厂生产管理系统数据库，获取运原材料进场、加工等信息，实现全过程可追溯，如图2-32所示。

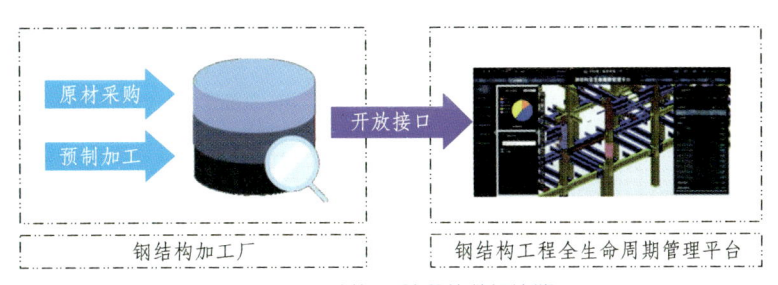

图2-32 预制加工阶段的数据追溯

在预制加工阶段，界面中显示整个项目钢结构构件的整体信息（图2-33），整体信息包括智能下料、智能切割、智能焊接等。智能下料能够显示当前工程钢结构构件生产数量、耗材数量，当前下料利用率是多少；智能切割突出显示经过智能切割设备切割后的构件，构件绑定智能设备切割本构件的照片；构件智能焊接栏绑定智能设备焊接本构件的过程照片。

图2-33 预制加工阶段构件信息

预制加工阶段进一步细分为：原材入库环节、下料切割环节、虚拟预拼装环节、交验环节。选中单个钢结构构件后，自动显示选中钢结构构件的数据到当前最新环节。

（1）原材的入库环节：展示当前构件的钢板合格证以及钢板检测报告、入库时间（图2-34）。

图2-34　预制加工阶段详细信息及钢板合格证、钢板检测报告

（2）下料切割环节：展示当前构件的下料切割设计，包括图纸以及切割视频，以及实际下料切割完成时间（图2-35）。

图2-35　钢结构构件下料切割

（3）虚拟预拼装环节：为保证钢结构拼装的正确性、降低返工率，实行虚拟预拼装。虚拟预拼装的主要形式为加工实体构件的三维扫描模型和设计模型比对、工厂虚拟预拼装，并将过程留存影像资料作为过程资料。

（4）交验环节：展示当前构件出厂合格证、构件粘贴二维码的照片、验收时间。

4. 物流运输阶段

物流运输阶段是指钢结构构件已经处于装车运输阶段。6S 管理中实行全过程跟踪，主要体现在运输过程中的车辆状态和运输过程记录，包括过程影像资料、运输材料和工具信息以及材料验收记录。并且通过在运输车辆搭载定位装置，平台还能实时获取车辆位置信息以及车辆运输的轨迹。

当构件处于已进场状态时，由施工技术人员对构件进行进场验收，在验收过程中，记录验收的照片和视频。

5. 现场安装阶段

现场安装阶段是记录和管理钢结构工程现场安装作业的重要阶段。6S 管理平台在该阶段中显示整个项目现场安装阶段钢结构构件的整体信息，主要为智能预拼装、智能焊机、焊缝监控、安全管理以及质量管理等方面。

（1）智能预拼装。

在钢结构工程现场拼装前，可以通过 6S 管理平台获取到相应的钢结构节点拼装资料（图 2-36），作为钢结构构件合格的取证，并为现场拼装作业提供专业的拼装指导。选中构件，可以查看到在预制加工阶段上传的关键构件虚拟预拼装的三维扫描视频和照片素材，并且界面上有该构件实体与设计模型的色差图结果（图 2-37），以及两个相邻构件的预拼装结果，给拼装工作提供技术依据。

构件实体与设计模型的色差分析结果是经过严格的检测流程进行评定的（图 2-38）。该项工作主要通过现场扫描仪器扫描构件形成点云文件，继而通过与 Tekla 钢构件模型进行软件对比分析，最后形成报告结果（图 2-39）。

图2-36　钢结构节点拼装资料

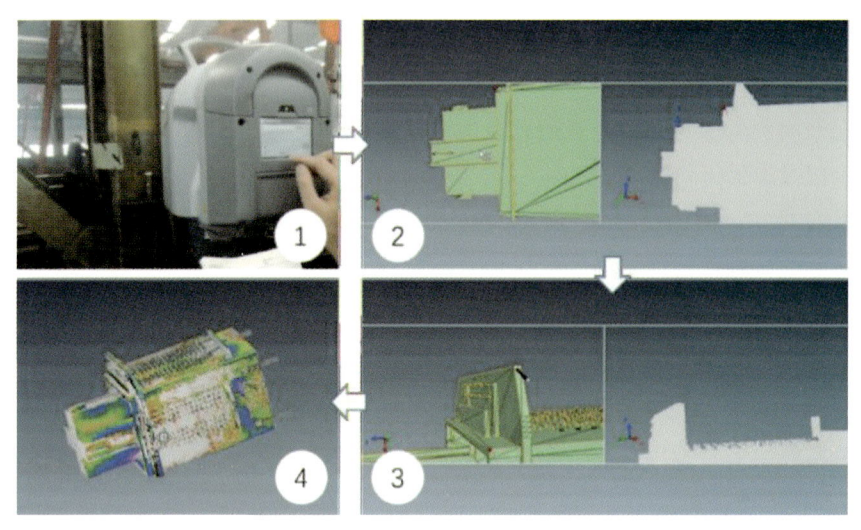

图2-37 色差分析过程影像记录

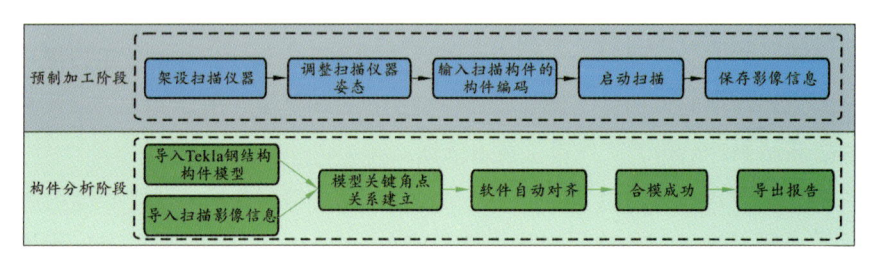

图2-38 色差分析流程

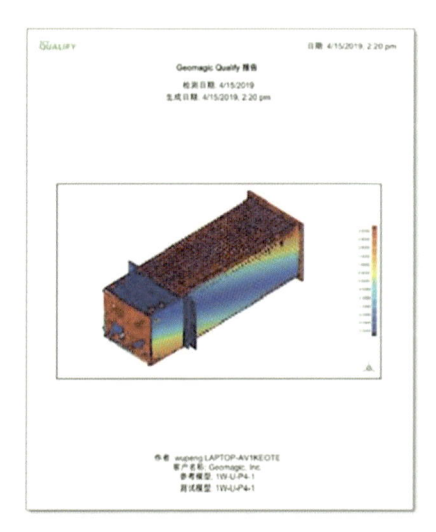

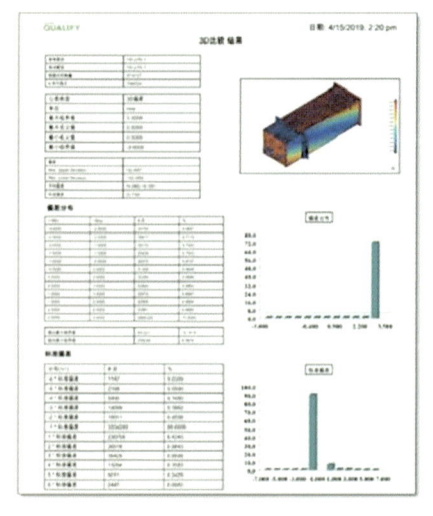

图2-39 色谱分析报告

（2）智能焊机。

智能焊接全部纳入平台管理之中（图2-40），并通过不同的颜色标识焊机的状态：灰色表示未用状态，绿色表示正常状态，黄色则表示报警、故障状态。平台上可查看当前工作焊机的设定参数、实时电流以及电压值。对于有焊机中报警提示的项，通过查看具体报警情况从而对设备进行有针对性的维修，极大地增加了焊机的使用寿命，并保证了焊机的使用率。智能焊机焊接场景如图2-41所示。

图2-40 智能焊机设备监控模块

图2-41 智能焊机焊接场景

（3）焊缝监控。

平台的焊缝监控模块（图2-42），对钢结构现场焊接环节收集的数据进行汇总分析，并设置预定的预警提醒，当达到触发条件时，平台自动发出预警信息，通知相应人员执行具体动作（图 2-43）。例如，焊缝管理中，一些焊缝班组的合格率在一个时间段低于设置的阈值，平台发出预警，将收集的数据通过图表形式多维度展示出来。

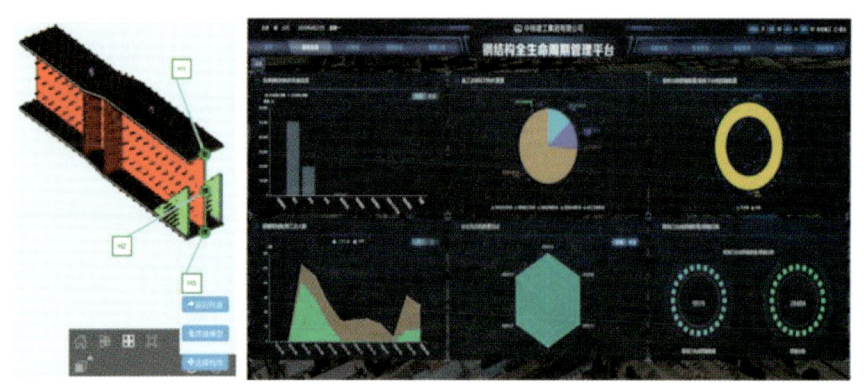

图2-42　平台焊缝管理数据展示

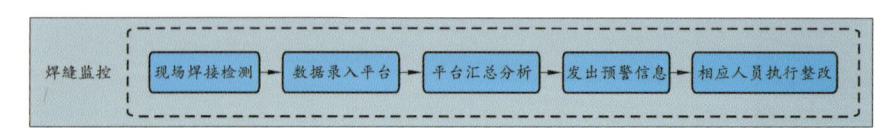

图2-43　焊缝监控平台

采用超声波探伤仪器检测并进行焊缝的质量分析，将每道焊缝的检测过程照片、检测人员和检测结果形成记录进行上传。构件出厂时也将附带检测过程资料和检测报告，使得每一个出厂的钢结构构件焊接都有质量保证，并且资料真实、具有可追溯性。钢结构构件探伤检测如图 2-44 所示，焊缝检测流程如图 2-45 所示。

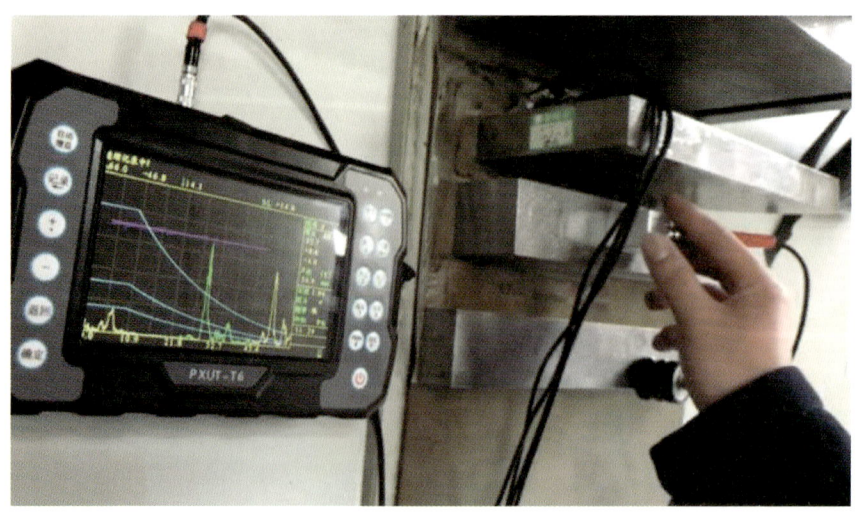

图2-44　钢结构构件探伤检测

图2-45　焊缝检测流程

（4）安全管理。

随着高铁站房钢结构工程建设规模的不断扩大，施工难易程度以及施工危险性都相对增加，施工场地较为集中，机械设备和材料的转运频率高，人员流动性大。管理系统可将钢结构工程的安全管理进行平台化（图2-46），实时盯控施工安全要点，严守安全技术交底，在"安全管理"模块中显示钢结构整体安全状况，在首页界面展示安全技术交底份数、安全问题分类饼状图、近期下发的安全管理相关资料，并对高发频发问题实施预警（用红色展示）。

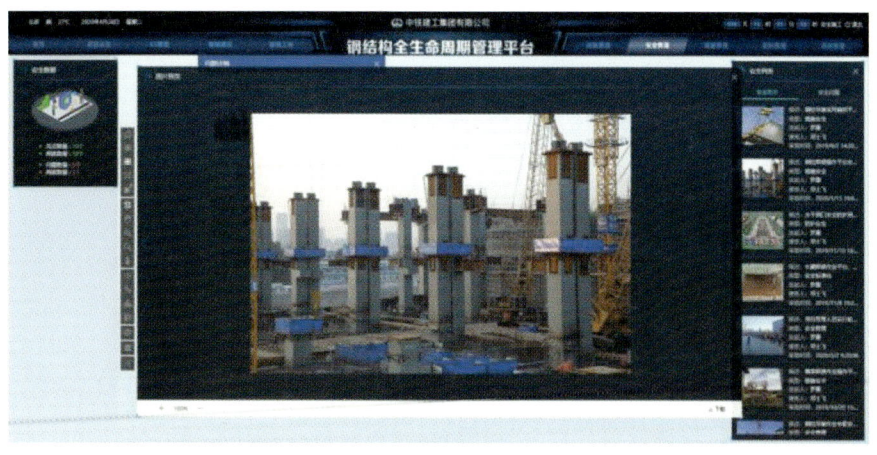

图2-46　安全管理

（5）质量管理。

平台会展示钢结构整体质量状况，如技术交底份数、施工工艺视频总数、焊接工艺评定总数、质量问题分类饼状图，并对高发频发问题实施预警（用红色展示）。

每一个单独构件自动绑定质量资料，可查看选中构件的技术交底、施工工艺、焊接工艺评定、质量检查与验收信息等。在选中的构件上录入或批量录入技术交底、施工工艺视频、焊接工艺评定、质量验收等资料，查看近期下发的质量管理相关资料（图2-47）。

图2-47　质量管理

6. 健康监测

基于无线传感网络技术，白云站全生命周期管理在研发期制定了在钢结构领域的健康监测应用计划，并投入开发应用。根据项目特点及监测方式划分为人工监测、自动监测及联合监测（图2-48），实现了对设备的实时数据监测，达到监控钢结构生产质量的目的。

图2-48　监测方式

（1）焊接健康监测。

为规范和监控钢结构焊接质量问题，在工艺管理中，白云站以联合监测的方式，设置了焊接规范设计、焊接规范分配、焊接规范下发、焊接履历报表及焊接波形查询等管理模块。其中，焊接波形查询为监测焊机设备的工作状态，通过监测焊机设备的焊接电流、焊接电压，可根据电流及电压的波形确定焊缝质量及设备运行状态。焊接过程如图2-49所示。

平台与设备间通过物联网技术实现了作业班组、设备ID、焊接时间记录、焊接规范符合率、焊接电流及电压的均值和波形等数据的实时监测。设备电流、电压监测如图2-50所示。

第 2 章　智能建设管理现代化

图2-49　焊接过程

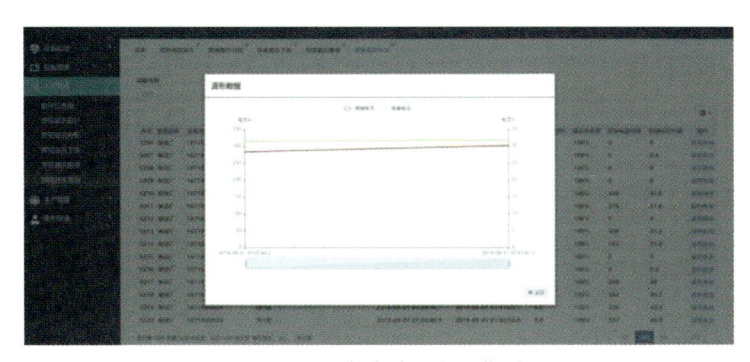

图2-50　设备电流、电压监测

（2）钢结构安装健康监测。

为规范和监控钢结构构件生产质量问题，在预制加工工序中，以联合监测的方式，确定各阶段的三维扫描方案，并根据扫描方案的范围，实行钢结构构件的三维扫描（图2-51），并用软件对扫描模型及 Tekla 标准模型进行对比分析，实现钢构件质量的监测。钢构件扫描监测结果如图 2-52 所示。

图2-51　钢构件现场扫描

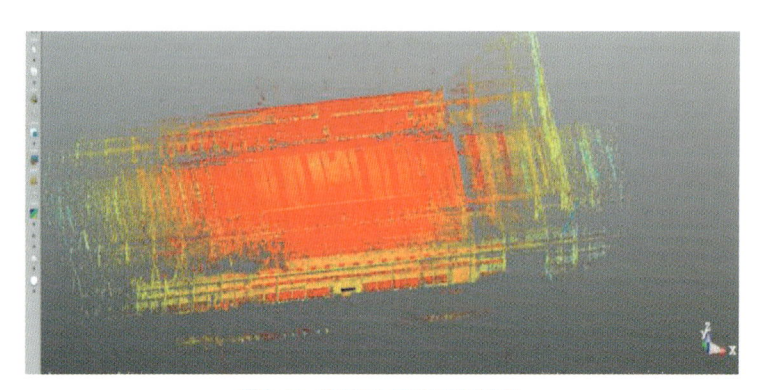

图2-52　钢构件扫描监测结果

2.2.4.6　应用效果

随着国家 5G 技术的快速部署和全面应用，以及云处理技术、大数据分析技术、人工智能技术等新基建的应用，模型轻量化会进一步优化、便捷，数据传输速度会进一步加快，全生命周期管理模式在钢结构信息化管理方面将体现出更加明显的优势。钢结构全生命周期管理必将有广阔前景，必将促进钢结构工程更加机械化、工业化、绿色化、智能化，值得大力推广。钢结构全生命周期管理平台的主要应用成果包括以下几个方面。

1. 全过程协同管理

白云站全生命周期管理开启了钢结构管理的新方式，克服了传统钢结构工程施工管理过程中信息流传递缺失、可追溯性差以及工期紧任务重的管理困难。从设计、深化设计、工厂加工、物流运输、现场安装、结构交验实现了完整统一的信息化管理，与土建、机电、内外装修、幕墙等专业密切配合，严格有序把控并记录每道施工工序，实现各施工方线上协作管理。

2. 绿色节能转变

在料场、生产车间设置智能监测传感器并搭建工业互联网平台，实时管控整个料场的矿石、煤炭等原料实现进、混、耗和排放，同时将传感器记录的各环节排放数据上传至平台，以分析排放物质来进行设备升级与优化流程。结合工业互联网平台建设工厂能源中心，通过对能源生产、能源消耗数据的自动采集，达到优化能源预测与智能能源管理的目的，从而控制了成本。

3. 智能无人化生产

工厂人工成本和设备运行状态是影响产出的核心因素。在设备端与生产端引入数字化技术管理及其设备生命周期与产量，考虑能源、金属加工等领域需求的持续提升。同时，在工业机器人基于数字化、信息化的通信能力下，集 BIM 技术、GIS 技术、智能设备、二维码技术、IOT 技术以及云计算等技术于一身，并且依托加工基地的智能全光网及设备间的多种通信技术，达到智能建造的目的，实现包含智能套料、智能切割、智能焊接、智能预拼装、智能焊机等一系列智能施工的应用。在未来，还将通过机器视觉技术采集和分析产品全流程质量数据，实现产品质量数据自动控制，以形成无人化生产解决方案。

2.2.5 智慧工地一体化管控及终端

白云站智慧工地管理系统（图 2-53）实现建筑施工过程的数据采集、智能分析及智能预警，集成了进度管理、质量管理、安全管理、人员管理、AI 监控、智能监测等模块，以实现虚实互动的数字对称管理。进度管理是将进度计划与 BIM 模型相关联，用 BIM 模型的生长过程实时展示实体工程的形象进度，更加立体、清晰、直观。同时，也会将计划进度和实际进度进行比对，出现滞后会以颜色差异及短信通报的形式进行预警和报警，辅助管理决策。在质量管理和安全管理方面，实现了信息化巡检功能，现场管理人员发现问题后利用智能终端进行上传，线上完成整改的闭环管理工作，极大提高现场的管理效率，同时对产生的问题数据，自动进行统计分析，可指导当前及下一个阶段的管理重点。在智能监测模块上，白云站对深基坑、高支模、塔吊、营业线防护等危大工程及重点防护区域均装有传感器进行自动监测，按照相关规范要求设置阈值，实现自动预警和报警及推送功能，确保项目施工安全。白云站项目部署 AI 自动识别设备，对未穿反光衣、未戴安全帽、抽烟和人员聚集等不安全行为进行自动识别并落实闭环管理。

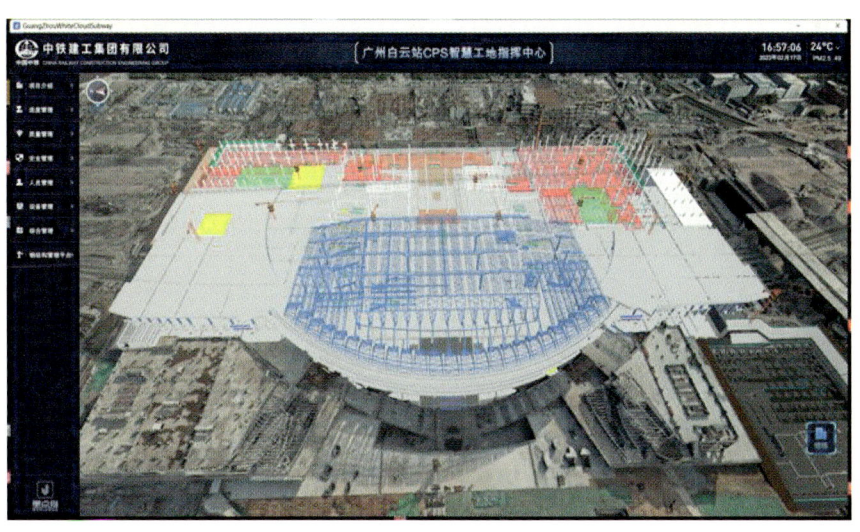

图 2-53 智慧工地管理系统

2.2.5.1 生产指挥监测

1. 无人机巡航直播

功能概述：项目部配置1台无人机及1名飞手，利用无人机拍摄项目实况，制作项目全景图，航拍全景（图2-54）接入智慧工地平台。

应用场景：项目进度管理、场地规划。

功能分析：① 直观展现项目当前进度以及场地规划。② 定期更新，平台进度展示虚实结合。

（a）航拍全景图进入时界面　　（b）航拍全景图视图1

（c）航拍全景图视图2
图2-54　航拍全景

2. 视频监控系统

功能概述：在项目作业区、办公区，安装一套语音广播系统（图2-55），实现安全文明施工知识定时播报、安全问题及时通报、临时通知及时传达等。

应用场景：施工安全文明教育、安全问题播报。

功能分析：① 远程传达通知。② 定时定点宣贯安全文明施工知识。③ 突发紧急情况及时通告。

图2-55　广播系统

2.2.5.2　安全管理智能监测

1. 塔吊智能监测系统

功能概述：塔吊智能监测系统（图2-56）监测数据包含高度、风速、倾角、吊重、回转、变幅等参数，可实时侦测、分析塔吊运行数据。

应用场景：群塔作业、塔吊运行状态分析。

功能分析：基于BIM模型实现动态监控；数据集成平台智能分析。

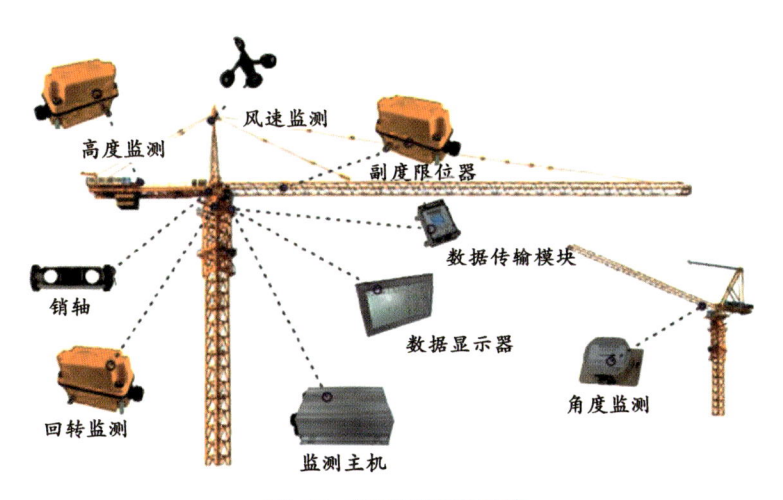

图2-56　塔吊智能监测系统

2. 施工电梯智能监测系统

功能概述：施工电梯智能监测系统（图 2-57）监测数据包含施工电梯的防坠限位、上下限位、高度和载重等参数，实时侦测、分析施工电梯运行数据。

应用场景：施工电梯运行监测。

功能分析：① 基于 BIM 模型实现动态监控。② 数据集成平台智能分析。

（a）施工电梯安全监测仪　　（b）施工电梯示例

图2-57　施工电梯智能监测系统

3. AI 视频智能识别系统

功能概述：AI 视频智能识别（图 2-58）是在项目工地部署 AI 摄像头，结合智能算法，自动识别项目人员是否佩戴安全帽。对于未佩戴安全帽的人员，系统自动语音报警提示，同时推送信息至管理人员手机。

应用场景：安全帽佩戴识别。

功能分析：① 智能识别，语音报警。② 异常信息推送。

图2-58　AI视频智能识别系统

4. 卸料平台安全监测系统

功能概述：卸料平台安全监测系统（图 2-59）是针对卸料平台超载的一个安全装置，

可解决卸料平台超载不知、监管不到位的问题。

应用场景：卸料平台运行监测。

功能分析：① 消除卸料平台的安全监管盲区。② 超过限定值声光语音报警。③ 同步短信或微信提醒安全管理人员。

（a）卸料平台监测　　（b）现场实景拍摄

图2-59　卸料平台安全监测系统

5. 危险源报警器

功能概述：在施工现场"三口五临边"部署危险源报警器（图2-60），当有人员靠近，系统自动发出声光警报。

应用场景：危险源报警。

功能分析：① 根据各种场景设置警报话语。② 结合人员定位系统记录人员数据。

图2-60　危险源报警器

2.2.5.3 质量管理智能监测

1. 标养室智能监测系统

功能概述：在项目标养室部署智能监测系统（图 2-61），自动监测温度和湿度，当温度湿度出现异常状态，系统自动进行报警提醒。

应用场景：标养室温湿度检测。

功能分析：① 配置恒温恒湿仪、控制主机。② 温度、湿度数据集成智慧工地平台。③ 手机端实时查看温度、湿度数据。

（a）温度、湿度监测仪　　（b）标养室示例

图2-61　标养室智能监测系统

2. 激光实测、实量一体机

功能概述：激光实测、实量一体机（图 2-62）内置嵌入式边缘加速算法 [CV（计算机视觉）/CG（计算机图形）+AI] 以及深度优化并行异构计算能力。人工智能室内场景语义分割，解决建筑实测实量的三维特征识别与提取，自动识别分割建筑物的各个平面，无需人工辅助识别渲染。基于人工智能解决三维实测实量的核心算法，自动测量墙面平整度、垂直度、天花板与地面的平度极差等指标，一键式操作。

参数：测量精度＜±1.5 mm、UCL360。

应用场景：垂直度、平整度、方正度测量。

3. 智能回弹仪

功能概述：智能回弹仪（图 2-63）在现场能方便地进行混凝土抗压强度检测，现场可进行测试角度、测试面、泵送、碳化等修正，并可显示强度检测结果；数据分析处理软件，自动生成检测报告。

参数：测强范围 10 ~ 60 MPa、标称冲击动能 2.207 J（0.225 kgf·m）、弹击拉簧刚度 785±30 N/m、弹击锤冲程 75 mm、钢砧率定回弹值（80±2）mm。

应用场景：混凝土检测。

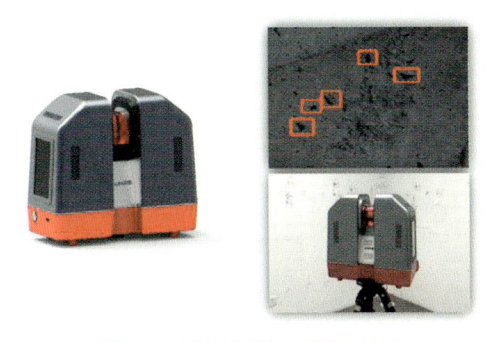

图2-62 激光实测、实量一体机

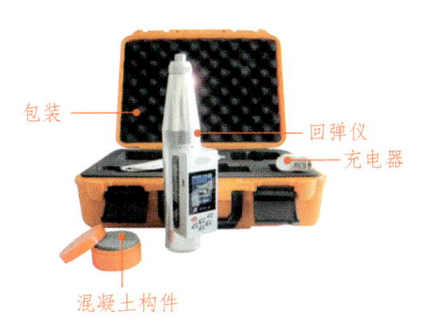

图2-63 智能回弹仪

2.2.5.4 绿色施工智能监测

1. 环境监测系统

功能概述：环境监测系统（图2-64）监测数据包含现场雨量、风速、风向、温度、湿度、噪声、$PM_{2.5}$（扬尘）等参数，实时侦测现场气象环境。

应用场景：扬尘、噪声等数据监测。

功能分析：① 数据集成平台。② 自动生成晴雨表。

图2-64 环境监测系统

2. 喷淋智能联动

功能概述：在作业区出入口部署喷淋设备，通过远程喷淋控制系统，可远程手机端控制开启关闭设备（图2-65）。

应用场景：监测扬尘、扬尘超标通知推送、远程开启雾炮。

功能分析：① 远程操控喷淋。② 智慧工地指挥中心预警。③ $PM_{2.5}$ 超标手机端通知。

图2-65 喷淋智能联动

3. 地磅称重智能监测系统

功能概述：地磅称重智能监测系统（图2-66）可自动获取地磅数据，实时存储数据，数据可追溯。数据自动统计分析，明确现场材料用量。采购数据共享，项目材料成本管控及监督。

参数：摄像头分辨率最高可达 1 280×960，刷新率为 30 Hz、支持三维数字降噪、IP（防护等级）66级防水防尘、采用 EXIR 点阵式红外灯技术，照射距离可达 30～50 m、工作温度 -30～60℃，湿度小于95%（无凝结）。

应用场景：地磅数据统计。

配合事项：项目配合在安装位置提供电源及网络。

图2-66 地磅称重智能监测系统

4. 智能水电表

功能概述：在办公区、生活区、施工区安装智能水电表（图2-67），按照日、周、月、季度等区间自动进行数据统计分析。

参数：智能电表采用 NB-ToT 无线传输模块进行数据传输，规格为 220 V、20～80 A；互感式适用于 380 V 三相电，电流大于 80 A，规格为 380 V、1.6～6 A；智能水表同样采用 NB-ToT 无线传输模块进行数据传输，管径为 DN40、DN50、DN65、DN80、DN100。

应用场景：数据统计。

项目配合：确定施工现场安装位置；需项目协调人员配合安装调试。

（a）智能水电表配置逻辑

（b）智能水表　　　　（c）单相多功能电表

图2-67　智能水电表

2.2.5.5　人员及车辆管理

1. 劳务实名制门禁闸机

功能概述：劳务实名制门禁闸机（图 2-68）在项目 6 m×3 m 保安室出入口安装门禁闸机 + 应急通道，实现三进三出的人脸识别系统。

参数：铝合金外壳、屏幕 5 in（1 in=0.025 4 m）；200 万高清广角摄像头。识别距离为 0.4 ~ 3 m；识别速度 ≤ 80 ms。

应用场景：工人实名制考勤。

（a）移动端/PC 端劳务信息录入　（b）立式人脸识别　（c）后台考勤记录界面

图2-68　劳务实名制门禁闸机

2. 车辆智能管理系统

功能概述：在项目工地或办公生活区大门出入口安装车辆智能管理系统（图2-69），配置立体高清车牌识别摄像机（一主一从），实现车辆自动高效管理。

参数：最佳拍摄范围为 3~6 m，有效像素 200 万，内置语音采用 STT（语音转文字）语音解码技术，声音清晰，音量可调，内置大功率 LED 补光灯，夜间自动开启。

应用场景：车辆自动识别。

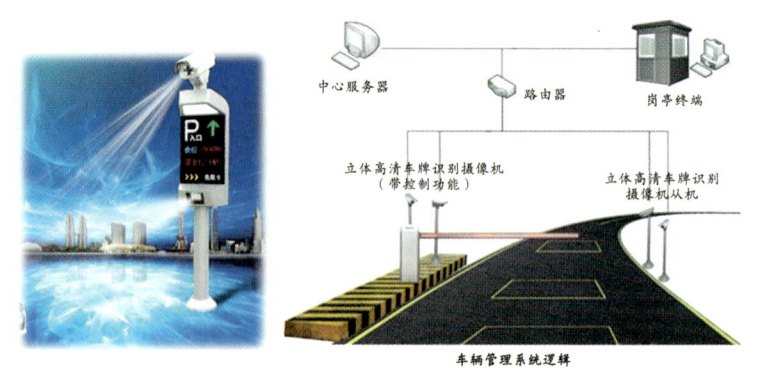

图2-69 车辆智能管理系统

3. 人员定位系统

功能概述：在作业区安装人员定位系统（图2-70），实现人员区域定位。作业人员可采用头戴式或卡片式定位标签，现场安装定位基站与网关。

参数：① 定位基站：覆盖半径 2 km 内精度可调整，支持 Wi-Fi（无线保真）、4G 网络、网线接入连接方式，POE（以太网）供电。② 定位网关：覆盖半径 25 m，续航 1 年，可支持 5V-DC 供电，防水防尘。③ 定位标签：续航 2 年，安全帽型（标签内置于安全帽内）。

应用场景：人员区域定位、查看人员位置。

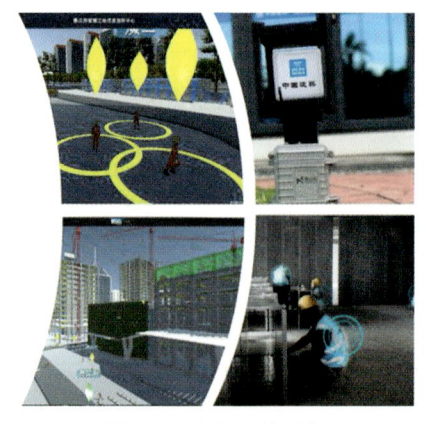

图2-70 人员定位系统

4. VR 体验

功能概述：在 VR 虚拟场景中体验安全教育等，提升管理人员和工人的安全意识（图 2-71）。

产品参数：行走平台 2 500 mm×1 400 mm×2 400 mm，VR 头盔采用 HTC Vive（一种虚拟现实头戴式显示器），VR 定位器采用 HTC Vive，VR 主机内存为 Intel i58G。

应用场景：人员安全教育。

VR 虚拟体验包括：洞口坠落 VR 虚拟体验、安全防护用品 VR 虚拟体验、灭火器使用 VR 虚拟体验、触电 VR 虚拟体验、高空物体打击 VR 虚拟体验、钢丝绳使用 VR 虚拟体验、墙体坍塌 VR 虚拟体验、消防逃生 VR 虚拟体验、机械伤害 VR 虚拟体验、脚手架坍塌 VR 虚拟体验、塔吊吊运 VR 虚拟体验、高空行走 VR 虚拟体验、安全带 VR 虚拟体验、安全鞋 VR 虚拟体验、重物搬运 VR 虚拟体验、现场急救 VR 虚拟体验。

（a）VR 场景体验　　（b）VR 设备

图 2-71　VR 体验

2.2.6　岩溶深基坑自动监测预警系统

白云站采用现场监测、数值模拟及理论分析相结合的方法，结合超大超深基坑的溶洞处理、围护结构施工、降水控制、周边环境变形防控等关键施工技术，同时借助先进的信息自动采集及管理技术，研发自动监测预警系统。该系统集成了超大超深基坑开挖的系统性关键施工技术，完善、积累了相应的基坑自动化监测预警平台的应用经验，为后续类似地质条件下大规模地下工程建设提供指导。

2.2.6.1　基坑围护施工监测

基坑围护施工监测对白云车站岩溶发育情况和溶洞进行分类监测，同时对不同类别溶洞区的力学特性以及围护结构施工过程中的稳定特性进行监测，并根据溶洞分类特性提出相应合理的溶洞处理措施和围护结构施工技术。

2.2.6.2　基坑降水及地表沉陷监测

基坑降水及地表沉陷监测通过评估基坑降水和支护结构渗漏水引起地表沉陷及既有营运线路基的变形和沉降特性，建立不均匀沉降作用下的铁路轨枕分析模型，以评估列车的运行安全，提出相应的防控措施，并对防控措施进行数值模拟分析，提出量化控制标准（如回灌井数量和回灌量、地下水位降落控制标准等）。

2.2.6.3　超长锚索承载与变形监测

白云车站基坑开挖采用排桩＋超长锚索作为基坑围护结构，通过超长锚索承载与变形监测原位监测分析和数值模拟分析，提出适用于白云站地质条件的锚索锚固长度计算方法，评估超长锚索的有效性和支护结构的变形稳定，进而降低基坑开挖支护风险。

2.2.6.4　基坑开挖防控监测

基于基坑开挖的防控监测、现场监测，考虑溶洞分布对基坑支护结构稳定及变形特性的影响，评估大面积分块基坑开挖引起的周边土体变形特性，以优化基坑开挖方案。在此基础上，对临近轨道、地埋管线和建（构）筑物在土体位移作用下的安全性进行评估，并提出相应的防控技术措施。

2.2.6.5　自动监测预警平台应用

选取关键开挖断面或部位，开展支护结构变形、地下水位、预应力锚索内力、基坑周边土体变形、地埋管线和邻近既有营运线的自动化监测预警，降低了支护结构失稳和变形对周边环境影响的风险，完善并积累了相应的基坑自动化监测预警平台的应用经验。

第 3 章　站城融合设计一体化

站城融合一体化设计代表了城市规划和建设的崭新理念。它超越了传统城市规划的边界，着眼于整体战略思维、融合高度，以及未来的愿景。这一理念将城市的交通枢纽与城市空间融为一体，以推动城市的可持续发展和更高质量的生活。

在这个理念的引领下，城市不再是孤立的，铁路和地铁站等车站不再仅仅是交通服务设施。相反，站城融合一体化设计围绕车站展开规划，创造了一个全新的城市生态系统。它的核心是整体规划，它强调了各项设施和空间（包括铁路车站、轨道交通枢纽、城市公共交通、城市广场、地下空间和上盖空间等）的多层次、多维度整合，它们不再是孤立的存在，而是相互交织，相互衔接，实现了城市和车站的紧密连接。这一全面规划考虑了功能的分配、人流的导向、交通流线的组织等多方面因素，以提升城市的交通效率和可持续性。

站城融合一体化设计的愿景是未来一个蓬勃发展、宜居宜游的城市。它强调绿色、低碳、可持续的原则，将环保、节能、创新融入城市发展的每个方面。这一设计理念将城市打造成一个多样化的共享空间，为人们创造更多的机会，促进文化、商业和社会交流。

3.1　整体规划设计

3.1.1　融合背景

铁路客站与城市的关系是一个相互影响、相互促进的复杂系统。历史上，城市的兴起往往离不开铁路客站的存在，而铁路客站的发展也受到周边城区的影响。然而，这种相互关系也带来了一些矛盾和冲突。铁路客站与周边城区的发展往往存在平衡落差，协调机制薄弱，甚至旧有秩序无法适应新的发展需求，导致出现困境和破局。站城融合的目标在于解决这些矛盾困境，重构铁路客站与城市的秩序，释放城市的活力，实现站城共生。这就意味着在交通组织、城市空间规划、土地开发利用等方面，需要铁路客站与城市的关系走向更加紧密和协调的新阶段。这种融合不仅仅是简单的相互适应，更是要在相互影响中实现双向平衡，促进城市和铁路客站的共同发展，从而形成一种动态平衡状态。通过站城融合，可以实现更加高效的交通组织、更加合理的城市空间布局，以及更加科学的土地资源利用方式。这种融合不仅有利于提升城市的整体发展水平，也将为铁路客站带来新的发展机遇和活力，实现城市与铁路客站共同繁荣的目标。

3.1.2 指导原则

（1）车站设计与城市规划有机融合原则：站城融合应以处理好车站与城市的关系为出发点。车站作为交通枢纽，其设计需要与城市的交通组织和城市空间布局相协调，才能有效地发挥其作用，更好地融入城市的整体交通网络，减少交通拥堵，提高城市交通效率，推动城市的可持续发展。

（2）单体建筑与周边环境有机融合原则：协调一致的车站建筑设计有助于将车站作为交通枢纽更好地融入城市环境中，促进城市空间的整体性，同时有助于促进周边商业、文化和居住等功能的发展，带动周边区域的发展。

（3）交通功能与城市多元功能有机融合原则：将车站的交通功能与城市多元功能有机融合可以促进城市多元功能的发展和提高城市土地的利用率等，促进车站周边实现多元功能的融合，可以最大程度地利用城市空间，实现多功能化利用土地资源，提高土地的经济效益和社会效益。

3.1.3 关键挑战

为实现站城融合，必须克服以下关键问题：

（1）多学科交叉的复杂系统：站城融合是一个多学科交叉的复杂系统，涉及的专业包括土木工程、建筑设计、交通工程、城乡规划等，导致站城融合面临着复杂的规划与设计、专业知识的整合、施工交叉、不同学科间的冲突、风险管理以及项目管理挑战等诸多难点。

（2）系统集成困难：站城融合参与主体多元、专业接口交错。其中，参与主体包括铁路集团、市政路桥、长途客运、出租公司等，各主体专业接口交错，并且行业标准不一、协调困难、项目的技术复杂度和成本高。

通过解决这些关键技术和问题，实现了高效、协调、可持续的综合交通枢纽，推进了站城融合理念的实施。

3.1.4 融合方式

（1）实施站城融合一体化规划设计：站城融合是一个复杂系统，涉及多个领域，具有易产生冲突、管理难度大等特点。因此，需要采用站城一体规划设计的方法，突破铁路与城市界限，统筹设置铁路、市政、环保、公共安全等功能，从而降低系统的复杂性。这不仅仅是简单地将铁路和城市空间连接起来，更重要的是在设计中统筹考虑铁路交通组织与城市空间的整合，实现交通枢纽功能与城市空间的有机衔接，包括公共交通设施的合理设置、交通流线的优化规划，以及城市空间的多功能利用，以实现站城空间功能的全面升级。

（2）构建多维联通综合交通枢纽：站城融合参与主体多元、专业接口交错，涉及多种主体和功能，因此需要构建多维联通综合交通站。通过实施立体化、复合化、多层级的空间设计，不同交通方式和功能得以有机组合和衔接，可实现高铁客站与城市地下、地面、地上多种交通方式多维联通、无缝衔接。以刚性的交通流线和灵活的商业动线为基础，设计一个以交通枢纽为核心、融合多元城市功能的公共场所，统筹兼顾各方主体，提升综合交通枢纽整体运行效率。

3.1.5　实践应用

为实现更高质量的站城融合，围绕白云站开展城市更新规划，以白云站为中心打造白云区南部现代服务业中心，深化"规划、功能、交通、空间、风貌"的"五要素"融合。

（1）规划融合。白云站从项目策划阶段开始，车站与周边紧邻的城市配套设施一体规划设计。具体内容包括：铁路车站、轨道交通枢纽站、城市公共交通、城市广场、地下空间、上盖空间多个层面，实现规划一张图，以确保白云站建设与城市发展有机衔接、高效融合。

（2）功能融合。白云站将铁路上盖开发的功能与四角城市交通设施的上盖开发在规模、业态上统筹考虑，结合交通条件、结构形式、后勤服务条件，分别为公寓和商务办公。在开发总量可控的前提下，适当调配开发规模，完善了片区的产业体系、服务体系和生活体系，既满足了城市功能，又确保了建设实施的合理性。

（3）交通融合。白云站建设以"客站设计与城市规划、单体建筑与周边环境、交通功能与城市多元功能的有机融合"为原则，与周边城市设施整体统筹布局，综合考虑功能分配、流线组织、人流导向等问题，实现车站与城市设施多层次多维度的系统整合，淡化了城市与车站的界限，保障了车站立体畅达、内外转换高效，实现了交通组织安全、便捷、高效、可靠，挖掘了土地价值。

（4）空间融合。白云站的盖板与周边的市政配套上盖形成一个整体，增强了盖板层面的功能性。在地面夹层和高架层外延处设置了环绕式的走廊和连接平台，改善了枢纽综合体与城市广场之间的衔接界面。站台上方呼吸广场的设置为第二层面创造了公共空间，提高了开发物业的空间可达性。这一系列设置实现了地下、地面、地上空间便捷联通和整体利用，从而形成立体化、复合化、一体化的站城融合空间。

（5）风貌融合。白云站整体设计秉承以公共交通为导向的开发模式和开发理念，紧扣车站定位和城市区位，打造"畅通融合、绿色温馨、经济艺术、智能便捷"的全新铁路枢纽客站，是建设站、城、景有机融合的典范。

白云站的实践应用如图3-1～图3-3所示。

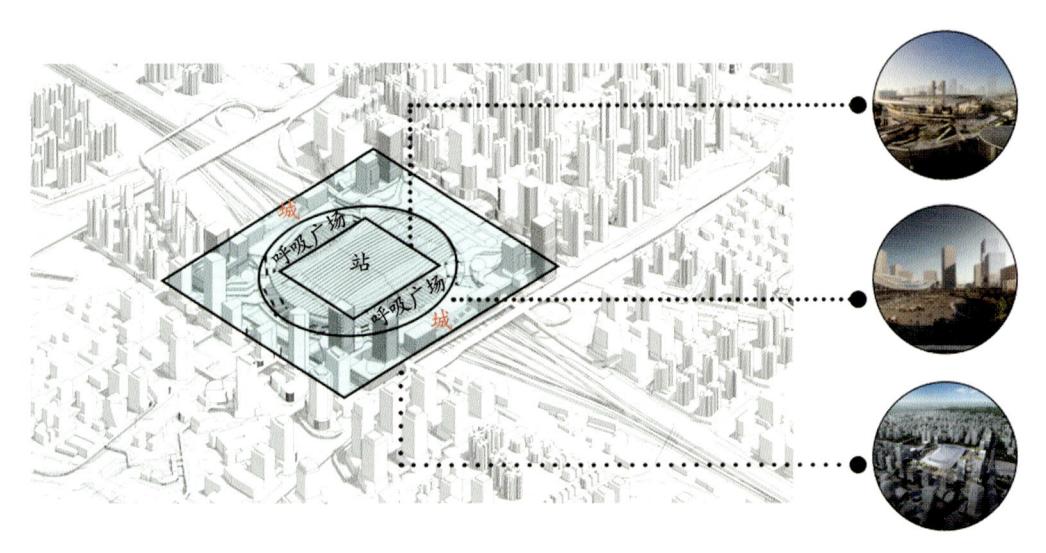

图3-1 方-圆-方的规划布局

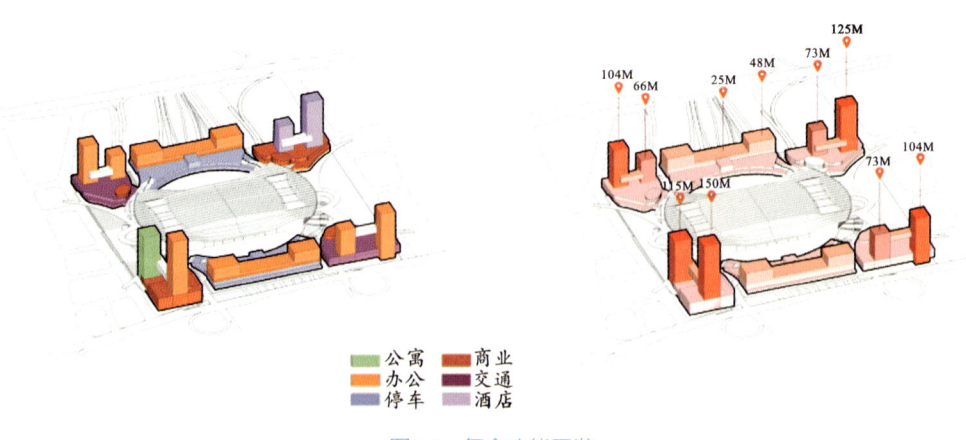

图3-2 复合功能开发

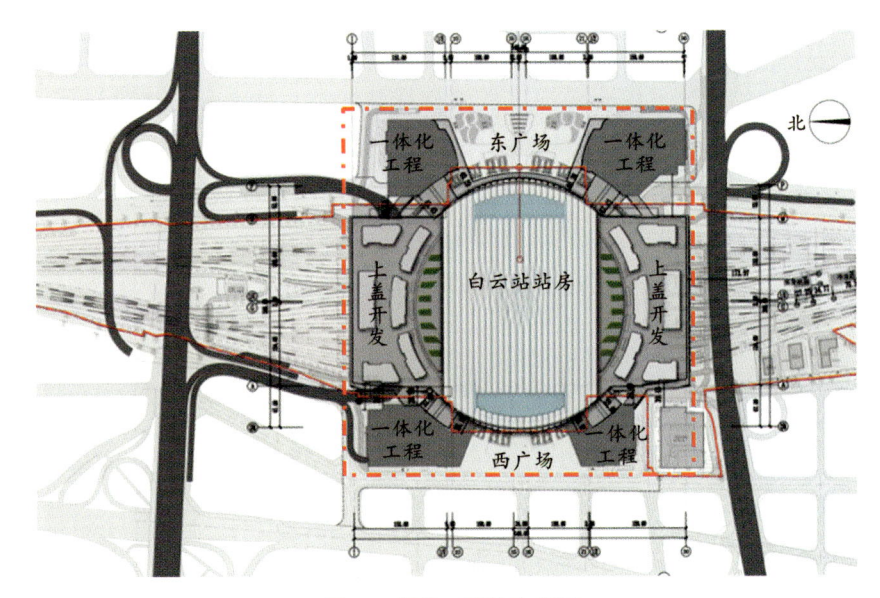

图3-3 枢纽工程整体范围

3.2 融合设计亮点

3.2.1 光谷引导的便携进站体验

对于特大型铁路综合交通枢纽，地铁交通日益成为主要的交通接驳方式，其人流量占比往往超过50%。由于地铁通常在地下运行，地铁人流与主要的高架候车空间不可避免地存在高差，如何为这部分主要人流提供直观、便捷舒适的进站体验是枢纽设计的重点。

3.2.1.1 实践应用

白云站项目在全寿命期内，应用新型技术，节约资源、保护环境、减少污染，利用可再生能源替代、能源管理等多种技术赋能绿色发展。为人们提供健康、适用、高效的使用空间，最大限度地实现人与自然和谐共生，强调高质量发展。

1. 太阳能光伏技术

光伏发电利用可再生能源符合国家对于节能低碳的要求，随着技术成熟和政策鼓励，在新建建筑中得到了广泛应用和推广。大型铁路客运站具有大面积的屋面、幕墙，合理结合光伏发电设备将带来巨大的能源效益与经济效益。广州地区太阳能资源丰富，白云站站房屋面可利用面积大，设计荷载高，使用光伏发电系统，可响应国家节能减排政策。

白云站站房屋面建设分布式光伏项目，光伏总面积约为18 500 m^2，装机容量约3.6 MW。

光伏工程新增配电室，用于布置电气设备，电缆采用电缆槽盒敷设，采用自发自用、余电上网模式。

白云站光伏设计方案综合考虑光伏组件铺装面积、发电量对建筑造型的影响。光伏板采用条状设计与屋面造型相统一，中间屋面部分均匀布置光伏板，总面积约为 14 000 m²。分布方案为：中间屋面一共 15 条带状花瓣均分布光伏板，南北向光伏板宽 4.2 m，东西向光伏板长 230 m。白云站金属屋面板宽为 300 mm，本次设计光伏板尺寸为板宽的模数设计。光伏板安装后呈现的效果如图 3-4 所示。

图3-4　光伏板安装后呈现的效果

2. 阳光导入技术

（1）天窗+光导管采光系统（图 3-5）。

站房光谷大厅内采用光谷引导技术，将阳光导入格栅照明系统，能较好地满足白云站房的照明设计要求，同时又能充分利用阳光，节能减排。

应用区域总面积为 37 199 m²；在此项目中，使用导光管采光系统一年可以节约电力能源 1 466 384.58 kW，这样就意味着大量减少了二氧化碳等有害气体排放到大气中。以上数据均依照国家标准计算，国家标准中明确指出，每生产一度电就会释放不同量的有害气体。随着使用时间越长，节能减排效果越佳（正常与顶部使用时间相同）。

图3-5　天窗+光导管采光系统

（2）大跨度候车厅的自然采光设计（图3-6）。

候车大厅纵深约290 m，仅依靠侧面采光无法满足中心区域的自然采光要求，重点考虑顶部采光玻璃的光学性能对自然采光的影响。

① 天窗可见光透射比0.40（图3-7）：候车大厅整体区域尤其光谷周边均为玻璃幕墙，结合顶部采光，采光情况良好。中间段及其侧面采光效率较低，且受限于顶部可见光透射比较低，中间区域候车大厅局部采光不满足要求。

② 天窗可见光透射比0.50（图3-8）：中间区域候车大厅的自然采光情况得到进一步改善，顶部采光效应增强，整体区域的采光系数均满足采光标准要求。

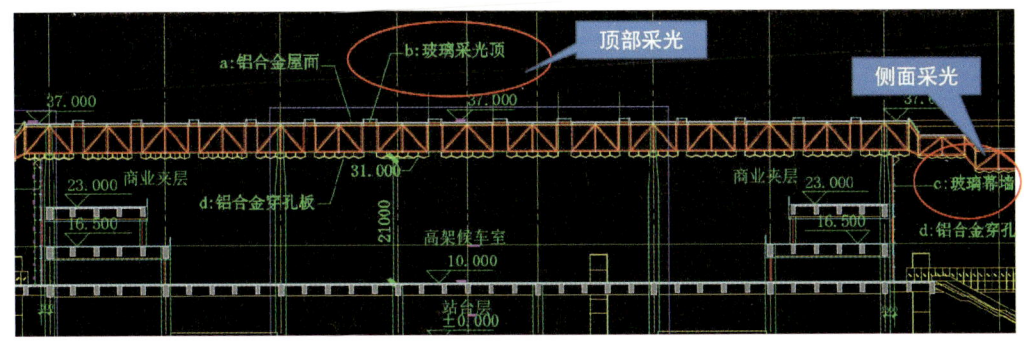

图3-6　大跨度候车厅的自然采光设计

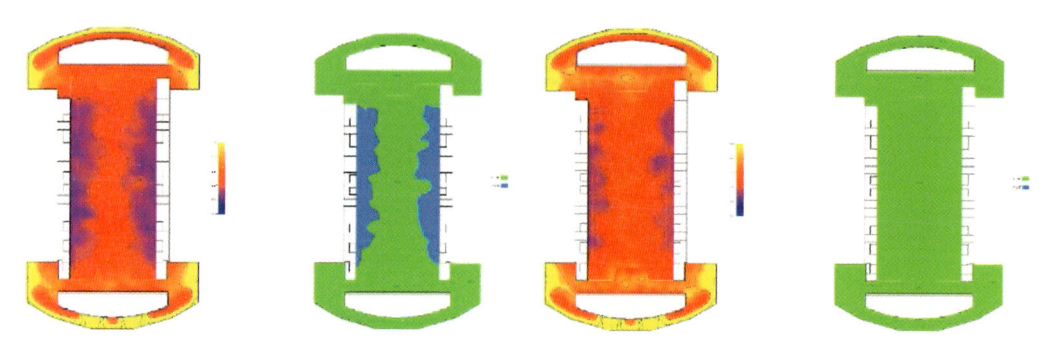

图3-7　天窗可见光透射比0.40　　　　　　　图3-8　天窗可见光透射比0.50

3.2.1.2 应用效果

白云站的绿色建筑设计对照新发展理念，在满足铁路客运站的使用需求的前提下，根据自然环境条件和城市周边环境，以创新、协调、绿色、开放、共享的新发展理念，多维度开展设计。白云站采用创新的光谷引导设计，在站房东西两侧设置直通地下一层的光谷，通过强识别空间为占据枢纽使用总人数约50%的地铁人流进站服务，同时光谷外沿的悬挑对站房候车室起到遮阳作用。白云站铁路客运站在绿色建筑专业化设计层面结合站台自然通风采光、生态植被屋面、屋顶光伏发电和建筑被动节能构造处理打造出高能低耗的绿色建筑。以上设置充分发挥出白云站"可伸缩的车站、会呼吸的广场"的功效。本项目为同气候区同类型建筑的国内首创，具有较强的示范性和代表性。

3.2.2 多维连通的站城交通体系

白云站枢纽规划设计采用"快速集散、高效衔接、过停分离、系统分流、以人为本"的设计策略，解决上盖开发及周边开发的交通与枢纽进出交通既分又离的矛盾。白云站项目通过多目标的交通需求预测、分层次的车辆引导及分流技术、数字仿真及优化技术，实现了机动车辆分层次接驳、各功能层与城市慢行系统有机联系，保证了站城交通体系中进站与进城系统相对分离、互不干扰。白云站站城一体概念分析示意如图3-9所示。

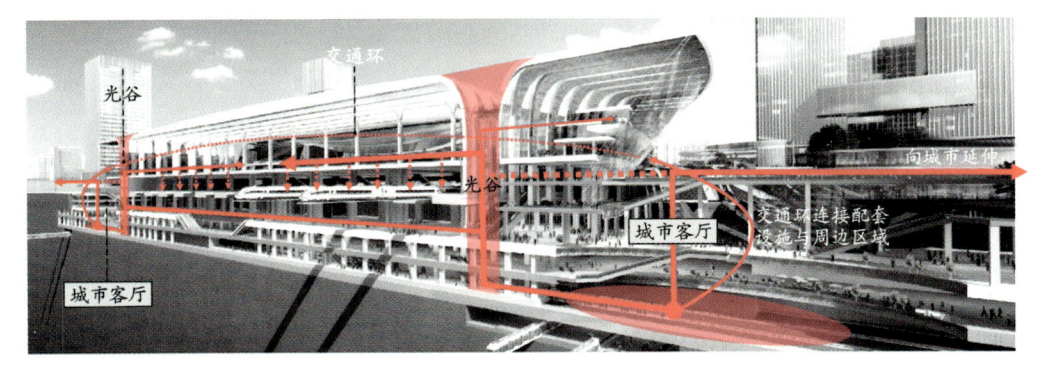

图3-9 站城一体概念分析示意

3.2.3 立体互通的多层慢行系统

白云站慢行系统（图3-10）实现了周边城市区域能方便地到达枢纽的需求，又保证了周边城区的连通，并能够与上盖开发形成互动，实现枢纽可穿越、能逗留的要求。

白云站设置了直径400 m的圆形步道，在16 m标高，连接上盖开发盖板、四角城市配套开发盖板，在空中形成商业的步行街。将下沉广场至上盖层的大坡道和四角交通核各主要步行层串联起来，包括地铁换乘层、广场层、过街通道连接的地面夹层、进站层，保证了各层面人流的快速转换，吸引客流。

图3-10 城市慢行交通系统示意

多样的可达性的同时，各层又有主次的划分。10 m标高以枢纽交通为主，四角交通核以开发交通为主，同时又具备灵活的互通性。地下层的停车场内侧以枢纽交通为主，外侧距离出站厅较远的区域，以服务上盖的停车为主，内、外侧共用地下主通道。

白云站多层衔接、立体互通的慢行系统如图3-11所示。

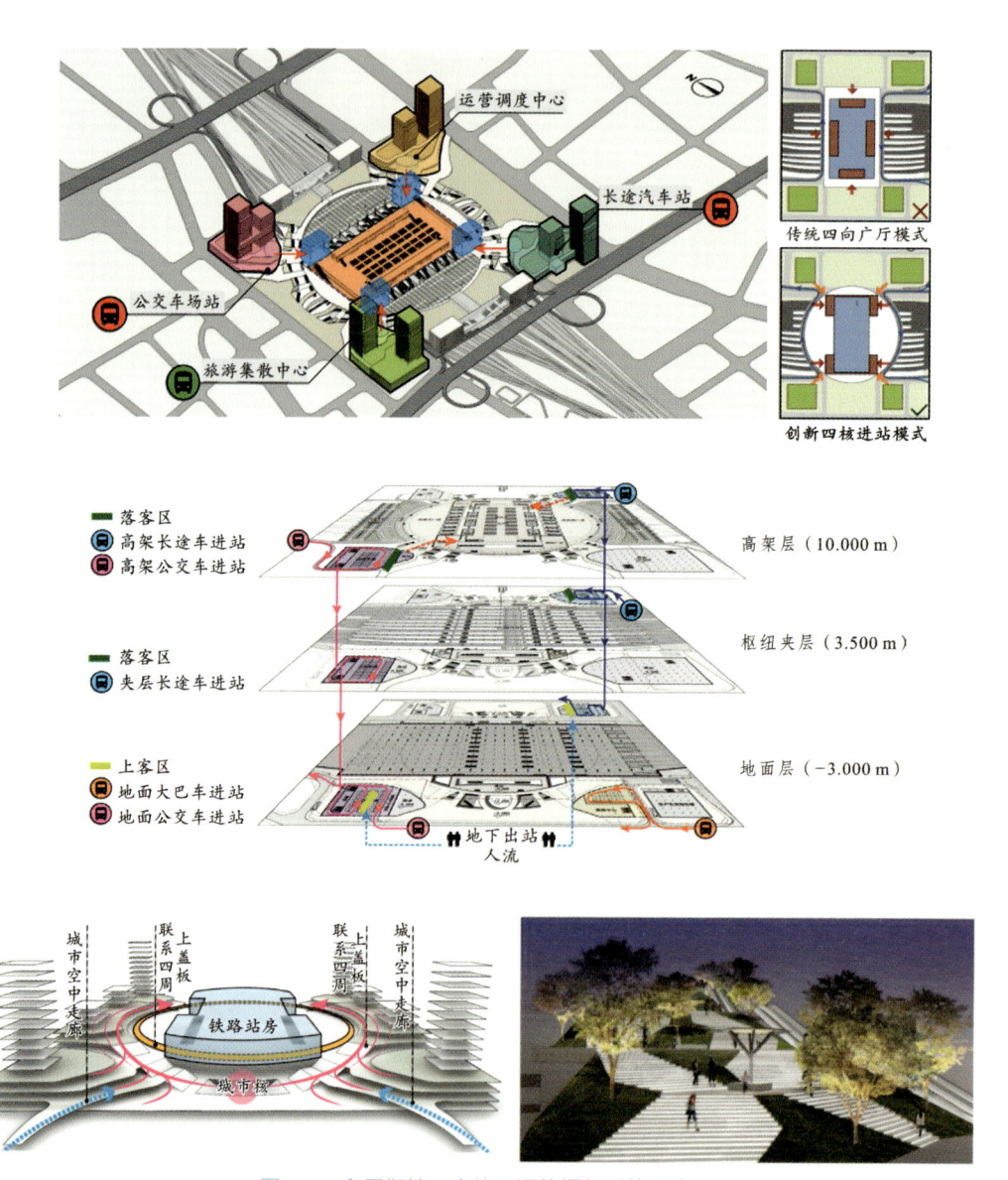

图3-11 多层衔接、立体互通的慢行系统示意

3.2.4 多层衔接的体力结构体系

白云站铁路雨棚上盖开发，上部公寓采用小柱网或剪力墙结构，下部行车轨道的大空间建筑功能采用大跨度柱网，利用功能转换的顶盖设置特殊的全框支转换结构，依据功能、跨度要求，在满足结构安全、传力合理的前提下采用多种措施保证结构安全性和经济性。

白云站采用全新的"全框支转换结构"体系，根据跨度采用不同的平面转换结构布置，提出创新性的节点专利设计，并且采用"两阶段、两水准"的性能设计方法，按设防烈度地震作用设计构件抗震承载力，罕遇地震验算结构构件的性能，通过满足合理的屈服机制，即上部框架柱、剪力墙先于下部框支框架屈服，保障整体结构的抗震安全。结构整体模型及结构主要抗侧力构体如图 3-12、图 3-13 所示。

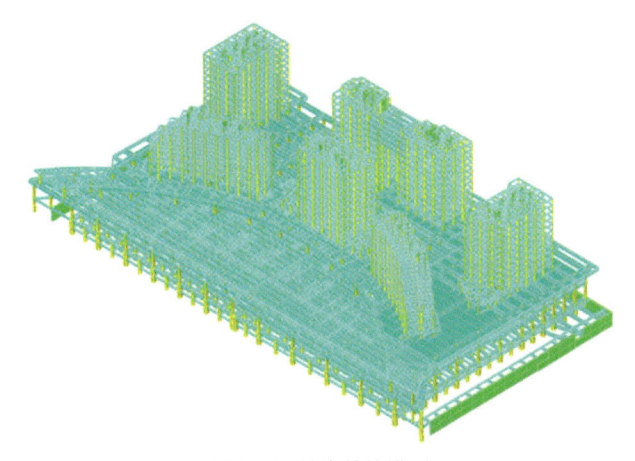

图3-12 结构整体模型

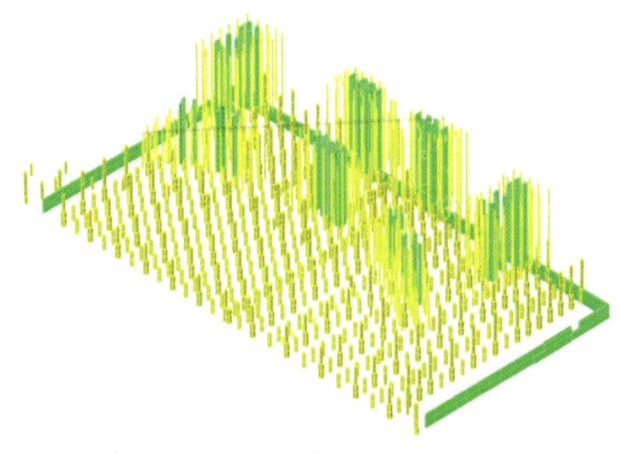

图3-13 结构主要抗侧力构件

白云站盖板综合盖下框支柱和盖上墙柱布置采用多种转换形式（梁式转换、箱型转换、带边框的厚板转换等），实现了盖上结构的灵活布置。落地框支柱采用直径 1.6 m 的高强度圆钢管混凝土柱，抗侧力、竖向承重、抗震性能均非常优越。钢筋混凝土梁与圆钢管混凝土柱之间的连接节点，采用外环钢板、加劲肋、预留插筋套筒、插筋，使得转换梁的内力有效地传递给柱。典型梁柱节点大样图及模型分析如图 3-14 所示。

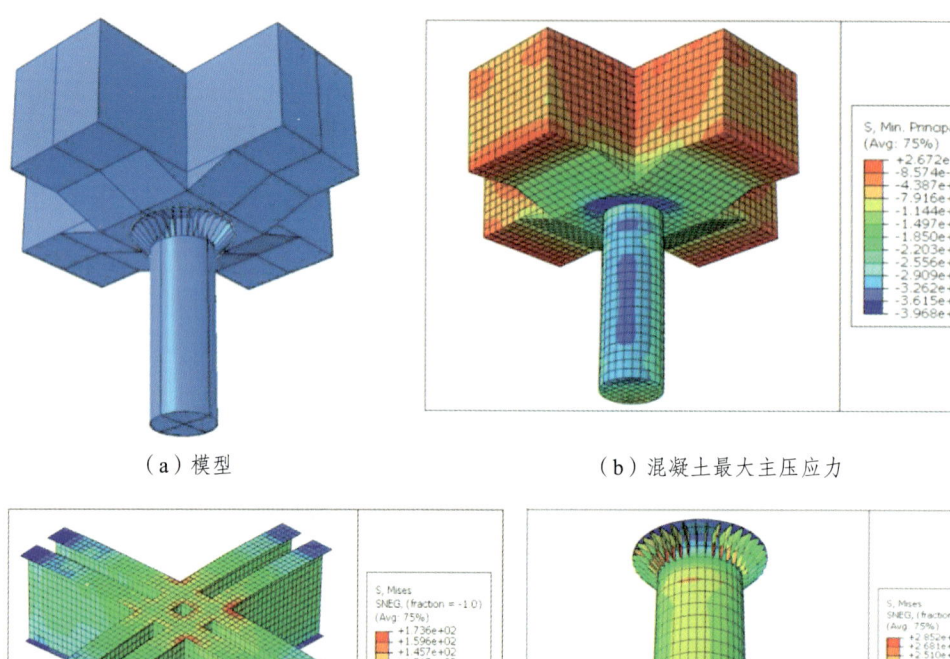

（a）模型

（b）混凝土最大主压应力

（c）型钢 Mises 应力

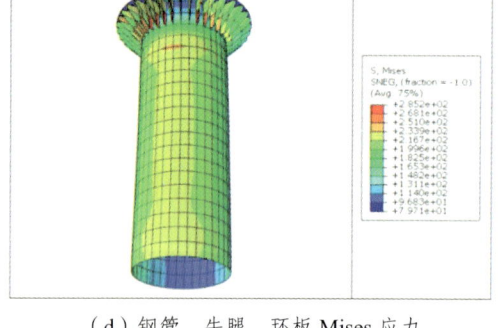

（d）钢管、牛腿、环板 Mises 应力

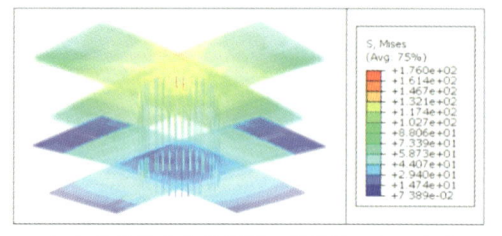

（e）柱头竖向抗弯钢筋、梁纵筋 Mises 应力

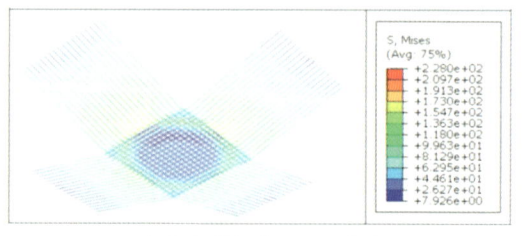

（f）加腋钢筋 Mises 应力

图 3-14　典型梁柱节点有限元模型分析

3.2.5 形式多样的共享公共空间

公共空间是盘活城市和枢纽的关键节点，公共空间为枢纽及周边的居民提供更多丰富的活动场所。白云站通过公共空间将站房与开发物业多维度紧密连接，使白云站内不同的使用客群均可更高效、顺畅、灵活地使用。白云站公共交通复合功能组合如图3-15所示。

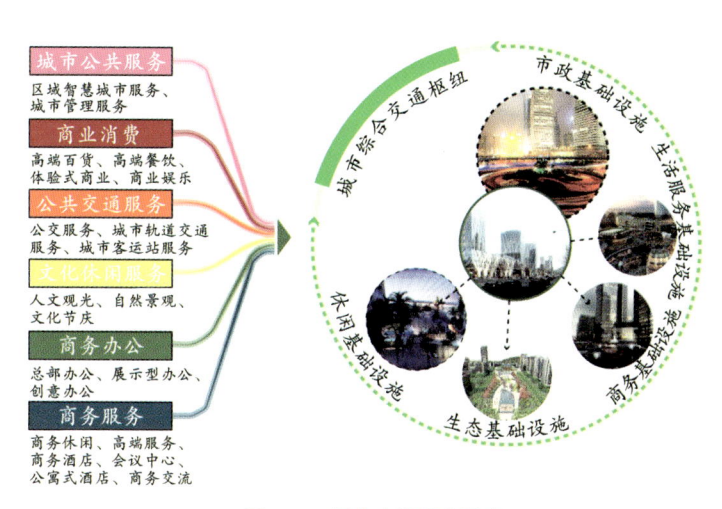

图3-15 复合功能组合示意

白云站上盖盖板与周边的市政配套上盖形成一个整体，拓展了盖板层面功能性，可以在同一层面提供丰富多样的活动场所。在地面夹层、高架层外延设置了一圈环廊及衔接平台（图3-16），改善了枢纽综合体与城市广场的衔接界面，增强了建筑物与城市空间的融合。在站台上方设置了呼吸广场（图3-17），营造出第二层面的公共空间，提高了开发物业的空间可达性，同时也是客运高峰期起缓冲客流作用的高架站前广场。

图3-16 东西环廊及衔接平台

图3-17 南北呼吸广场示意

3.2.6　系统集成的板上综合管线

站台上方的上盖盖板作为新建的地面，与一般建筑上盖盖板不同，主要是受盖板下运行线路和站台以及站台下地下室的限制，支撑新建地面功能的管线系统无法直接引下，需要在盖板上整合各类管线，然后在角部引至地面。板上的管线布置，受到标高及荷载限制不能占用过高的空间。白云站结合建筑规划布局、管线特点、结构形式、接口条件进行精确地排布。

白云站项目水排放采用重力流与虹吸结合，分区域、分步排放，减少因重力排水需要的深沟。强弱电管线利用结构预留空间排布，主要设备置于板下，与市政接口设"角柱"连接。白云站结合规划布局，利用房屋周边坡地设置管沟，并结合三维模型，选择管线的走向，均布交叉点。板上重力排水路径如图3-18所示。

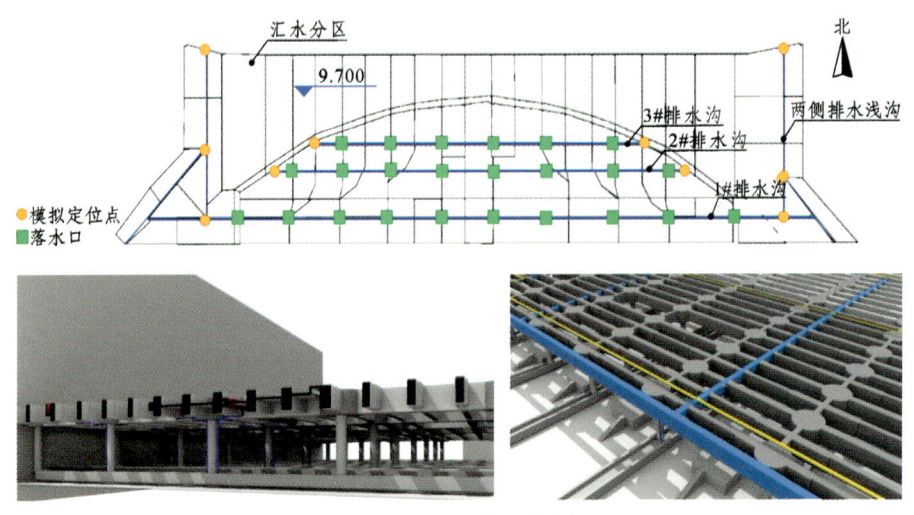

图3-18　板上重力排水路径

通过以上多种方法的综合应用，在白云站站台上方，距离轨面18 m高的空中，打造形成建筑面积约 $7 \times 10^4 \mathrm{m}^2$ 的开发盖板，是交通条件好、可达性强、空间丰富多样、吸引人逗留、有后勤支撑的全新的再生地面。目前该地块已由广州市土地征收办公室预收储，板上规划建设 $1.7 \times 10^5 \mathrm{m}^2$ 的开发物业，为目前国内铁路客站站台区域上盖开发规模最大的项目。周边四角市政设施的上盖开发盖板也有两块已出让成功。

第 4 章 智能建造绿色低碳化

进入工业社会之后,建筑业逐渐成为一个国家经济能力乃至综合国力的基石。当前全球经济普遍面临转型压力,作为经济体系的稳定器,传统的建筑施工业迎来了新的发展机遇,同时也面临着多重挑战。在社会层面,随着就业人口不断下降和劳动力成本的急剧上升,现有的资源环境负担沉重,整个社会生产组织方式面临转型升级压力。在市场层面,市场竞争激烈,建筑业逐渐从小规模转向大体量、规模化的新型模式。在技术层面,在普遍自动化的基础上,物联网、边缘计算、云计算、大数据、人工智能等技术的发展为建筑业的进一步升级提供了强大的技术支撑,同时也提出了更高的管理要求。因此,智能建造是技术、社会和市场多方面要素驱动的结果。

白云站工程具有工期紧、夜间施工频繁、质量要求高的特点,同时大型机械设备种类多,邻近既有线,传统的施工和管理手段不足以应对 24 h 全方位覆盖的管理。鉴于此,项目在施工中借助信息化和智能化的技术,从质量、进度、安全方面全方位地进行协助管理,以加快施工进度、提高工程质量、保证施工安全。智能建造架构如图 4-1 所示。

图4-1 智能建造架构

4.1 全过程BIM应用

为加强对施工质量和深化精度的管理工作，白云站积极地应用BIM技术，在前期规划阶段就筹备了BIM技术的应用，成立BIM及信息化实施小组，负责协调组织项目信息化、智能化策划，明确信息化、智能化方面的各项工作。另外，统筹设计、施工单位，进行全过程的BIM技术的应用，依据国家标准和行业标准编制了《白云站BIM建模标准》及《白云站BIM实施方案》，协调行业专家对方案进行优化论证，保障了BIM技术应用的顺利推进。BIM在施工方案论证、钢结构和可视化方面的应用效果显著，可模拟不同施工方案的效果，包括工序、材料搭配、施工顺序等，从而选择最优方案并进行可视化展示，提高了施工效率和质量；可以对钢结构的设计进行模拟和优化，包括结构分析、构件连接、材料利用等方面，从而提高了钢结构设计的精度和施工的准确性。BIM模型将工程设计、施工方案等信息以三维模型的形式呈现，有助于相关人员更直观地理解工程内容，提高沟通效率和决策的准确性。

4.1.1 辅助设计

设计单位前期利用BIM技术建立概念模型和设计模型，优化设计流程，提高设计效率。尤其是在建筑外立面上，对建筑外立面构型进行梳理分析，配合设计专业进行外立面构型定位描述及可行性讨论，综合汇总外立面相关专业要求，协调设计问题及传递数据，并输出相应外立面工作图与定位模型供各专业进行深化设计及出图。设计单位完成设计模型（图4-2）后移交施工单位，保证了模型的连续性和一致性。

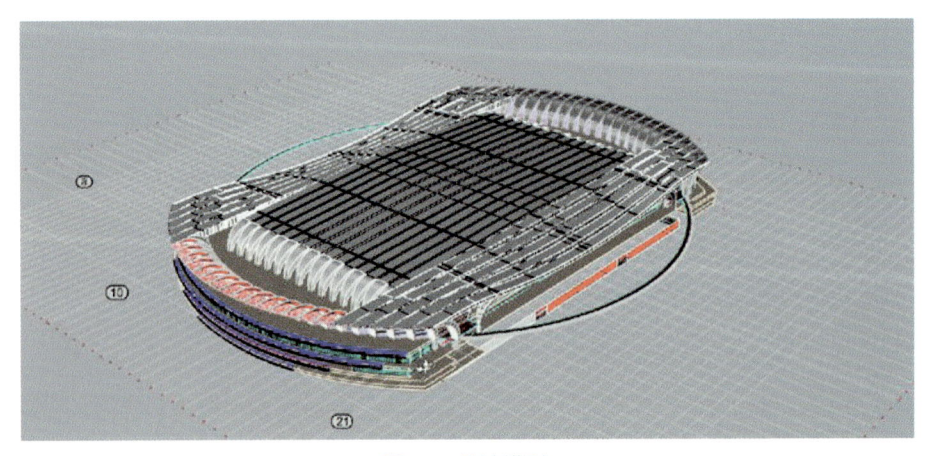

图4-2 设计模型

4.1.2 节点建模

在施工工艺模拟前应完成相关施工方案的编制，确认工艺流程及相关技术要求。复杂节点施工工艺模拟应优化节点各构件尺寸及各构件之间的连接方式和空间要求，以及节点的施工顺序，并宜进行可视化展示或施工交底即节点建模（图4-3）在施工工艺模拟过程中，宜将涉及的时间、人力、施工机械及其工作面要求等信息与模型关联；宜及时记录出现的工序交接、施工定位等存在的问题，形成施工模拟分析报告等方案优化指导文件；宜根据施工工艺模拟成果进行协调优化，并将相关信息同步更新或关联到模型中。

图4-3 节点建模

4.1.3 施工方案论证

白云站综合交通枢纽涵盖了国铁站房、地铁、城市公交、轨道交通、社会车辆等众多交通方式，因此对其功能性、施工周期有着严格的要求。通过BIM技术对建立大型铁路综合交通枢纽的施工过程进行模型，利用虚拟建造方式对施工过程进行三维模拟，进而对已有的施工方案进行验证、优化和完善，替代传统的施工方案编制方式和流程，发现并解决实际施工中可能发生的问题，对于优化施工方案、合理配置施工资源、节省施工成本加快施工进度、控制施工质量、提高整体施工劳动生产率、提高工程建设速度和建设质量提供了重要的技术支撑和保障。施工方案如图4-4所示。

4.1.4 复杂溶洞地质仿真

复杂的地质问题是白云站施工过程中的一大难点，白云站溶洞见洞率特别高，项目依据超前钻资料，利用BIM技术建立地质详勘模型，详细展示地质构造，如图4-5所示，进行三维可视化交底，指导溶洞施工，同时对溶洞注浆的工程量进行统计。

图4-4 施工方案

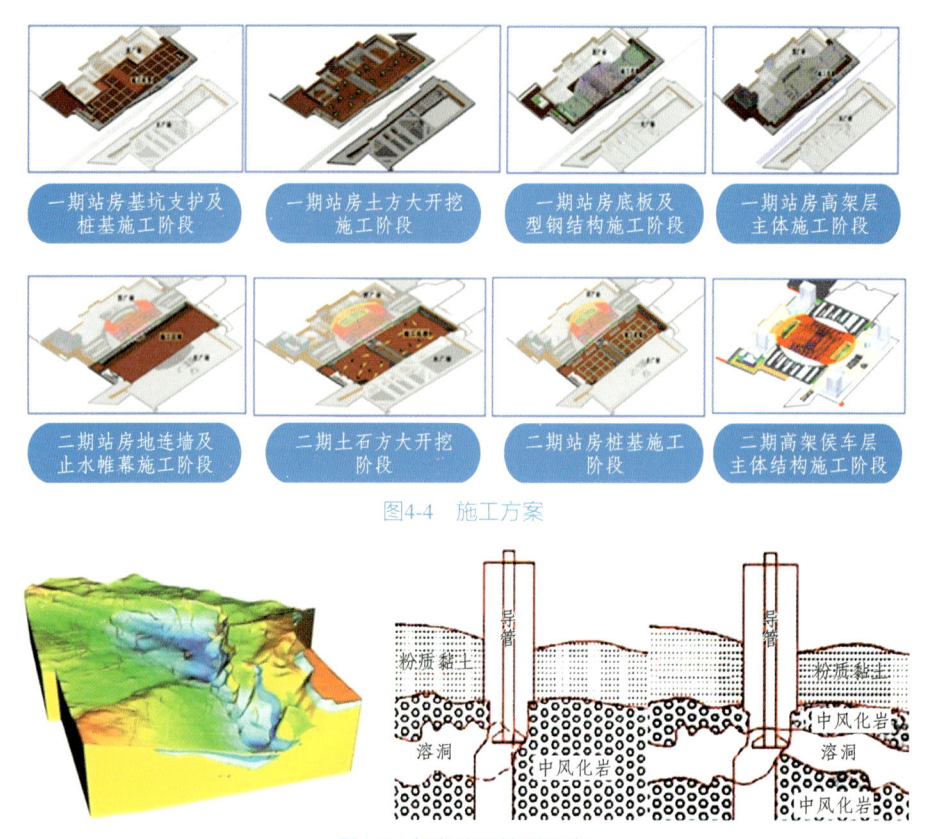

图4-5 复杂溶洞地质仿真

4.1.5 管综路由深化

在机电方面,机电专业深化BIM模型进行管综的优化排布和路由(图4-6),提高净空、减少碰撞、进行施工模拟、并出具管线综合布置图、专业施工图、安装详图、支吊架定位图,同时进行漫游审查等辅助现场施工,提高机电工程施工的质量和美观度。

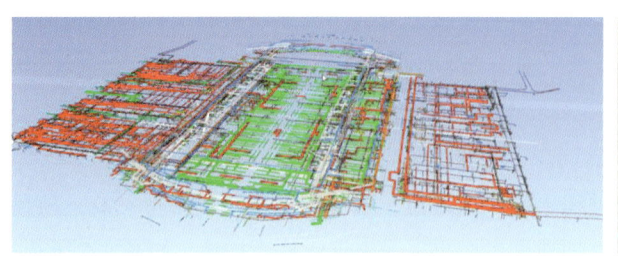

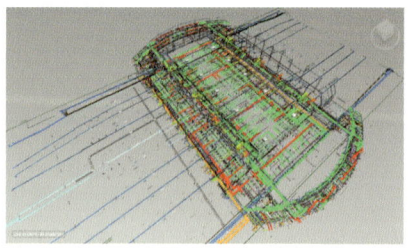

图4-6 管综路由深化

4.1.6 砌体造型深化

在建筑方面，白云站利用 BIM 技术依据图纸建立三维模型，利用模型深化构造柱和圈梁，出具深化图纸，提高了深化的效率，同时利用模型对地下室砌体进行排布（图 4-7），有效提高了整砖的利用率，进而提高了材料的利用率。

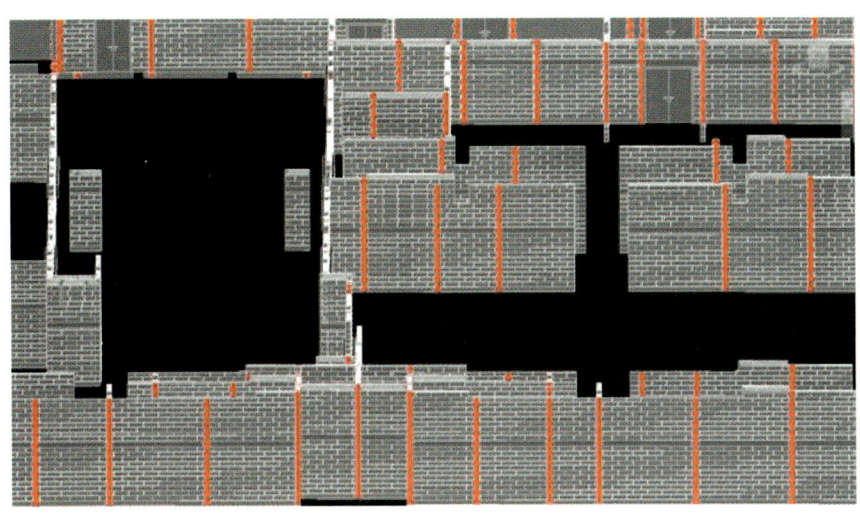

图 4-7　砌体造型深化

4.1.7 钢结构施工方案优化

白云站钢结构总重 1.18×10^5 t，结构形式复杂多样，施工难度较大。项目部前期结合专业队伍对钢结构从柱角埋件到钢结构屋面进行全方位优化，结合混凝土结构的承重以及钢结构、吊装机械的自重，对钢结构整体施工方案及行车路线进行组织模拟，利用模型优化屋面的拼接提升方案，进行提升方案的三维模拟。钢结构模型如图 4-8 所示。

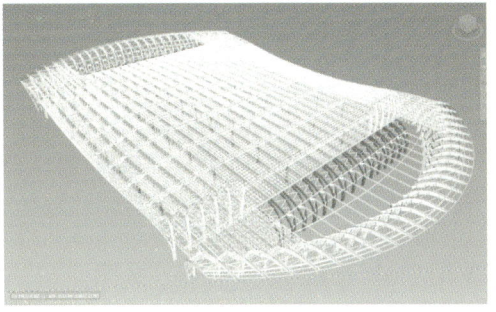

图 4-8　钢结构模型

4.1.8 钢结构深化设计与物联网应用技术

钢结构吊装行车路线受力仿真及方案模拟如图 4-9 所示。钢结构预制加工采用 TEKLA、Revit 等软件，同时借助二次开发等软件，快速创建钢结构及相关模型，结合数字化加工设备创建共享数字化建造数据库，将传统模型转化为预制加工模型，模型精度达到 LOD400（Level of Detail，细节层次），根据实际预制加工和装配情况对其进行优化，出具预制加工图纸、将钢结构构件软件进行一键排布，生成构件数据，将数据导入等切割、焊接等设备，利用切割机和焊接设备进行生产、加工。通过钢结构深化设计与物联网应用技术的结合，方便各方协同设计和优化，减少设计变更和错误，从而节省时间和成本。

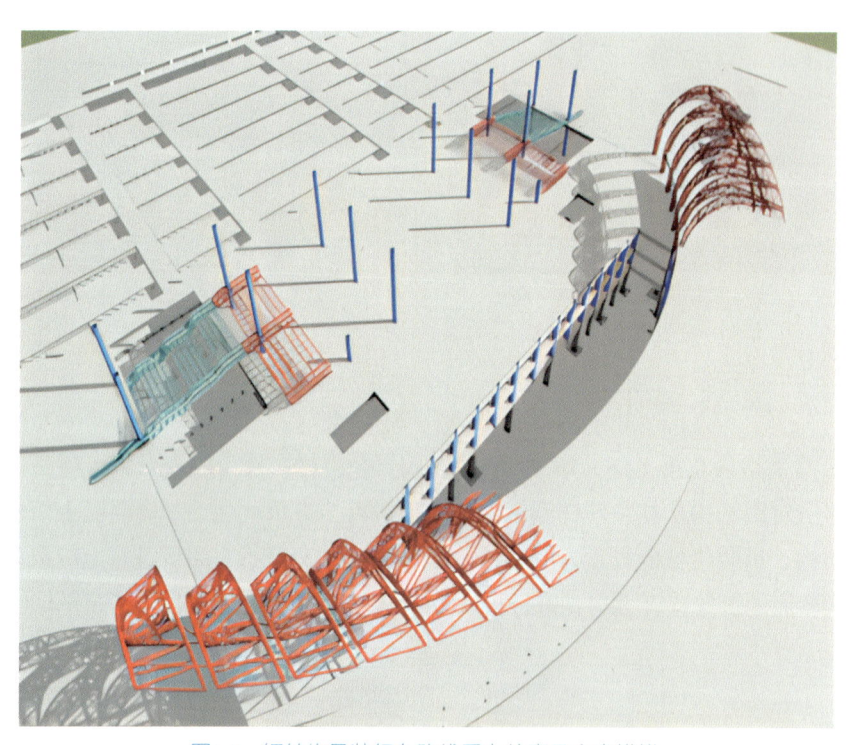

图4-9 钢结构吊装行车路线受力仿真及方案模拟

4.1.9 幕墙、装饰、膜结构施工设计

采用模型与模型对接审核的方式，将装饰深化与建筑、幕墙和机电多专业协调工作并行，进一步压缩深化时间，在不同专业的衔接节点上效果显著，利用模型直接进行三维展示，效果更加清晰直观。幕墙、装饰、膜结构模型如图 4-10 所示。

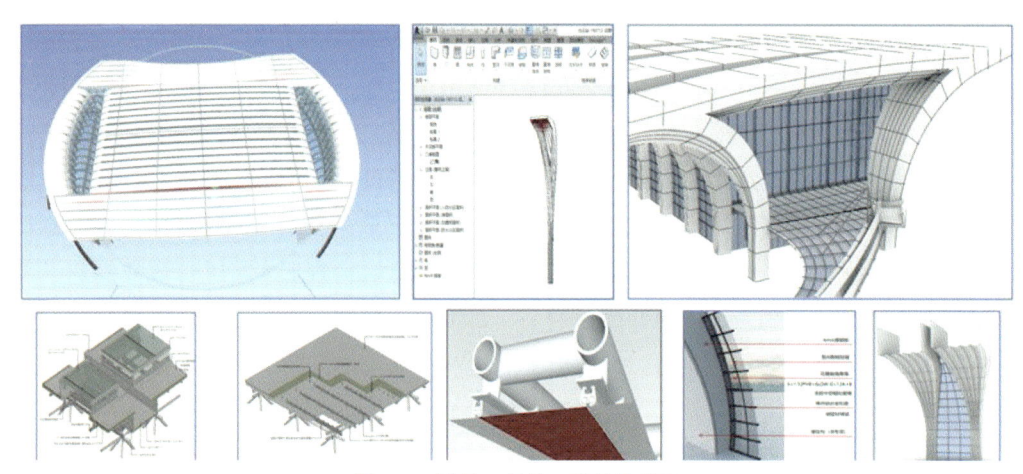

图4-10 幕墙、装饰、膜结构模型

4.1.10 结构工程参数化探索

用了自主化引擎对结构工程进行参数化模型深化（图4-11），验证了大体量（14.48万）综合枢纽参数化建模能力。软件采用了国际领先的Web端建模技术，开箱即用，极大降低了白云站BIM技术应用成本，同等条件下节约成本投入，并为项目人员提供BIM基础数据高效安全机制，保证了数据的安全性和机密性，解决了白云站BIM模型创建效率低、流转应用难等实际问题。

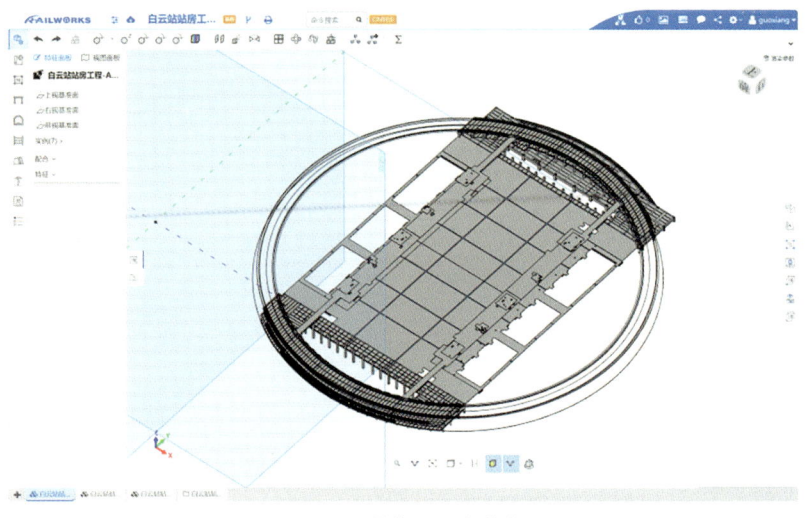

图4-11 结构工程参数化

4.1.11 可视化交底

本项目关键施工部位较多,需要做的专项施工、专项节点技术交底较多,且本项目需要进行专家论证的超一定规模的危险性较大方案较多。在施工现场,技术交底往往流于形式,没有针对性,起不到指导施工的作用。现在通过改变传统的思维与做法,将纸质转化为四维虚拟动漫技术呈现施工技术方案,使施工重点、难点部位可视化,提前预见问题,确保工程质量,消除安全隐患。这样既方便了项目管理人员进行日常检查,也可将模型交给分包管理人员,提升劳务效率。对工程复杂部位进行三维可视化交底,给施工现场提供了大量的技术支持,可在施工前提前预见可能发生的风险和失误,避免无谓地浪费时间。可视化交底案例如图 4-12 ~图 4-17 所示。

图4-12 候车室

(a)

（b）

（c）

图4-13 入口广厅

图4-14 西光谷

图4-15 站台

图4-16 出站厅

（a）垂轨方向

（b）顺轨方向

图4-17 剖透渲染图

4.2 智能化装备施工

在国铁集团《"十四五"铁路网络安全和信息化规划》的推动下,广州白云站以施工企业工装机械为革新、创新为载体,深入推进机械化支撑,探索具有感知、决策、执行、自主学习及维护等自组织、自适应功能的智能建造系统,以及网络化、协同化的建造装备。

4.2.1 智能机器人辅助施工

白云站工程体量大、工期紧,通过施工组织策划拟高峰时期投入现场施工的作业人员总人数约8 000人,施工现场出现一定的人员缺口,因此白云站项目积极推广自动化装备的应用,用于取代施工过程中的繁重劳力及危险作业,提高项目标准化施工水平。目前,项目主要应用有智能随动布料机器人、地面整平机器人、地面抹平机器人、地面抹光机器人、三维激光扫描机器人、焊接机器人、场地巡检机器人、放线机器人等8款机器人。

4.2.1.1 智能随动布料机

智能随动布料机的布料施工半径为12 m,具备传统手动和智能随动布料两种模式。智能随动布料机能根据布料软管末端操控手柄的控制,自动实现大、小臂联合运动,相比传统手动布料机能够节省两名工人,其经济性非常显著。智能随动布料机如图4-18所示。

图4-18 智能随动布料机

4.2.1.2 地面整平机器人

地面整平机器人的刮板宽度分为1.5 m和1 m,标高控制在-5 ~ 10 mm,基于自主开发的 GNSS（全球导航卫星系统），能够自动设定整平规划路径，实现混凝土地面的全自动无人化整平施工，且具备人工遥控及机器人全自动作业两种模式。白云站项目使用地面整平机器人用于结构楼板混凝土振捣，通过双自由度自适应系统、高精度激光识别测量系统和实时控制系统，可在钢筋混凝土上稳定行走进行整平作业。地面整平机器人如图 4-19 所示。

图4-19　地面整平机器人

4.2.1.3　地面抹平机器人

全自动高精度地面抹平机器人主要应用于混凝土地面施工的提浆、压实和收面工序，其采用特殊的镂空滚筒和轻量化的机身，使得整机在初凝阶段的混凝土面上无打滑运动，尾部的振捣系统能够起到很好的提浆效果，再配合高精度的激光测量与尾板实时标高控制系统，可以精准控制混凝土板面的水平度。基于 GNSS 导航技术，可实现自动路径规划的全自动施工作业。相比传统的地面抹平施工工法，该机器人可大幅度提升工作效率和地面抹平效果。在全自动高精度地面整平机器人施工的前提下，能够实现真正的高精度地面。地面抹平机器人如图 4-20 所示。

图4-20　地面抹平机器人

4.2.1.4 地面抹光机器人

地面抹光机器人是应用于混凝土压光、收光过程的机器人，这项施工对于收面质量要求高，人工劳动强度大、重复性高。地面抹光机器人攻克了难度极大的室外GPS（全球定位系统）惯导及双抹盘运动的融合闭环控制技术，提高了机器人在复杂环境下混凝土初凝面上的行走精度，初步实现了全自动抹光。

白云站项目结构楼板采用地面抹光机器人进行抹面收光工序施工，该机器人采用闭环控制的行走系统，利用地面对两组抹刀的反作用力驱逐机器前进与旋转运动，并自动抹压。相较于传统施工，该机器人施工的光整度、密实度更加均匀，综合施工成本更低，施工效率更高，工人的劳动强度降低。地面抹光机器人如图4-21所示。

图4-21 地面抹光机器人

4.2.1.5 三维激光扫描机器人

对已施工完成的钢结构工程等复杂结构进行三维激光扫描，将扫描获得的点云模型进行处理并与相对应的BIM模型进行叠合。一方面可检查该部位施工质量是否满足规范、设计要求，另一方还可以在后续装饰装修等工程施工前对结构的累积误差进行修正，提高后续工序施工进度和施工质量。三维激光扫描机器人如图4-22所示。

4.2.1.6 焊接机器人

焊接机器人通过高压接触传感全自动检测获取坡口参数信息，且具有全自动、半自动、手动等多种坡口参数输入检测手段，操作灵活方便，且能输出高压击穿氧化皮，使坡口参数检测更加精确。其高精度的步进电机为坡口检测数据的精度提供保证，能够多点检测坡口信息实现对坡口的模型建立，能够通过检测的坡口参数自动生成可靠的焊接规范,能够通过生成的焊接规范完成多层多道的自动化焊接。焊接机器人如图 4-23 所示。

图 4-22　三维激光扫描机器人

图 4-23　焊接机器人

4.2.1.7　场地巡检机器人

智能巡检机器人集成环境感知、动态决策、行为控制和报警装置,具备自主感知、自主行走、自主保护、自主识别等能力,可帮助人类完成基础性、重复性、危险性的安保工作,推动公共安全服务升级,是提高安全性、降低服务成本的多功能综合智能装备。智能巡检机器人全天候、高强度地在施工点位进行值守工作,保障施工安全,减少对环境影响。值守过程中实时记录现场音视频信息,实时监测噪声、人员安全帽佩戴情况,可利用语音轮播以及远程喊话提醒现场作业。场地巡检机器人如图 4-24 所示。

图4-24　场地巡检机器人

4.2.1.8　放线机器人

在工程测量放线中，全面引入基于 BIM 模型的自动放线机器人。放线机器人采用高精度全站仪加三维数字驱动马达，除具有传统全站仪的基本功能外，能够实现与放样手簿的无线结合。空间位置数据来源于工程的 BIM 模型，具有高精度数字通信系统，可采集放样点的实际坐标信息，与设定值信息之间的比对，并上传至云端，其工作原理如图 4-25 所示。放线机器人可大幅提高工程实体放线的精准度和效率，有效保证了工程在测量放样工作中的精度实现。

放线机器人投射点位及其采集到的点位信息如图 4-26、图 4-27 所示。

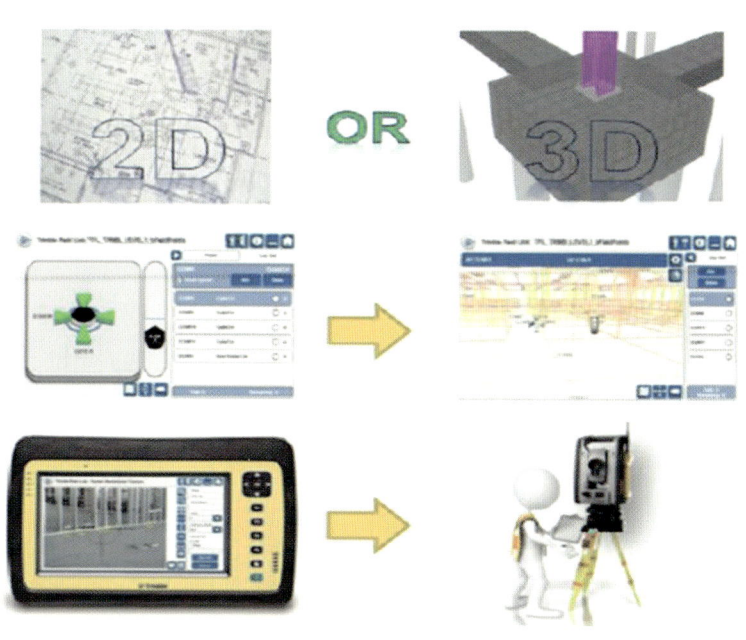

图4-25　放线机器人工作原理

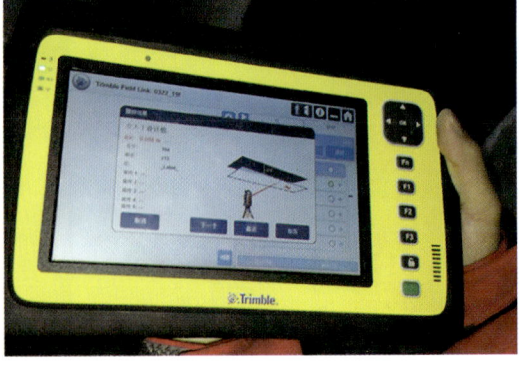

图4-26　放线机器人投射点位　　　　　　　　图4-27　采集到的点位信息

白云站目前使用的有 8 款机器人。从目前的整体使用情况看，机器人的工作效率高，部分区域可以完全替代人工，且可以不间断施工，提高生产效率，降低综合施工成本。在施工质量方面，混凝土的光整度、密实度更加均匀，同时误差较小。但机器人使用受施工场地和工作环境的影响较大，部分边角地区仍需人工进行二次处理。

4.2.2　钢结构三维激光扫描变形监测

三维激光扫描技术又称"实景复制技术"，是一种高效率、高精度、非接触式的主动测量技术。它可以在多种恶劣观测条件进行外业扫描，快速获取目标物体的表面三维坐标数据，形成海量三维激光点云，再利用这些高密度的点云生成三角网，建立目标物体的数字表面模型。同时，可以通过激光扫描仪内置或外接的同轴数码相机拍摄的影像给点云赋上真彩色，建立的数字表面模型就可以实景呈现扫描物体的真实场景。由于三维激光扫描具有使用简单、扫描快速、操作安全、精度高等技术优势，可以极大地提高外业数据采集效率，降低工作人员的劳动强度，提高生产效率，其已在诸多领域得到应用。该技术在应用上也存在着一些不足之处，如高层建筑物与构筑物顶部有扫描盲区、相机拍摄视角不理想、后处理软件处理效率偏低等。三维激光扫描在地面上以一定角度扫描，可直接获取地表物体的表面三维坐标，形成激光点云数据。

倾斜摄影测量技术利用倾斜摄影装置同时快速获取倾斜三维影像和正射影像，再利用计算机自动图形处理技术进行自动空间三维处理，经过影像匹配和表面纹理映射等技术手段，可最大限度地还原地表的真实景物。倾斜摄影技术可以实现多角度影像采集，保证高效率，增加精确度，以准确定位，实现三维实景重建，其已成为国内外航测的主要技术途径。但是基于倾斜摄影技术获取数据资料也有一些尚未克服的缺点：如倾斜摄影影像自动匹配难度大，为保证高精度需大量布设外业像控点，建筑物底部由于遮挡等因素精度较差等。倾斜摄影测量以无人机平台搭载数码相机，在空中多角度对地表对象进行拍摄获取影像数据，然后基于多视影像的地表同名点坐标进行密集匹配，快速获取地表三维数据，其数据格式一般为JPG等图片格式。通过相应的软件平台进行空三加密和影像密集匹配算法，自动匹配出所有影像的同名点，并从影像中抽取更多的特征点构成密集点云。

目前，国内建筑行业处于变革阶段，但BIM技术在行业中的应用仍局限于建模、碰撞分析、施工检测等方面，都没有深入衔接现实，忽略了施工工地数据流与建筑信息模型之间的流通转化。三维激光扫描技术也被称为"实景复制技术"。三维激光扫描技术与无人机逆向实景建模技术融合，密集匹配从航拍影像中抽取的大量密集点云，这些点云与三维激光扫描仪扫描获取的激光点云进行数据融合，采用自动算法与人工配准相结合的方法，将倾斜摄影密集点云与三维激光点云进行配准，从而得到高精度的融合点云模型。为使BIM模型真正贯穿到工程全生命周期中去，对现场施工管理及技术深化起到关键作用，白云站项目将三维激光扫描与倾斜摄影技术的结合应用于施工现场及主体的三维建模，实现了空中无人机航空影像与地面三维激光点云的"空地联合"，全方位无死角获取地表物体的完整表面坐标信息，改善了建模效果，提高了建模精度及效率。

白云站综合运用BIM技术，基于无人机倾斜摄影的逆向实景建模等技术手段开展钢结构三维激光扫描变形监测，提高了施工现场的高效化、智慧化管理水平。

4.2.2.1 应用概况

在白云站综合交通枢纽项目中，采用扫描技术，对施工过程中的建筑物体进行真彩色三维扫描，高精度采集现场真实纹理信息，如图4-28～图4-31所示，为施工提供重要依据。

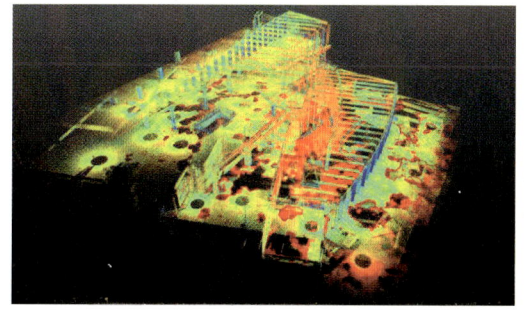

图4-28 公交枢纽交通核钢结构扫描点云　　图4-29 公交枢纽负三层扫描点云

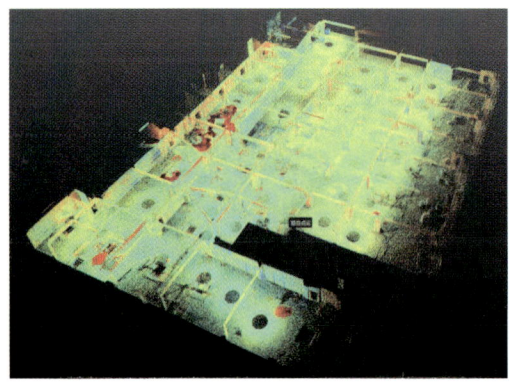

图4-30　长途枢纽负三层扫描点云 　　　　图4-31　旅游车场交通核钢结构扫描点云

4.2.2.2　外业扫描

为了更准确地将点云模型和后期 BIM 模型相结合，本项目在待测空间周围至少放 4 个轴网控制点并用全站仪测出施工坐标，每个控制点与扫描空间区域重合，最终形成一个记录真实现场环境的点云空间，具体如图 4-32 ~ 图 4-35 所示。

图4-32　扫描仪现场校正 　　　　　　　图4-33　现场扫描

图4-34　控制网建立

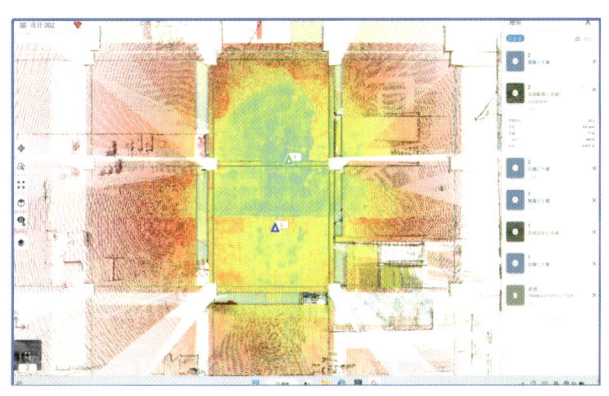

图4-35　点云配准

4.2.2.3　内业处理

实地扫描完成后，根据从扫描仪和全站仪接收到的点云和坐标数据，将它们导入到适当的点云处理软件中，精化配准去除噪点后，可用于代替现场实测实量工作，对墙体垂直、平整度进行全面检测，如图 4-36 ~ 图 4-38 所示，可大大减少去现场的测量时间。

图4-36　点云数据导入Trimble RealWorks

图4-37　点云全自动数据精化

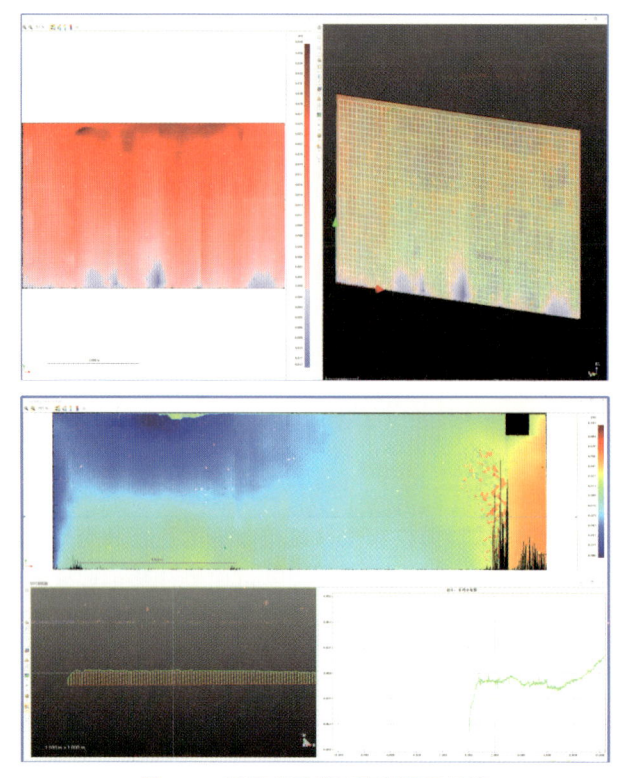

图4-38 基于点云模型实测实量检测

4.2.2.4 模型配准

根据BIM模型特征点坐标,利用强制匹配功能,将点云的独立坐标转换成与BIM模型一致的坐标系,最终匹配精度在5 mm以内。

模型配准可复制现场的真实情况,记录施工过程,进行隐蔽查看,用于资料留档,可在竣工后用于质量验收。同时,通过提取点、线、面,可以得到施工现场的实际情况。模型配准如图4-39~图4-44所示。

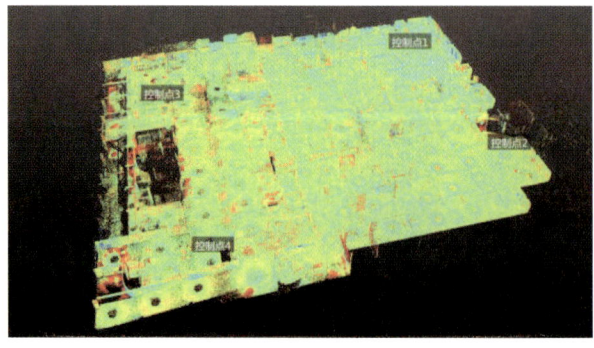

图4-39 三维扫描精化模型

第 4 章 智能建造绿色低碳化

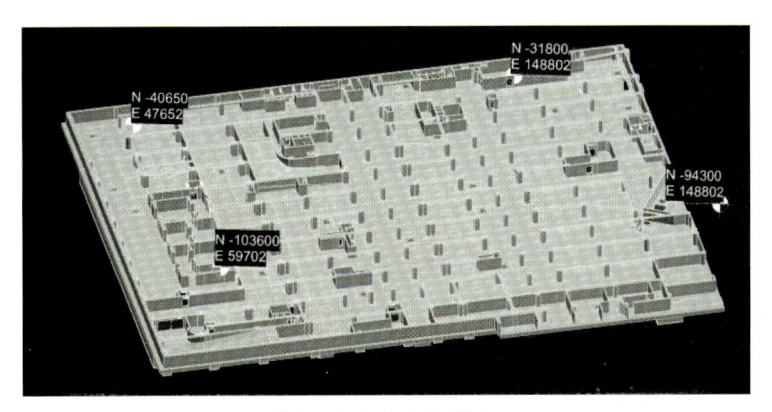

图4-40 图纸BIM模型

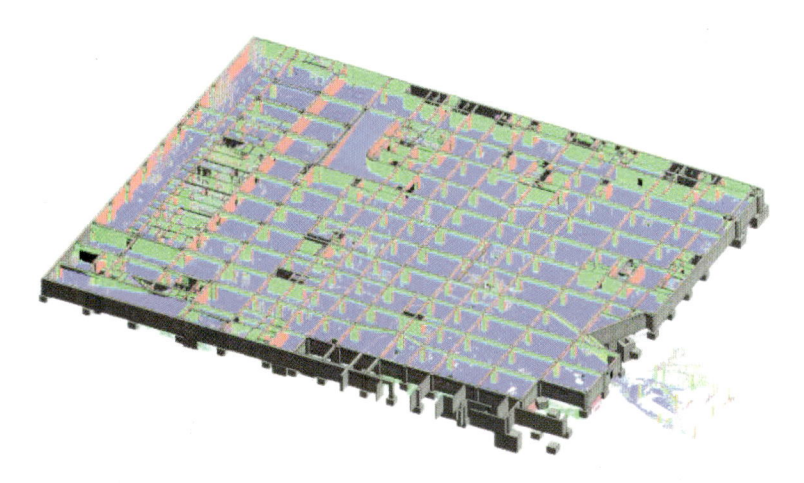

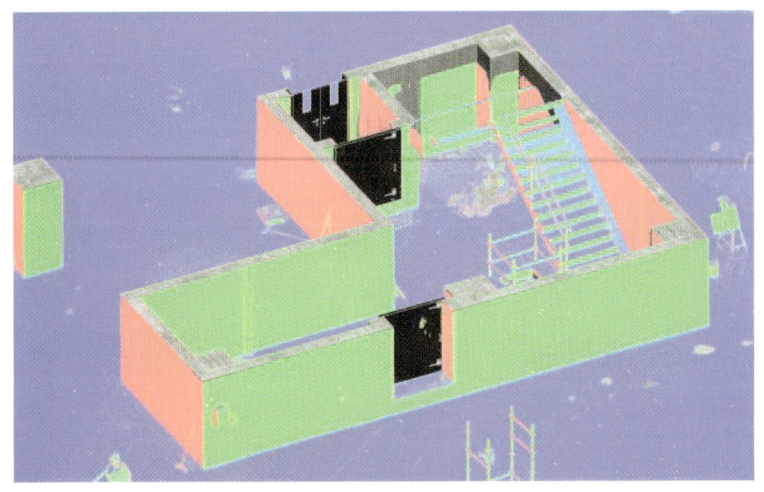

图4-41 扫描与BIM结合模型

097

图4-42 点云配准后白云站图1

图4-43 点云配准后白云站图2

图4-44 点云配准后白云站图3

4.2.2.5　偏差分析

三维激光扫描技术与无人机逆向实景建模技术融合可实现施工现场的数字化监控。传统的人工安全检查难以宏观掌握施工现场生产环境，且传统的管理及监测模式无法尽述施工现场生产现状，而由两种技术相融合构建的三维数字模型不仅可利用扫描BIM结合模型观察分析，找出现场实际土建、幕墙骨架和BIM设计模型存在偏差的位置、机电预留孔洞和图纸不一致的位置，进行BIM模型矫正，为后续机电深化、钢结构、幕墙等专业深化提供准确指导。其亦可从本质上弥补上述安全监测遗漏的问题，能够真实、即时还原施工现场整体生产环境，数字化展示施工现场各阶段的平面布置，以及人、机、料、法、环等要素现状，以现场记录或照片、视频监控等形式描述生产安全隐患的作业模式，实现施工现场施工安全隐患问题数字化监测，进行偏差分析，分析施工现场安全及施工组织现状，极大提高施工现场安全管理及施工组织效率。具体如图 4-45 ~ 图 4-48 所示。

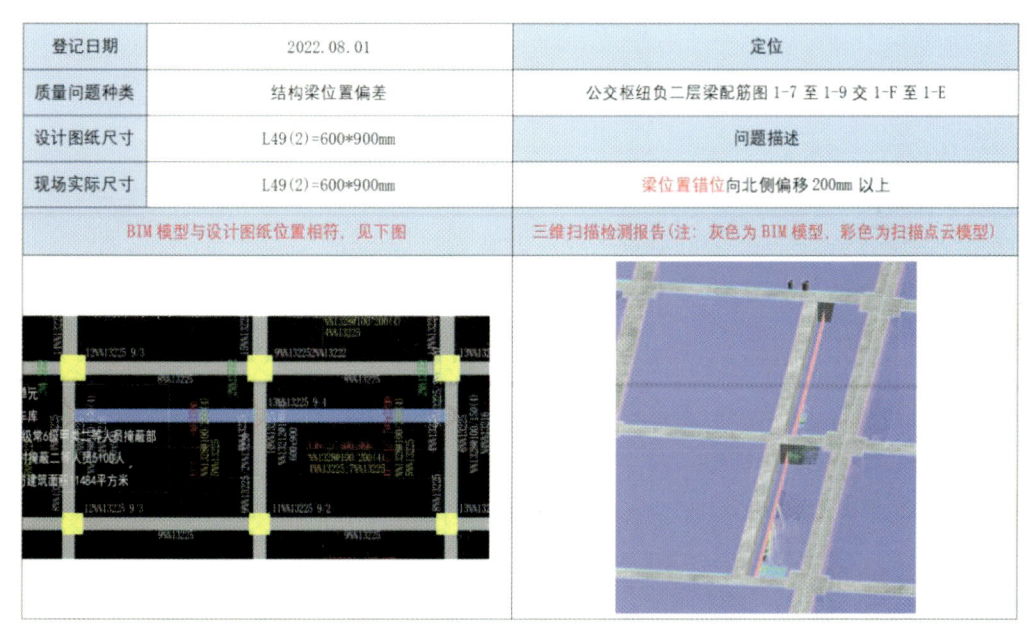

图4-45　基于三维扫描BIM模型进行主体结构偏差分析

登记日期	2022.08.01	定位
质量问题种类	结构梁位置	公交枢纽负二层梁配筋图1-11至1-14交1-R
设计图纸尺寸	设计图纸此处无梁	问题描述
现场实际尺寸	现场实际位置多三条小横梁	负三层顶板多三条梁
设计图纸		三维扫描检测报告(注:灰色为BIM模型,彩色为扫描点云模型)

图4-46 基于三维扫描BIM模型进行主体结构查缺补漏

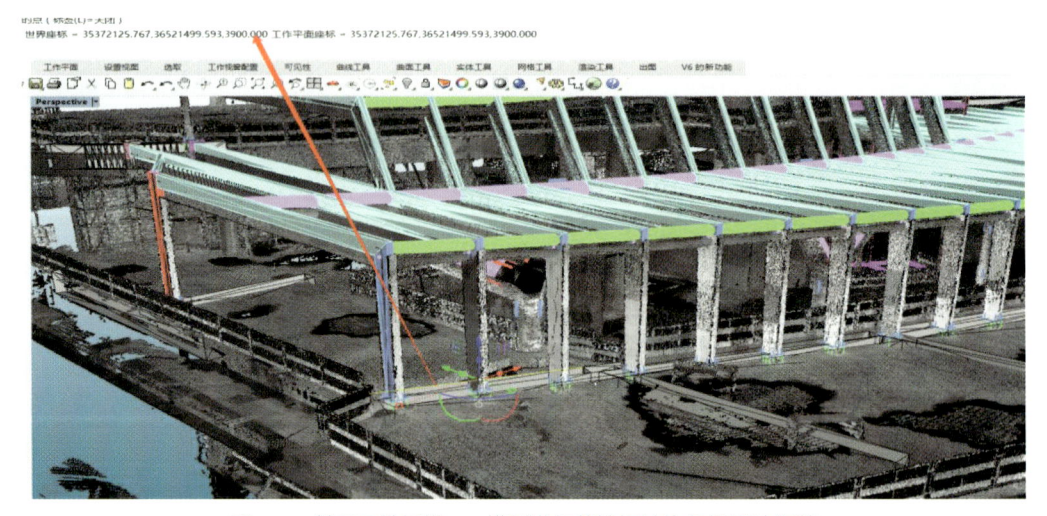

图4-47 基于三维扫描BIM模型进行幕墙钢结构骨架设计调整

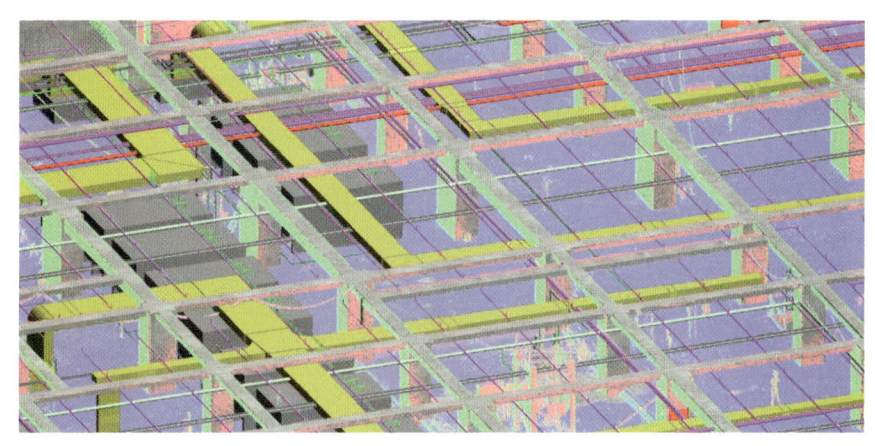

图4-48 基于三维扫描BIM模型进行机电预留孔洞核查

4.2.3 智能化拌和站上料

白云站打造智能化拌和站上料系统(图4-49),机械自动作业效率高、智能加工精度高,并能有效利用废料、节约原材。

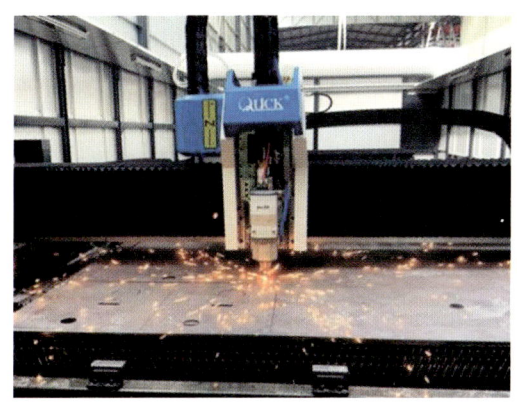

图4-49 智能化拌和站上料系统

4.2.3.1 搅拌站布置

本标段在站房西北侧设置集中搅拌站1座。搅拌站场地内包括拟建2台HZS270型+预留1台180型混凝土拌和机,17个储存罐,8个存料仓,蓄水池、修配房、生活区、搅拌站、堆料场、小构件预制场及钢筋加工区,总占地面积为15 000 m²。

搅拌站日产混凝土量约5 000 m³,满足现场混凝土需求,混凝土搅拌站生产线如图4-50所示。

图4-50 混凝土搅拌站生产线

4.2.3.2 场地建设

拟建混凝土搅拌站位于站房西北侧,土质较好,施工处理时,根据实际地形及填挖平衡的标高进行施工。先将表层植物及耕种土清除,再把高出标高处的挖除运转到填方处,有发软处则进行换填施工,挖除软弱土层,再填铺50 cm片石,用18 t压路机分层碾压。施工时,先挖好周边排水沟,做好场地排水,场地平整,碾压无"弹簧"后,使用不小于15 cm厚的片、碎石垫层,不小于15 cm厚的C20及以上强度等级混凝土硬化处理;进、出搅拌站便道采用厚度不小于15 cm的水稳基层+厚度不小于25 cm的C30混凝土面层硬化道路配置直径12 mm双层双向钢筋,宽度10 m。

场地硬化按照中间高、四周低的原则进行,面层排水坡度不小于1.5%,场地四周设置排水沟,排水沟地面采用M7.5砂浆进行抹面。为利于雨水向场外排出,应设置完善的排水设施,确保排水顺畅,避免形成集中冲刷而破坏周边环境,可以做到雨天场地不积水、不泥泞,晴天不扬尘。

4.2.3.3 搅拌设备

搅拌站设备包括拟建2台HZS270型+预留1台180型混凝土拌和机,采用输送带上料,全封闭式生产。配置17个储存罐,其中水泥罐11个、粉煤灰罐3个、矿粉罐3个。采用全自动电子计量系统,全电脑控制,配备砂石料筛分、含水量检测、坍落度、含气量、红外线测温仪等试验检测设备和相应的管理人员、试验人员。搅拌机的理论生产能力为270 m^3/h及180 m^3/h,可以满足所供应范围内的施工生产需求。

4.2.3.4 料场设置

搅拌站设碎石、砂储料场共1 200 m^2,分6个仓,材料按中砂、粗级料三级级配(4.75~13.2 mm、13.2~19 mm、19~31.5 mm)共4个仓,每个料仓可储料约600 m^3。砂、碎石等各种粗、细集料均应按照不同的规格、品种分仓存放。料仓内采用厚度20 cm的C20混凝土硬化；料场采用宽度30 cm的C20混凝土墙分隔，高2.5 m，分料墙下部预留孔洞，以便排水。

严格按照规定对现场材料进行标识，标识包括材料名称、产地、规格型号、生产日期、生产批号、进场日期、检验状态、进场数量、使用部位、试验报告号、检验批次等，并根据不同的检验状态和结果采用统一的材料标识牌进行标识。

料场内设置外加剂库房，不同品种、不同批次、不同生产日期的外加剂应分区堆放，并根据不同的检验状态和结果采用统一的材料标识牌进行标识。

4.2.4 智能化钢筋加工

随着我国高速铁路建设的快速发展，近年来陆续建造的高速铁路大型客站具有鲜明的时代特征，铁路客站功能已从"单一铁路客运场所"转变成"城市综合交通枢纽"，逐渐呈现出体型新颖、结构规模大、受力状态复杂、运营维护要求高、人员高度聚集等特点，其建设质量和运营安全备受关注。随着国内外大量现代化的高速铁路客站相继建成投入使用，可以发现铁路客站在设计理念、结构形式、建筑材料等方面均进行了大胆探索。站房主体通常采用大跨度钢结构形式，屋盖采用国内新兴发展的金属屋面及吊顶系统等。以广州白云站为例，该铁路客站总体用钢量约 1×10 t，且大部分钢材均选用高强度、高厚度钢（钢材板厚在 40 ~ 100 mm），现场焊接作业量大、焊接质量要求高，且施工总工期紧张，若采用传统人工焊接方式难以持续保证焊接工人的焊接质量和工作效率。因此，通过积极研究开发包括焊接机器人在内的工业智能机器人及其施工工艺，建立工业机器人施工工艺参数数据库，大力推进建筑工业智能机器人的硬件及软件的深度研发及其在铁路客站等公共建筑的广泛应用，可有力提升我国铁路工程智能建造理论和关键技术水平，为推进粤港澳大湾区及国内其他高速铁路大型客站的高起点、高标准、高质量建设与升级发展等方面开展示范研究。

为打造品质工程，在立项之初，项目的建设管理方就制定了"以设备促工艺、以工艺保质量、以质量提品质"的建设理念。为了实现这一建设理念，项目打造了一个占地 5 000 m² 的"智能钢筋加工配送中心"，采用优选智能化设备，尽可能避免或减少人工手动生产导致的误差，实现了钢筋加工设备智能化。钢筋加工场具备精度高、产能稳定、工作连贯、操作简单、安全系数高等优势，从而达到"机械化换人、自动化减人、智能化无人"的效果，大大提高了钢筋加工效率。

钢筋加工场负责所需的各种规格型号线材、棒材、钢筋笼的加工制作、统一配送。钢筋加工场内生产线有原材区、生产区和成品区，另外设有一个废料区。工场内有数控棒材剪切生产线、数控立式弯曲中心、数控钢筋多功能弯箍机等大型数控钢筋生产设备及小型辅助设备。

钢筋加工厂内部实景如图 4-51 所示，智能化钢筋集中加工厂如图 4-52 所示。

（a） （b）

图4-51　钢筋加工厂内部实景

图4-52　智能化钢筋集中加工厂

1. 自动化加工车间的布局规划

自动化加工车间应采用流水化布局的设计思路，按照功能区域对车间进行合理的划分，综合考虑原材料的到货卸装、原材料的用量存储以及加工生产工序对材料的周转衔接和最终成品、半成品的储存。在场地允许条件下，一般按通长直线布置，如提供位置空间有限，可折线布置。

2. 自动化加工设备的精度选型

不同加工设备的加工精度不同，因此在前期制定标准的情况下，以至少能满足加工精度为基准前提，选择较高加工精度标准的机械，避免长时间使用导致加工精度的浮动。

3. 智能钢筋自动剪切机器人

智能钢筋自动剪切机器人（图4-53）适用于大直径棒材钢筋的剪切弯曲生产加工，是自动测量和切割建筑工程所用的钢筋设备，可将高强钢筋进行数控化的定尺剪切、输送、存储以及加工。该设备结构简单、操作方便，能够适应连续和繁重的工作环境。整条生产线完全由程序系统自动控制，该系统可进行编程并记录上百个工作订单。简化的工作程序可以使小型订单以特别简洁的方式执行。通过自我识别系统可以对工作循环中的每个且单独的工作步骤进行检查和操作。

图4-53 智能钢筋自动剪切机器人

4. 移动式斜面弯曲中心

移动式斜面弯曲中心（图4-54）可以正反向弯曲直径 12 ~ 50 mm 的冷轧、热轧三级带肋钢筋、圆钢、不锈钢钢筋、防腐涂层钢筋及各种高强度钢筋，可将预先切断的钢筋进行各种方向的成型加工，是把钢筋弯曲成正方形、矩形、三角形等不同形状的设备。该设备可实现双向同时弯曲钢筋，自动化程度高，操作简便易行，其配备的钢筋夹紧器可使两个弯曲机的弯曲工作阶段独立完成。同时它具备软件 MES（制造执行系统）接入能力，可与生产管理软件进行网络连接，实现钢筋成型加工的网络化管理。

图4-54 移动式斜面弯曲中心

5. 数控钢筋弯箍机

数控钢筋弯箍机采用直盘条两用型，可以自动加工 $\phi 8\sim\phi 16$ 的直条钢筋，也可以自动加工 $\phi 5\sim\phi 12$ 的盘条钢筋，采用直盘条上料的模式。设备采用直条原料无需矫直功能，能够最大限度地实现钢筋成品的平整度。该设备具有钢筋矫直、测量、双方向弯曲及剪切功能，将盘条钢筋一次性加工成型，具有速度快、实用、可靠等显著特点，全程的图形界面操作管理模式极大地提升了设备使用的便捷性和灵活性。

4.2.5 智能化钢结构加工

智能钢结构加工是一种基于先进的数字化技术和智能制造理念的现代化钢结构生产方式，智能钢结构加工在工程领域的应用为建筑项目注入了新的活力。数字化设计和BIM 技术实现了结构元件的精准建模和设计，提高了整体建筑的质量。同时，自动化设备和机器人的广泛运用加速了钢结构的生产和施工进程，不仅提高了效率还提高了项目的经济效益。利用先进的检测和监控技术，及时发现和纠正生产中的问题，使得质量控制得以增强。智能钢结构加工系统的灵活性使其能够满足不同项目的定制需求，同时降低成本。自动化生产还提高了工作安全性，减少了工人接触危险环境的机会。数据化管理使生产过程更透明、可追踪，有助于优化工艺和提高整体生产效能。总体而言，智能钢结构加工为工程项目带来了新时代高效、安全、可持续的解决方案。

白云站项目中，站房工程主要采用混凝土框架 + 劲性钢骨结构、钢框架结构、屋面钢桁架以及钢雨棚结构的形式，钢结构总计 2.3×10^5 t。站后房建则以混凝土框架 + 屋面钢桁架结构为主。在白云特大桥六线，钢系杆拱结构采用混凝土柱 + 钢横梁、钢箱梁以及钢管系杆拱结构。所有构件和桥梁所需的钢模板均委托专业钢结构加工厂完成，根据设计图纸进行深化设计、专业加工、型钢弯曲、剪板、焊接等工序。构件完成后在厂内进行拼装、验收和检验，统一配送至现场吊装和组装。

白云站的站房钢结构具有多种大型钢骨柱和钢框柱。采用自动焊接机器人对钢结构构件进行焊接，引入了先进的脉冲 MIG（Metal Inert-gas Arc Welding，熔化极惰性气体保护电弧焊）无飞溅焊接技术。此技术在焊接过程中高速射流过渡无飞溅，焊缝成形美观，可在较低电流条件下实现射流过渡。相较于普通直流 MIG，新型脉冲 MIG 在 60 A 电流下即可实现射流过渡，同时获得了 TIG（Tungsten Inert-gas Welding，非熔化极惰性气体钨极保护焊）高质量和 MIG 高效率的双重优势。这一技术的应用有效保证了焊接精度和效率，为白云站项目的钢结构施工提供了可靠支持。DSP-500 MIG 焊机及自动焊接机器人如图 4-55、图 4-56 所示。

图4-55 DSP-500 MIG焊机

图4-56 自动焊接机器人

4.2.6 深基坑施工监测技术

随着我国自动化监控系统相关技术的逐步发展和完善,自动化监控系统已经在我国大部分的深基坑监控项目中获得了越来越广泛的应用。这种自动化的监测系统可以有效克服基坑监测中的各种不良因素,可以高效稳定地对其进行实时监测。

深基坑施工监测系统(图4-57)通过综合利用各种物联网技术、传感技术,将多种现场传感监测仪器联通起来,实现深基坑监测数据的自动采集(水平位移、竖向位移、

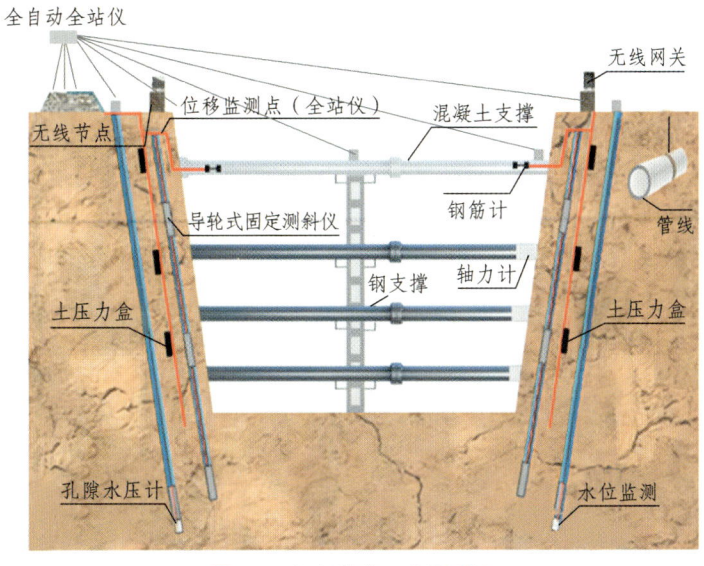

图4-57 深基坑施工监测系统

裂缝、水位、应力等数据），并通过无线网络进行实时传输。在采集到数据后，系统通过对原始监测数据进行实时处理，运用数学模型和回归分析、差异分析等数理方法对采集到的各类数据进行数字化建模分析，形成各类变化曲线和图形、图表，具有形式多样的实时报警功能。利用深基坑施工监测技术，对白云站的深基坑工程中出现的各类问题进行数据采集与反馈，维护基坑稳定性，保证工程质量与施工安全。

施工过程中，应用绿色节能技术解决了传统建筑施工高能耗、高污染的问题，也在保障建筑工程施工质量的同时，降低了整个工程的成本投入，提升了建筑施工企业的经济效益。

4.3 智能化建造技术

伴随着现代社会经济的发展，能源资源消耗量较大、生态自然环境遭到破坏等问题越发突出。在这种情况下，建筑企业在发展中需要引入绿色建造技术，节约建造材料，减少能源资源消耗，降低环境污染，达到保护环境的目的。在新的时代背景下，应用绿色建造技术已经成为全社会的共识，作为现代化的建筑企业，需要树立绿色建造理念，应用绿色建造技术，充分发挥新材料、新工艺的价值，使建筑工程朝着绿色、环保的方向发展。

白云站项目采用了绿色施工方面的诸多新技术，包括：混凝土叠合楼板施工技术、承插型盘扣式钢管脚手架施工技术、地下止水帷幕施工技术、绿色装配式护坡、泥浆0排放系统、高强钢筋直螺纹连接技术、组合铝合金模板施工技术、钢结构深化设计与物联网应用技术、深基坑施工监测技术、建筑垃圾减量化与资源化利用技术等等。通过优化施工组织设计，减少施工过程中的环节和浪费，缩短工期，降低成本，同时降低建筑对环境的影响，提高使用寿命和品质。

4.3.1 承插型盘扣式钢管脚手架施工技术

传统满堂支架支模体系常用碗扣式、扣件式钢管支架。但这两种方式的施工效率低、稳定性差、外观形象差，在自重大、工期紧、安全质量要求高的城市建设项目中逐渐被淘汰。目前，越来越多的市政现浇梁项目开始采用承插型盘扣式钢管脚手架（图4-58）支撑体系，充分发挥其搭设高效性、架体稳定性及耐用性，在节约工期、提高施工安全方面具有重要意义。

盘扣式脚手架均采用热浸式镀锌工艺，使脚手架具有良好的耐久性、耐高温性。立杆之间采用外套管或内插管连接，水平杆和斜杆采用杆端扣接头卡入连接盘，用楔形插

图4-58 承插型盘扣式钢管脚手架

销连接，能承受相应的荷载，是具有作业安全和防护功能的结构架体。盘扣式脚手架的荷载力高于其他种类脚手架，能有效地节省用钢量。本工程梁截面种类多，截面尺寸大，最大截面尺寸为 3 000 mm×3 400 mm，板支撑架搭设高度最大为 9.8 m。根据结构构件荷载，本工程采用 60 系列支撑体系，立杆规格主要有 2 m、1.5 m、1 m、0.5 m、0.2 m（调节基座），横杆标准步距为 1.5 m，横杆长度以 1.5 m、1.2 m、0.9 m、0.6 m 为主。根据立杆承载力及架体高度间隔设置螺旋式竖向斜杆，既可以大量节约支架使用量，缩短搭拆时间，又能保证架体稳定。

4.3.2 地下连续墙技术

地下连续墙是基础工程中一种止水帷幕施工技术，其结构具有强大的截水、挡土、防渗性能，施工扰动小，整体刚度强，环境影响小，可针对白云站项目的深基坑进行支护。

技术施行须在地面上采用一种挖槽机械，沿着深开挖工程的周边轴线，在泥浆护壁条件下，开挖出一条狭长的深槽。清槽后，在槽内吊放钢筋笼，然后用导管法灌筑水下混凝土筑成一个单元槽段。如此逐段进行，在地下筑成一道连续的钢筋混凝土墙壁，作为截水、防渗、承重、挡水结构。本工程国铁站房及地铁预留工程采用地下连续墙支护（图4-59），分段长度 6 m，墙高 16~20 m，所用占地少，可以充分利用建筑红线以内有限的地面和空间，具有工效高、工期短、质量可靠、经济效益高、施工时振动小且噪声低的特点。

图4-59　承插型盘扣式钢管脚手架

4.3.3　绿色装配式护坡施工技术

白云站采用绿色装配式边坡的支护形式（图4-60），以替代以往施工在钢筋网片上喷射混凝土的支护形式。传统钢筋网片+喷锚工艺在施工过程中需耗费大量的钢筋、水泥、骨料等高耗能、高污染的材料，并产生大量的空气污染、水污染和土地污染，且存在混凝土泵送过程中发生爆管的风险。

绿色装配式面层工艺采用装配式复合面层+钢丝绳+紧固构件的形式，能够有效避免传统施工工艺产生的系列弊端。其采用的材料环保，耗材少，施工过程不会对环境造成一系列污染，操作简单，所使用的材料均为成品，产品到场即可施工，不需要准备传统工艺施工所需水、电、设备、材料配比等众多要素。

图4-60 绿色装配式护坡

4.3.4 泥浆0排放技术

泥浆0排放系统（图4-61）是一种将固控系统、泥浆循环和钻屑回收管理巧妙地集成为一个单泥浆处理系统的设备。这个系统可以最大限度地减少泥浆处理过程中对环境的影响，提高钻探效率。白云站在基坑开挖、桩基施工阶段采购3套泥浆0排放系统，安装于现场各分区，对各区施工过程产生的泥浆进行压滤处理，确保项目达到泥浆0排放的目的。

现场采用成品泥浆池对施工过程产生的泥浆进行循环、收集，泥浆废弃后传送至各区泥浆0排放系统进行压滤处理。过滤出来的水用以喷淋、工程用水，压制出的泥饼由土方单位直接外运，极大减少了传统工程寻找泥浆晾晒场地及泥浆晾晒的时间，达到缩短项目工期的目的。

图4-61 泥浆0排放系统

4.3.5 装配式机房设备管线施工技术

为应对施工周期紧张，白云站项目基于BIM技术的应用，在制冷机房、水泵房、空调机房等大型机房施工时采用DMBP装配式机房设备管线施工技术来指导施工。DMBP装配式机房设备管线施工技术执行"D、M、B、P"四项核心管理体系来实施"设计、采购、加工、运输、装配"五个施工阶段。"D"即一套数据（Data），数据在深化设计、原材及成品采购、预制加工、材料运输和现场装配阶段，具有准确性和唯一性，数据贯穿设计、施工全过程。"M"即两组模型（Model），Revit深化设计模型和预制加工模型。"B"即三种图纸（Blueprint），深化设计图纸、预制加工图纸和现场装配图纸。"P"即四类精度（Precision），深化模型精度、成品构件精度、预制加工精度和现场装配精度。装配式机房施工技术（图4-62）是数字化建造技术在机房工程中的深度应用，其技术核心机房施工前对其机电各专业BIM模型进行深化设计，按照施工标准进行机电各专业管线构件拆分，出具标准加工图后，交由集中加工厂进行构件数控加工生产，将配件在工厂进行组装，将半成品构配件运输至施工现场后进行模块化装配式施工，加快施工速度，整体成形美观。

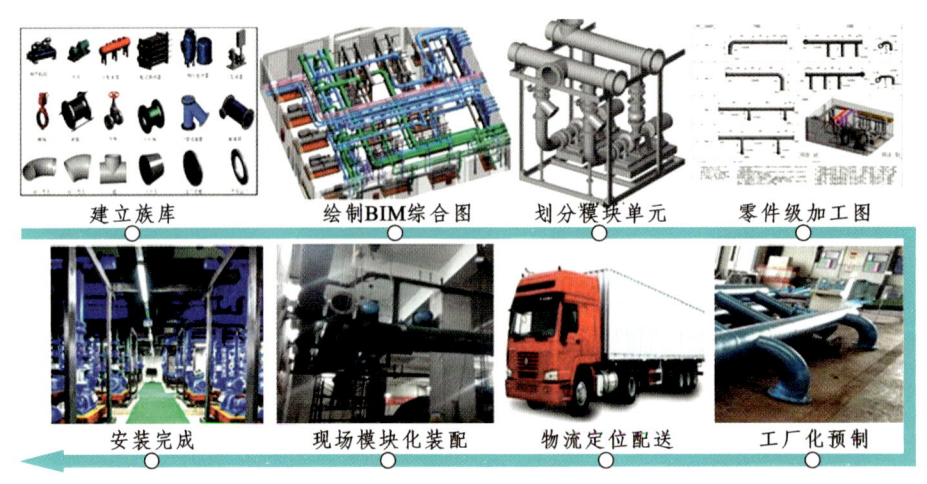

图4-62 装配式机房施工技术

4.3.6 预制叠合板施工技术

广州白云站位于广州市最大中心城区的白云区，地处京广普速铁路、京广高铁联络线、广清城际铁路、广湛铁路等线交会点，承接既有广州、广州东两站全部的普速车，肩负枢纽全部的普速客运功能，兼顾部分通过高铁和珠三角城际客流，并规划引入地铁、长途汽车、公交枢纽站,将建设成为集各种方式一体化换乘的综合交通枢纽。

广州白云站主站房区域高架候车层创新采用装配式叠合板结构,楼板总厚度为 150 mm,由下层 70 mm 厚预制板 + 上层 80 mm 现浇板组成。混凝土强度等级为 C40,钢筋强度等级为 HRB400。

开槽型叠合板在四周边设 30 mm × 30 mm × 100 mm 槽口,槽口间距 150 mm,叠合板侧面无预留"胡子筋"。

叠合板预制构件最大尺寸为 3 250 mm × 2 400 mm × 80 mm、质量为 1 560 kg;最小尺寸为 2 275 mm × 500 mm × 80 mm、质量为 228 kg。相较于传统叠合板结构,开槽型叠合板四周预留槽道,未预留"胡子筋",如图 4-63 所示。

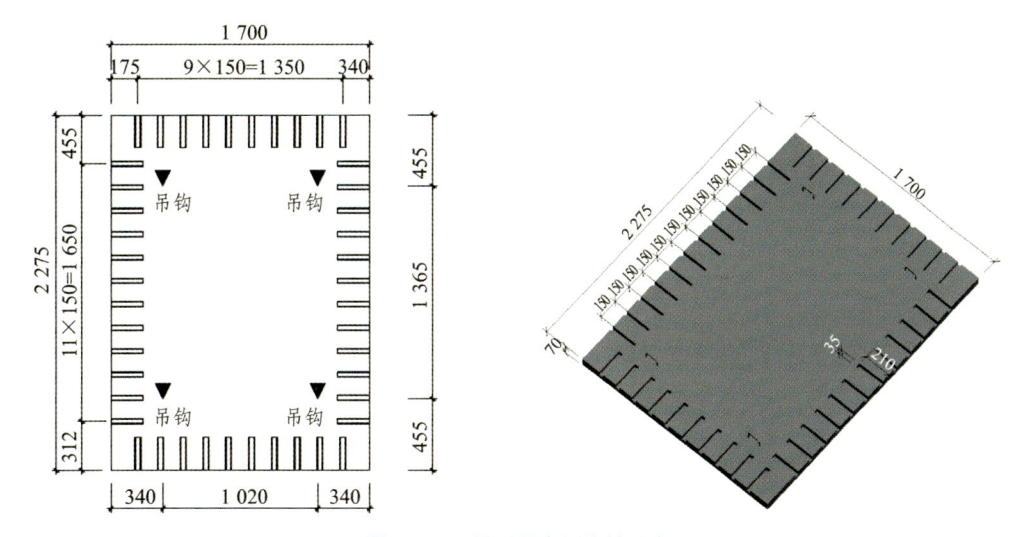

图4-63 开槽型叠合板构件示意

白云站免支撑叠合楼板体系采用下层预制板与上层现浇板叠合而成,根据结构形式、平面布置及管线预留预埋,对下层预制板尺寸、定位及预留管线洞口提前进行深化设计并进行工厂预制加工。预制叠合板(图 4-64)构件设计无"胡子筋",采用开槽型叠合构件,槽口内设置连接筋,确保预制叠合板之间连接牢固,形成良好整体性。预制叠合板相比传统现浇支模体系施工进度有质的提升。

叠合板装配式结构总体施工流程为:深化设计→预制板工厂预制及养护→预制板运输→预制板吊装→预制板间连接→上层叠合结构施工(机电安装预埋管线→现浇层钢筋安装→混凝土浇筑)→形成叠合装配结构。

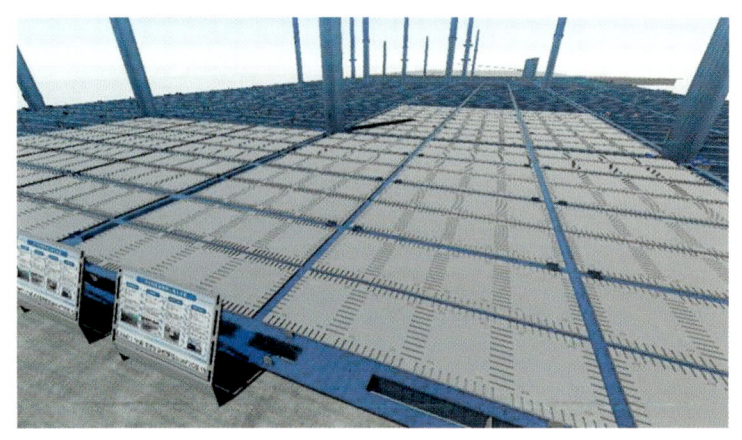

图4-64　预制叠合板

4.3.6.1 叠合板装配式结构深化设计

每块预制板应根据钢梁间尺寸进行深化设计。以某一个区块为例，96块预制板根据梁间距不同划分为8种尺寸的预制板，每种预制板的开槽方向均应一一对应，需保证预制板间开槽处能够安装剪力筋。同时深化设计时应充分考虑水电预留孔洞的位置，在预制板对应位置应留设水电预留洞口。在预制板和钢柱连接的位置，预制板根据钢柱直径尺寸应留设对应的圆弧段缺口，需保证预制板能够与钢柱完美地契合，确保结构契合严密。另外，为便于预制叠合板吊装，应在每块板四角设计吊筋，以及每块预制板上进行编号，如图4-65所示。

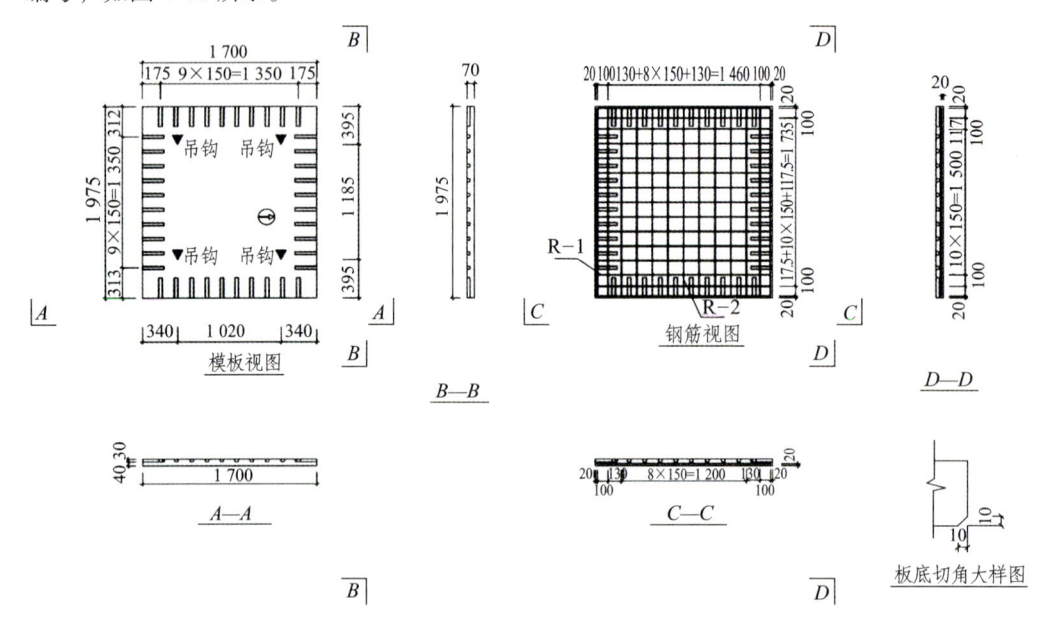

图4-65　叠合板深化设计

4.3.6.2 预制板工厂预制

1. 工厂化生产

预制板应在有资质的厂家采用定制化模具进行加工生产，生产过程各环节应采用全机械化。预制标准统计和机械化生产加工，不受人为因素影响，能有效控制预制板的质量。在工厂加工制作完成后对预制板应进行筛选，将不符合要求、质量有缺陷的叠合板剔除。在工厂生产线生产浇筑的预制板成型后，在工厂内进行至少3 d的养护。在工厂内生产预制板（图4-66），可有效控制施工质量，同时可有效减少现场作业产生的噪声、扬尘等，有效落实绿色施工的方针。

2. 养护

预制板生产完成后在工厂内统一放入养护窑中养护（图4-67），养护后用回弹仪测试强度，强度测试合格后即可运输到现场。

图4-66 预制板工厂内生产制作

图4-67 预制板养护

4.3.6.3 运输及安装

1. 构件装车及运输

考虑市区交通限制，预制板运输车只能晚上通行。构件白天在工厂装车，晚上进行运输，运输至现场后直接从车上进行构件吊装就位，减少二次搬运，且在夜间吊装预制板构件，不影响白天塔吊吊运其他材料，可最大化塔吊使用率。

2. 现场吊装

（1）预制板下方可不设临时支撑，直接在钢梁上进行吊装。

（2）预制板上除了有编号标签外，另外设置指北标识，以保证安装方向正确。

（3）运输车辆直接停放在场内塔吊覆盖范围内，塔吊直接从运输车上将预制板吊至楼板面相应安装位置，避免二次搬运。

（4）预制板吊装过程中，在作业层上空500 mm处缓慢降落，由操作人员根据板缝定位线，引导楼板降落至钢梁上，校核预制板水平位置及竖向标高情况，允许误差为 ±5 mm。

（5）水电安装专业现场施工人员，及时校核预埋线盒线管的定位及走向是否准确。

（6）预制板定位后，四周用钢尺检查，保证预制板与钢梁搭接长度满足50 mm要求。

预制板卸货及施工现场吊装如图4-68所示。

图4-68 预制板卸货及施工现场吊装

3. 拼缝处理

吊装完成后，应用撬棍或其他不损坏预制板的设备将预制板的位置进行微调，使预制板与预制板之间拼缝严密，且与钢梁的搭接长度每侧均大于25 mm。对缝隙较大的拼缝位置使用泡沫胶进行填缝处理（图4-69），防止混凝土浇筑时漏浆影响上层现浇板质量。填缝打胶后将缝隙以外多余的泡沫胶清除，以保证混凝土填充满拼缝位置，确保浇筑质量。

图4-69 预制板填缝处理

4.3.6.4 预制板间连接

每块预制板需保证相对位置在同一平面上,预制板间的开槽口位置需相互对应,以便安装剪力筋。剪力筋采用直径 12 mm 的三级螺纹钢。剪力筋应满布在槽口内,不应短于槽口的长度,以作为相邻预制板间的连接纽带。

4.3.6.5 上层叠合结构施工

1. 钢筋安装

预制板吊装完成后,在吊装完成的板面上进行钢筋安装(图 4-70),现浇板板厚为 80 mm,安装的钢筋尺寸为双层双向 c12@100,上层现浇板板面之间用扎丝进行梅花形绑扎。现浇板板面较薄,且钢筋为双层双向,按图纸要求,在钢筋安装时需确保钢筋上部保护层厚度为 20 mm。

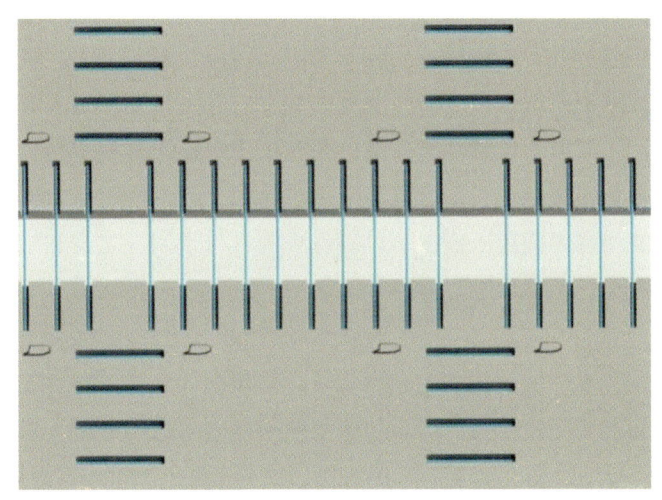

图4-70 预制板连接钢筋安装

2. 水电管线安装

在完成预制板吊装后,安装对应的预留预埋管线,预留预埋管线应顺直地安装在预制板上。对于预制板上预留的机电安装洞口,应采用对应尺寸的模板进行支设,待浇筑完成后,拆除模板,以便后续机电安装施工时进行管线安装。

3. 预留洞口模板支设

对于有机电预埋的洞口,叠合板洞口在工厂加工生产时将洞口预留好,叠合板成型时已按设计要求留设好机电预留洞口。叠合板安装完成后,在对应预留洞口位置安装套管,套管尺寸比预留洞口略大,套管顶部用胶带封堵,防止上层现浇板施工时混凝土灌入套管内,使用铁丝将套管与上层板钢筋固定,防止混凝土浇筑过程中套管位置发生偏移。预留洞口模板支设如图 4-71 所示。

图4-71 预留洞口模板支设

4. 混凝土浇筑

上层现浇板钢筋绑扎及验收完成后,开始进行混凝土浇筑施工。浇筑前,应对叠合板装配式结构的支撑钢梁进行校核验算挠度和变形。若复核变形过大时,可通过钢梁安装起拱予以抵消,无需额外设置临时支撑。叠合层浇筑施工过程中当竖向变形在可控范围内时,方可进行叠合层施工。叠合层混凝土浇筑前,应使用有压力的水管冲洗湿润预制板,注意不要使浮浆聚集在压痕内,以确保现浇板与预制板之间黏结可靠。浇筑叠合层混凝土时,其坍落度应控制在(160±20)mm,浇筑时应连续施工,应一次浇筑成形,避免留设施工缝。

广州白云站候车大厅层结构创新采用了叠合板装配式结构方案。相比于传统满堂支架支模体系,叠合板装配式结构在理念和施工效果均有很大的创新。采用预制板叠合的形式实现混凝土楼板结构免支撑施工。在工期、成本、施工质量等方面均有一定的效果。

以广州白云站候车大厅叠合板装配式楼板结构某一区域（2 000 m²）为例计算：

（1）工期方面：叠合板装配式结构,吊装时间为5 d,钢筋安装时间为1 d,混凝土浇筑2 d,总计8 d。传统满堂架支模体系,搭设支架3 d,底模安装5 d,梁钢筋安装4 d,梁侧模安装3 d,板面钢筋安装1 d,混凝土浇筑用时2 d,考虑各工序穿插施工,整个工序用时约12 d。两者比较来看,叠合板装配式结构工期约为传统支架支模体系的一半,对于大型铁路站房来说,缩短单一工序的工期具有里程碑式的意义。

（2）成本方面：与传统支模架体系比较,叠合板装配式结构减少了支架体系的搭设,节省了模板及支架材料费用,同时减少了各工序施工的人工。传统支模支架体系施工需用架体约200 t,模板约2 800 m²,人工工期约为520个工作日；叠合板装配式结构无需支架及模板等材料,人工工期约为50个工作日。相比之下,装配式叠合板结构可节约支架及模板材料费用,即可节省人工工期470个工作日。

（3）施工质量方面：叠合板装配式结构简单，钢梁加现浇板面的结构施工质量直观可控，预制板间布置剪力筋作为预制板间的连接，构造简单易安装，安装质量大幅度提升。预制板为工厂预制，质量可控，整体观感质量强于现浇板。

（4）施工安全方面：叠合板装配式结构预制板安装过程中由安装人员进行吊装，改善了施工作业方式和环境，可有效保障施工过程中作业人员的安全。预制板安装虽是高处作业，但整体在可控范围。而对于传统支模体系中的架体搭设，其搭设过程中施工人员作业面有限，人员作业不便，且为高空作业，其整体安全风险略高于预制板安装。

第 5 章　全生命周期交付数字化

在数字化时代的火热大潮中，各行各业都在向数字化靠拢，工程领域也在积极探索数字化转型，数字化转型已成为一项紧迫的任务。数字化交付不仅是实现智能建筑的必经之路，还是建立数字化建筑和实现智能建筑所需数据的基础手段。因此，数字化交付是否能够成功实施，是成为数字化转型的关键挑战，数字化交付的水平和能力也成为衡量企业核心竞争力的重要指标之一。为实现数字化交付，白云站构建了基于 BIM 的档案数字化交付系统、数字化站房钢结构健康监测系统以及 BIM+AR 竣工验收系统三大数字化交付系统，本章将对白云站在数字化交付方面的实践逐一进行介绍。

5.1　BIM+AR数字化竣工验收系统

以竣工验收为目的的数字化交付是对传统建筑验收流程的需求改进。竣工验收是一个工程项目中至关重要的阶段，它确保了项目的质量、安全性和合规性。然而，传统的竣工验收过程通常繁琐、耗时且易出现错误。数字化交付的引入为这一阶段提供了机会，加速了验收流程、减少了人为错误并提高了数据的可追溯性。传统的竣工验收通常采用纸质文档、手工记录和大量人力工作，这一过程不仅繁琐、容易出错，而且需要大量时间。因此，迫切需要一种更高效、准确且现代化的方法来完成竣工验收。

BIM 技术逐渐融入了建筑行业的主流信息化解决方案，传统的 BIM 技术很难将三维信息模型融入施工现场真实环境中，现场技术人员拿到 BIM 模型后无法做到 BIM 与现场深度结合应用。在"BIM+"的大背景下，AR 前沿技术的应用使得模型数据与真实世界深入交叠，解决了模型与施工现场沟通不畅的难题，BIM 模型得以脱离虚拟模型空间，与建筑工地真实场景相结合，打破模型信息传递的桎梏。

AR 技术使用先进的摄像头和传感器技术，将人的物理环境与计算机生成的信息相结合，并且可以实时呈现。AR 技术可将 BIM 模型在真实环境中进行厘米级定位，叠加在施工工地与项目现场，为施工和验收环节提供可视化的参考和指导，减少施工错误，降低返工成本，提高施工效率。

在项目施工过程中，业主和上级主管部门组织的参观和检查活动是必不可少的，采用 BIM+AR 方式，将模型与施工现场相融合，可以让人直观地感受到 BIM 应用成果及项目进度质量安全管理情况。

数字化竣工验收中，协同应用展现出明显的优势。这些技术的协同作用极大地加速了验收流程，使验收人员和施工团队能够更快速地查看、验证和记录验收数据，从而节省时间和人力成本。同时，它还能够显著降低成本和风险，提供准确的数据和实时信息叠加，有助于减少施工错误，从而减轻了返工带来的成本压力，有效节省了项目资金。

此外，协同应用还提供了增强的可视化性，使所有相关方更容易理解和交流项目的状态，有助于改进质量管理，提前预测项目建造过程中的进度偏差，帮助施工管理人员及时调整施工方案并解决潜在问题。更重要的是，这种协同应用提供了实时可视化的参考和指导，有效降低施工错误和返工成本，从而显著提高整体的施工效率和质量。

综上，协同应用在数字化竣工验收中提高了数据共享和协同工作的效率。BIM 模型中的数据可以通过 AR 技术与施工现场实时结合，使施工管理人员更好地掌握项目进度和质量，以便及时应对潜在挑战。这种协同应用的综合优势为铁路工程行业带来了更高的效益和质量标准。

5.1.1 应用概述

为了进一步说明 BIM+AR 系统在数字化竣工验收中的协同应用，结合广州白云站站房项目的实施情况，成功改进了验收的效率和精度。

在白云站高铁站房项目中，项目的 BIM 模型建立遵循了高精度的 LOD350 标准，为整个工程项目提供了详细的信息模型。这个模型不仅用于进度对照，还用于施工质量精度校验、机电管线检查和装饰装修施工的交底。将 AR 技术、BIM 模型叠加在施工现场，为施工人员提供了可视化的参考和指导。BIM 模型及 BIM 全专业模型如图 5-1、图 5-2 所示。

5.1.2 进度对照

在施工过程中，通过 BIM+AR 技术可以将 BIM 模型、流程动画与现实环境相关联，实现施工现场的全方位指导。技术人员与工人在施工现场利用 AR 技术进行进度质量管理及技术交底，提高了交底的可行性，降低了出错率。

通过模型与进度信息的挂接，实时查看现场进度与计划进度的对比偏差，使得 VR 技术应用不仅局限于模型的"看一看和转一转"，还能让项目管理人员提前预测项目建造过程中的进度偏差，以便发现问题，及时调整、解决优化施工方案，保障项目建设进度。

绿色低碳　数智赋能　——现代化铁路枢纽广州白云站建设实践与探索

图5-1　BIM模型

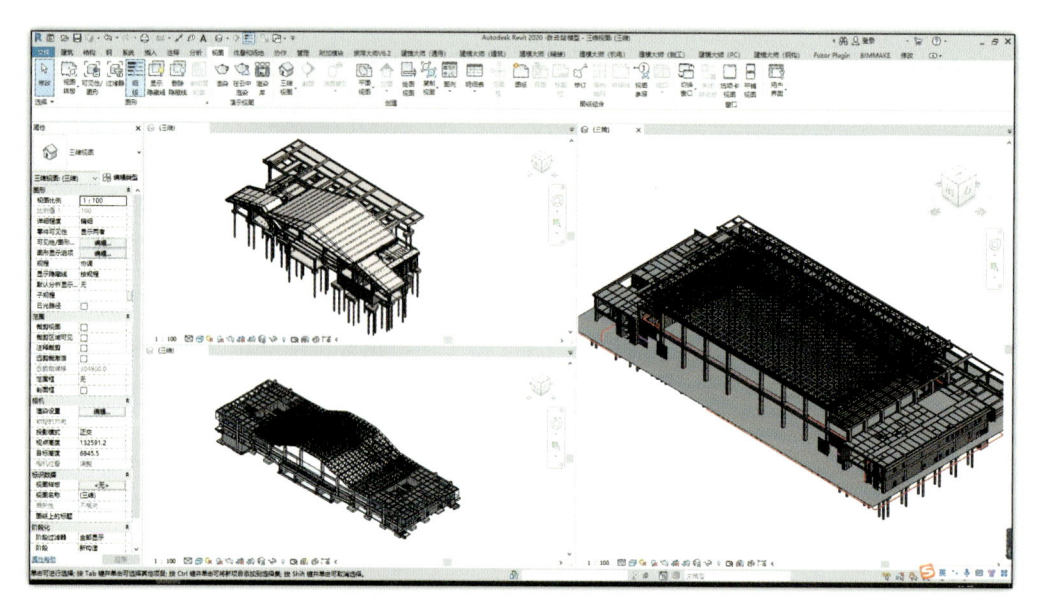

图5-2　BIM全专业模型

根据现场进度计划，将进度计划录入到施工平台助手中，并在平台中演示进度情况，帮助施工管理人员及时了解现场进度。

配置进度计划及模型中配置进度计划如图5-3、图5-4所示。

图5-3　配置进度计划

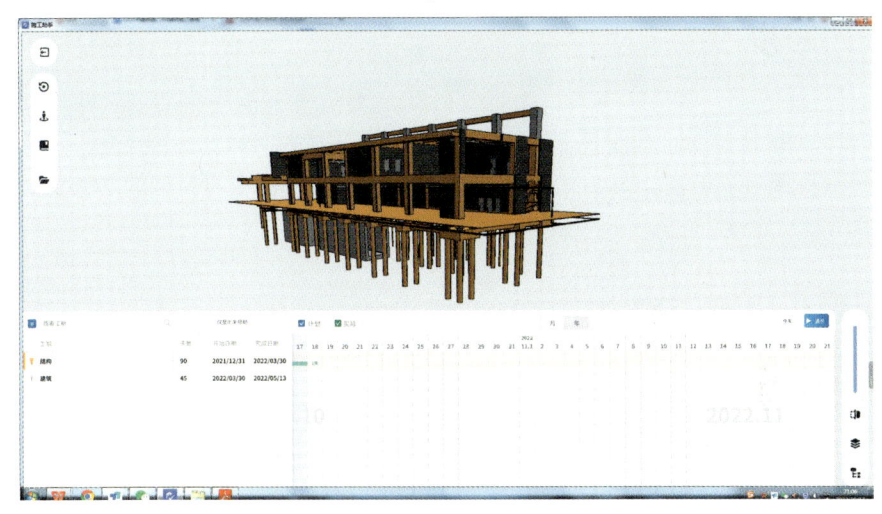

图5-4　模型中配置进度计划

5.1.3　施工质量精度校验

利用 AR 技术将 BIM 模型带入到施工现场，实现 BIM 模型与现场质量的 1∶1 高精度校核。对项目钢结构定位、预留孔洞、井口尺寸等各项空间位置进行完整校验，指导验收。通过与 BIM 模型的对比，保证数据真实客观，提高质量检测效率。

确认目标模型在 Revit 中系统默认三维视图中显示是否正常，并将模型详细程度设置为精细。在同一单体内上传多专业模型时，为保证各专业相对位置准确，上传前确认模型在 Revit 中以原点到原点的链接方式对齐。Revit 模型设置如图 5-5 所示。

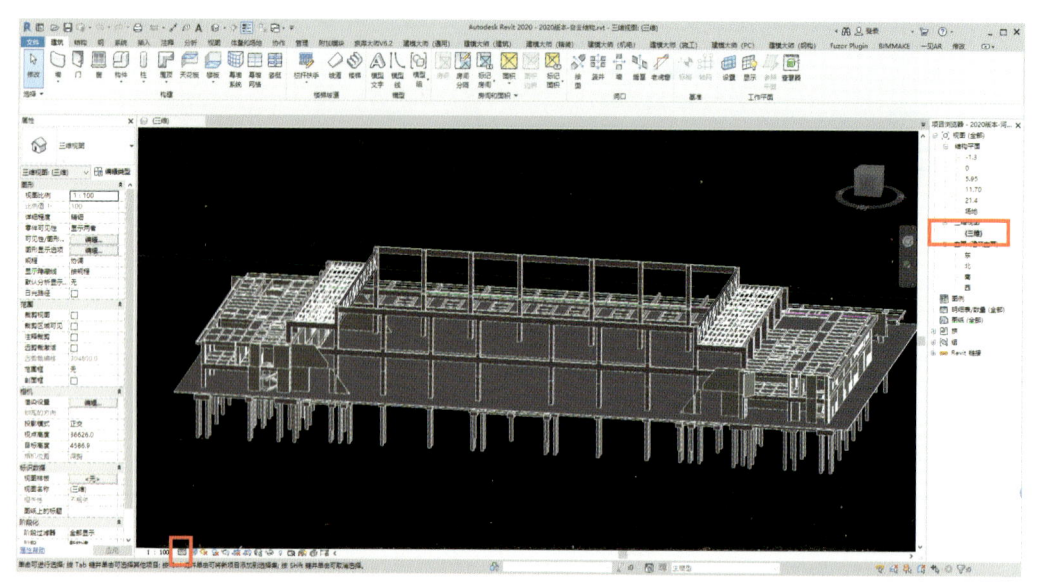

图5-5　Revit模型设置

创建一个单体目录，在单体目录下依据现场施工流水段划分（图5-6），对项目整体进行模型资源目录配置（图5-7），从而更明确地区分各流水段模型的划分。

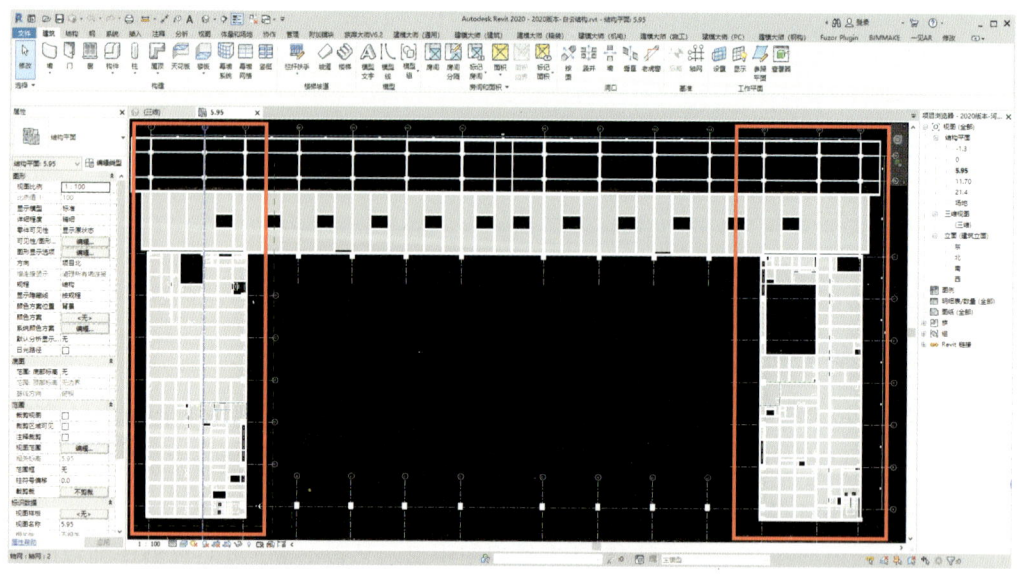

图5-6　流水段划分

图5-7 平台目录设置

将施工开始前建立好的结构、土建、钢结构模型上传至平台相应模型资源的子目录下。选定区域然后点击"选择各专业 .rvt/.i.bim 模型文件",选择 rvt 文件版本并点击上传按钮,如图 5-8 所示。

图5-8 平台上传设置

后台将模型轻量化处理之后，从项目资源配置界面点击二维码配置并下载模型二维码，如图5-9所示。

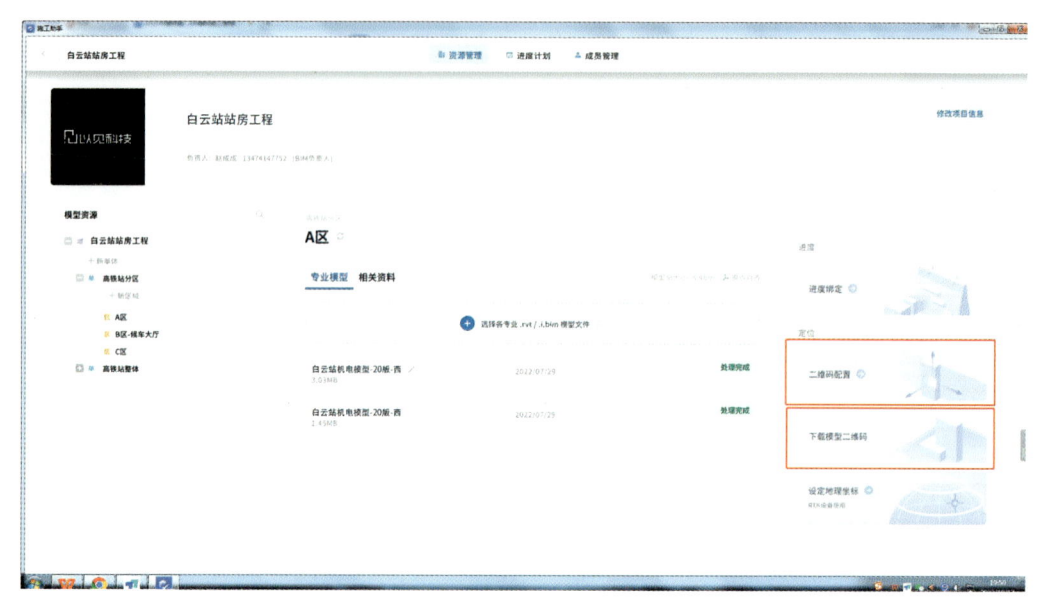

图5-9　二维码配置

设置模型二维码时（图5-10），点击添加二维码按钮→点击需要添加二维码的位置→选择其对应的参考平面→输入二维码名称→拉动箭头调整二维码水平位置→设置二维码底部相对参考平面的距离→提交保存。

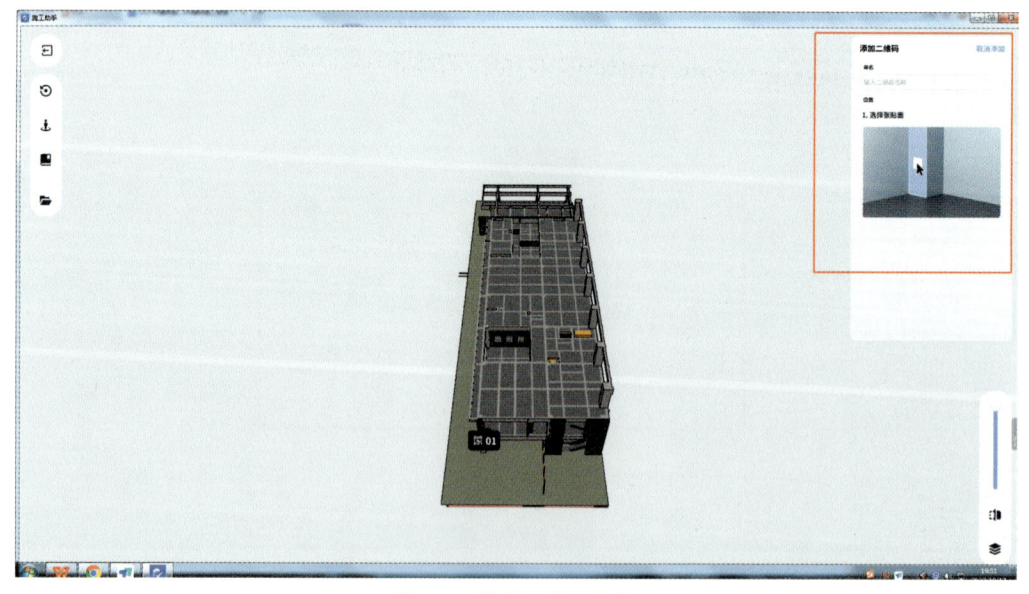

图5-10　模型二维码设置

提交保存后，系统自动生成二维码列表，单击下载图标，可以将布置于该处的二维码 PDF 文件下载到本地（图 5-11），打印之后根据布点的设置贴到项目现场相应位置处，使用 APP 打开对应项目和模型，扫描该二维码即可在该处完成定位。为保证使用请将二维码贴于墙面等立面。

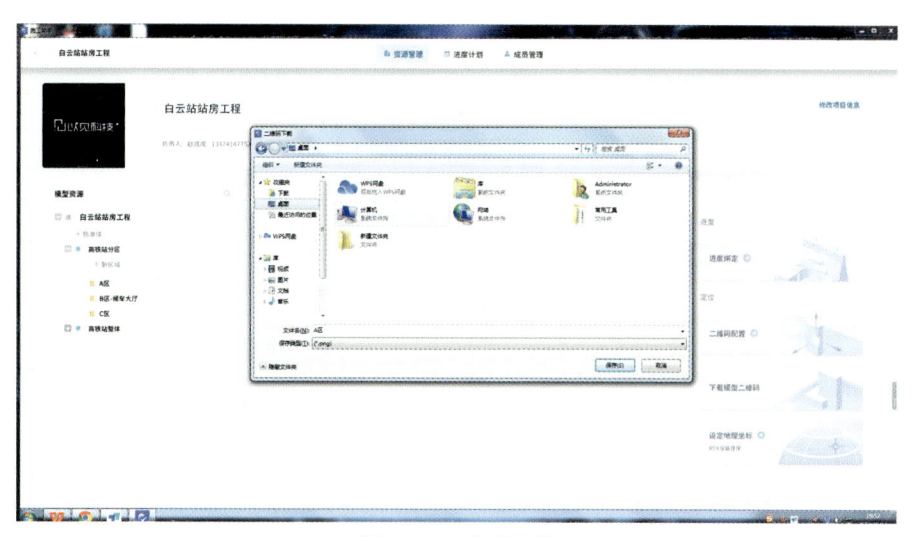

图5-11　二维码下载

使用平板电脑对张贴的二维码进行扫描（图 5-12），保证真实场景和模型场景完美叠合。

图5-12　现场扫描定位二维码

模型和现场交叠之后，使用测量工具进行现场和模型对项目预留孔洞尺寸等各项空间位置进行完整校验，如图 5-13 ~ 图 5-15 所示。

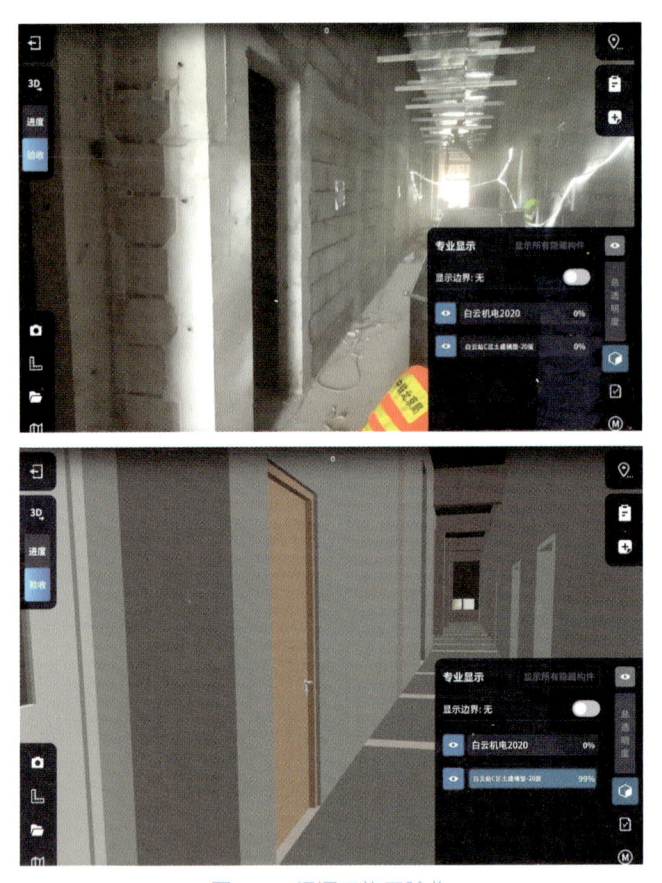

图5-13　门洞口施工验收

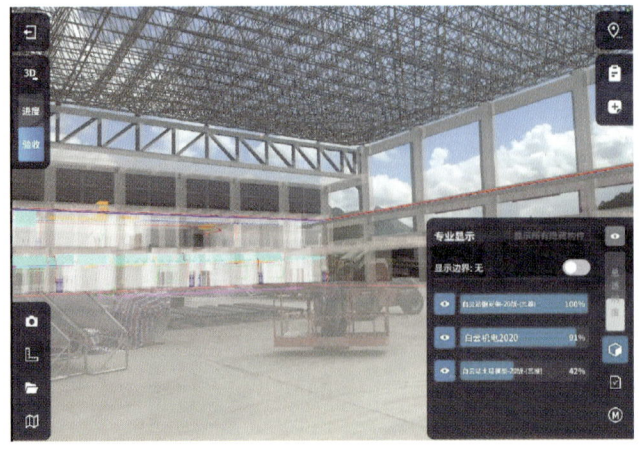

图5-14　钢结构施工验收

图5-15 土建结构验收

通过质量核查验收我们发现并解决了设计质量问题13处，工程施工质量问题7处。

5.1.4 机电管线检查

利用 AR 技术对机电安装进行现场检查，对隐蔽工程、地下管线、管井电井、设备机房等进行高精度的安装指导和验收复核，并对材料尺寸、管线定位、空间排布等进行检查。其主要用于管线支吊架模型快速定位放线、间距复核、分层管道排布交底、预留洞口定位、隐蔽管线整改定位、开槽划线等方面。

使用施工质量精度校验的平台应用部署之后，上传项目机电模型（图5-16）。

图5-16 上传机电模型

通过扫描现场定位二维码，进入模型场景（图5-17）。

图5-17　定位二维码

对机电安装进行现场检查，对材料尺寸、管线定位、空间排布等进行检查，如图5-18、图5-19所示。

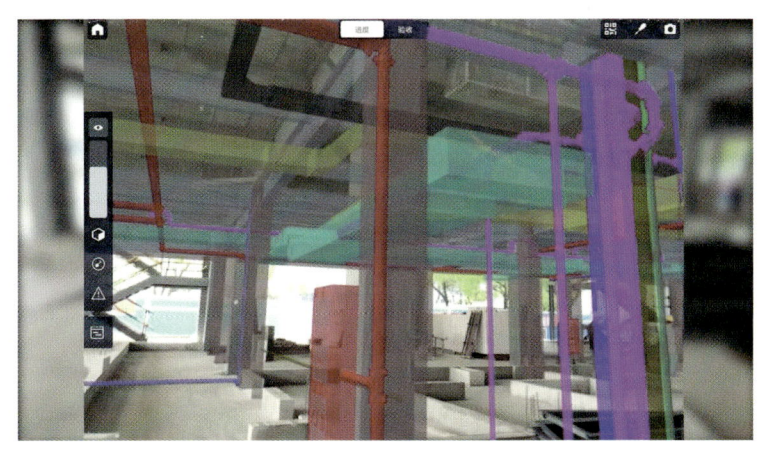

图5-18　机电管线检查

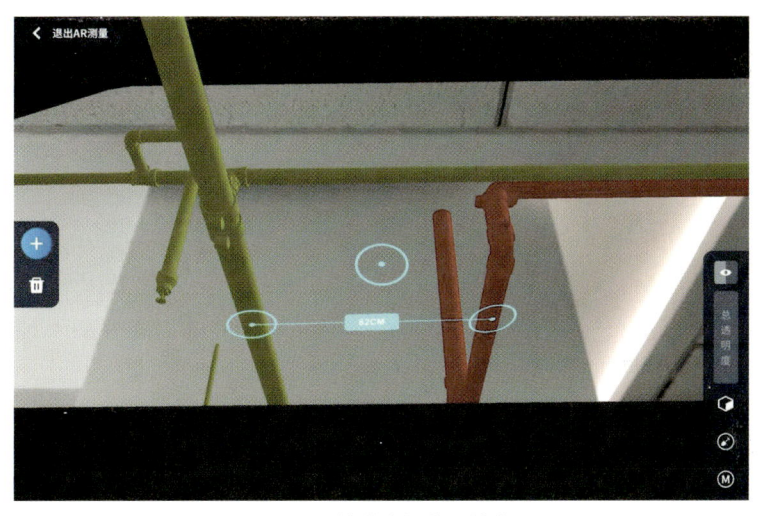

图5-19　管线空间位置检查

通过机电管线检查，我们发现，经过BIM管线综合排布及碰撞处理后现场施工问题7处。通过各专业的碰撞检测报告，结合现场AR效果叠加，在施工之前找到并解决了相关问题。

5.1.5　装饰装修施工

将项目BIM模型上传平台，经过后台的模型轻量化处理及定位二维码的设置，施工现场利用平板电脑等手持移动设备扫描（图5-20）即可在现场看到1∶1叠加定位的BIM模型。模型定位精度可达到厘米级，可让大家更直观地感受到项目完成后的情况。

图5-20 装饰装修工程施工前现场演示

使用BIM+AR技术对现场装饰装修进行交底,完成了候车大厅吊顶施工及造型交底(图5-21)。把AR模型直接叠加在现场真实的施工环境中,便于施工人员了解吊顶的造型样式和使用材质等细节问题。避免了完工时项目各方因理解不同而导致施工成果不符合预期的局面。

图5-21 吊顶造型装饰装修完成效果

白云站采用的 BIM+AR 的创新技术实现了 BIM 模型与施工现场的紧密融合，这一举措不仅提升了施工质量和安全管理水平，还使得站房工程提前 27 d 竣工，对于铁路建设行业的进一步转型升级提供了新的建设思路和模板。

但需要强调的是，铁路工程竣工数字化交付的基础是建立在严格的数字化验收标准和流程之上的。通过确保数字化验收的范围明确、验收标准合规、数据整合准确，铁路工程可以实现高效、准确的数字化交付。这不仅提高了数据的可利用性，也为铁路工程的后续运营和维护提供了可靠的数据支持。这种数字化交付模式不仅提高了效率，同时也提升了整个铁路工程的建设和管理水平，为铁路行业的数字化转型奠定了坚实的基础。通过采用数字工具和技术，工程项目可以更好地应对挑战，提高项目的成功率和可维护性。

5.2 基于BIM的档案数字化交付系统

为响应国铁集团档案信息化建设要求，白云站结合铁路建设项目信息化现状，以建设运营服务为理念，依据数字化交付标准和档案管理单位、项目建设各方的需求，积极探索档案数字化交付新模式，探索出一套基于 BIM 的档案数字化交付系统进行过程资料收集、整理到 BIM 可视化化档案系统进行档案接收，利用档案数字化的交付方案。

以档案数字化交付为目的综合方案是基于项目全参与方全建设周期资料的资料采集、校验、审核、档案化处理、BIM 模型构件挂接、立体化档案查阅利用的过程，参与方按照要求将工程图纸、工程文件、工程数据等经自检和整理，实现以数字化档案向档案管理机构报送归档的目标。

5.2.1 系统概述

随着我国铁路建设的高速发展，铁路工程建设档案的管理和利用面临着越来越大的挑战：① 传统的工程建设纸质档案种类繁多、数量庞大，收集、存储和管理难度大、成本高。② 工程建设档案具有完整、准确、可靠等特性，在建设过程追溯、基础设施维修维护以及资产管理等方面有很高的应用价值，但目前管理还不够统一，共享及利用还不够充分。

基于 BIM 的档案数字化交付系统包含竣工资料预归档系统和 BIM 可视化化档案系统两部分。竣工资料预归档系统作为贯穿整个项目建设周期的模块，基于铁路工程管理平台，服务于建设、监理、施工、设计、监测等所有参建方。该系统集资料采集、存储、整理、移交、利用等功能于一体，内置规范结构层级，能绿色、智能、高效、便捷地完成建设项目档案整理交付准备工作。

BIM 可视化化档案系统作为数字化档案的管理平台，不仅可以接收建设过程中形成的工程实体 BIM 模型，还可以通过模型构件与档案的关联，通过点击模型查阅对应的档案文件，同时通过文件本身追溯工程实体的应用范围，通过正逆向追溯查询，形象化地进行档案利用，全面提升档案知识化转化、档案综合利用效率的水平。它是专为铁路行业的企事业单位提供档案电子管理的产品，是对现有手工管理的有效的补充。

5.2.2 系统架构

1. 系统结构

系统采用 C/S（Client/Server，客户机/服务器）和 B/S（Browser/ Server，浏览器和服务器）相结合的模式支撑集团公司、所属各单位两级联网应用，除档案采集和共享应用根据实际情况可通过互联网访问外，其他用户可通过内部服务网访问系统。

系统通过数据接口与铁路一体化信息集成平台互联，采用接口实时访问、服务实时同步多种方式进行交互。交互内容包括一体化平台的基础数据（如机构、人员、权限等）以及一体化平台各模块需要归档的电子文件、属性信息等，实现档案数据与国铁集团其他业务系统的数据共享互联互通。

2. 软件技术架构

系统包括档案采集终端、档案管理和数据共享三个子系统，采用先进的多层技术构架，利用 C/S 和 B/S 两种技术相融合，以及 Socket 点对点传输保障数据的高效性和安全性。该系统采用 MySQL 数据库，通过分库、分表等技术支持海量数据存储。

档案采集终端子系统采用 .Net 语言开发，深度嵌入 Windows 操作系统，提升系统的运算能力，简化用户学习过程，高效地处理文档格式转换和数字化加工。档案管理子系统采用 B/S 架构，更好地提供文档在线浏览和权限管控。

系统提供开放的数据接口，具备与其他业务系统进行各类型数据对接的能力。系统运用了大数据处理机制，使用户能够快速准确地获取所需档案资源。

系统技术架构如图 5-22 所示。

（1）表现层：表现层分为访问用户和前端展示方式两个部分，用户覆盖建设项目档案所有相关人员，具体包括国铁集团公司建设部、档案馆等部门以及设计、施工、监理、运维等参建单位。用户可以通过桌面程序、浏览器和移动应用等不同的方式访问系统，管理或查阅全局、全项目档案资源，在国铁集团公司全局范围内实现建设项目档案的数字管理和标准化服务。

图5-22 竣工资料预归档系统体系

（2）软件层：软件层分基础支撑和平台应用两部分。基础支撑分基础平台和标准管控两个维度。平台应用以数据库技术、分布式存储以及加密和传输技术为基础，实现全局建设工程竣工档案类型、目录结构、元数据等标准化，为用户提供多维目录浏览和定制交付。

（3）硬件层：硬件层分架构服务器、存储以及网络等基础设施，应用服务器采用前后端分离技术分内外网部署。内外网通过安全屏障进行数据交付，前端部署在外网，数据库和文件存储部署在内网环境，外网接入通过防火墙后再通过安全屏障访问内网资源。依托基础设施资源的架设集中管理建设项目电子档案物理文件和档案元数据信息，项目参建单位通过互联网接入系统前端，文件传输经过SSL（Secure Socket Layer 安全套接字层）加密后通过安全屏障存储到内网的存储资源中，存储方式采用分布式架构，配套二级安全等级要求的备份方案，提供安全可靠的文件存储服务。

（4）业务层：通过预置铁路建设项目档案归档标准，实时采集项目电子档案以及元数据信息，实现竣工资料在线归档和竣工资料交付。

3. 软件界面

软件界面如图 5-23 ~ 图 5-25 所示。

图5-23　工程竣工档案系统网页首页

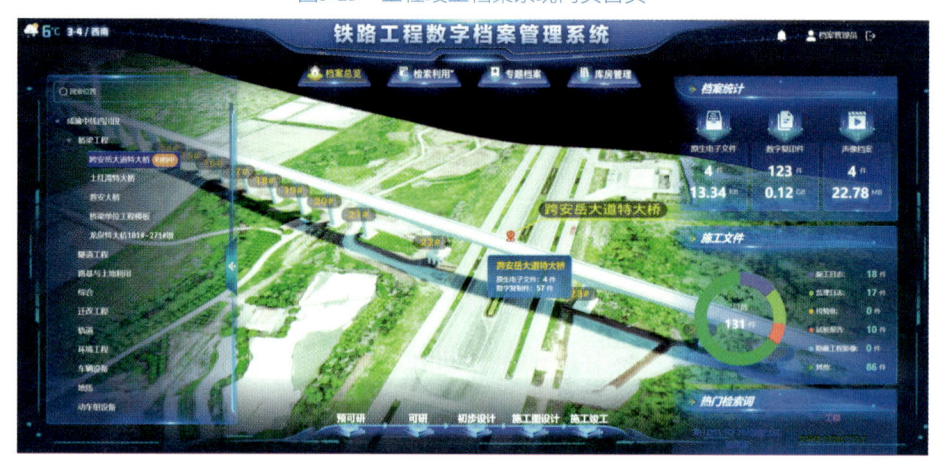

图5-24　工程竣工档案系统网页查询

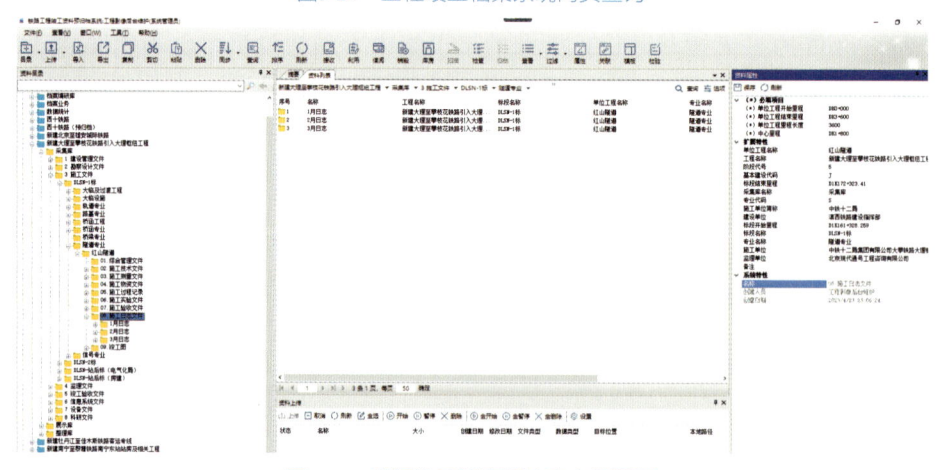

图5-25　工程竣工档案系统客户端页面

5.2.3 主要功能

基于BIM的档案数字化交付系统分为"竣工资料预归档系统""BIM可视化化档案系统"两部分。预归档系统包含首页、采集、整理、移交、统计、查询、工作台等七大功能模块。BIM可视化化档案系统包含档案接收、档案利用、档案鉴定、档案统计、BIM查阅、系统设置等六大功能。工程竣工档案系统功能模块如图5-26所示。

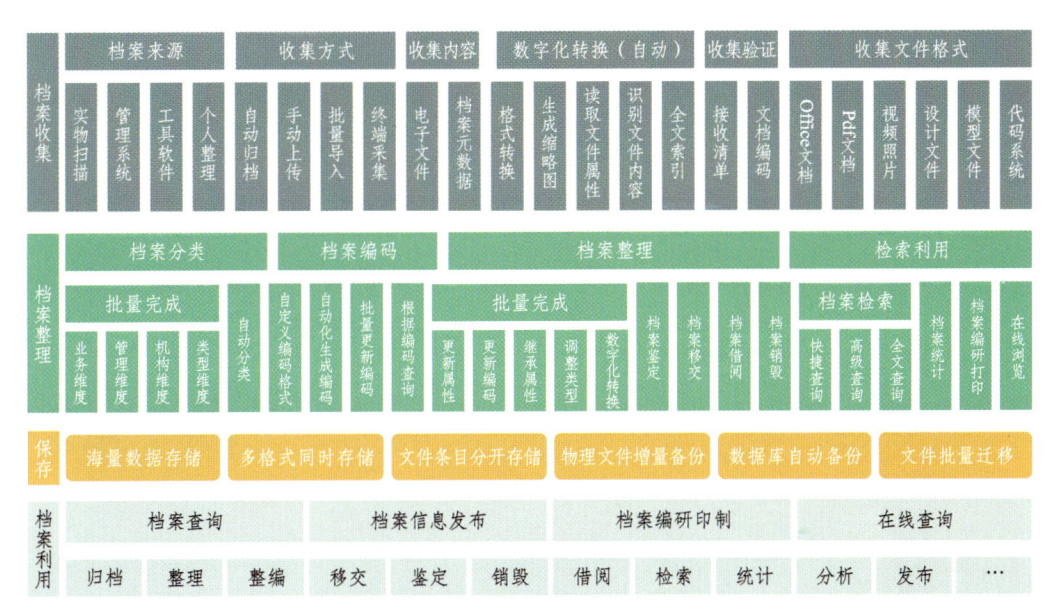

图5-26 工程竣工档案系统功能模块

5.2.3.1 竣工资料预归档系统主要功能

资料采集：资料采集涵盖了档案手动上传和系统同步的数据，能够接收来自铁路工程管理平台接口的数据，支持批量导入和单个手动上传的数据，多种方式帮助用户完成档案收集工作。

目录同步（图5-27）：可以同步其他系统的目录结构也可将自己配置目录结构进行同步。

手动上传（图5-28）：企业可对纸质版的文件进行扫描上传。

四性检测（图5-29）：选中需要四性检测的文件的真实性、完整性、安全性、可用性进行检测生成检测报告。

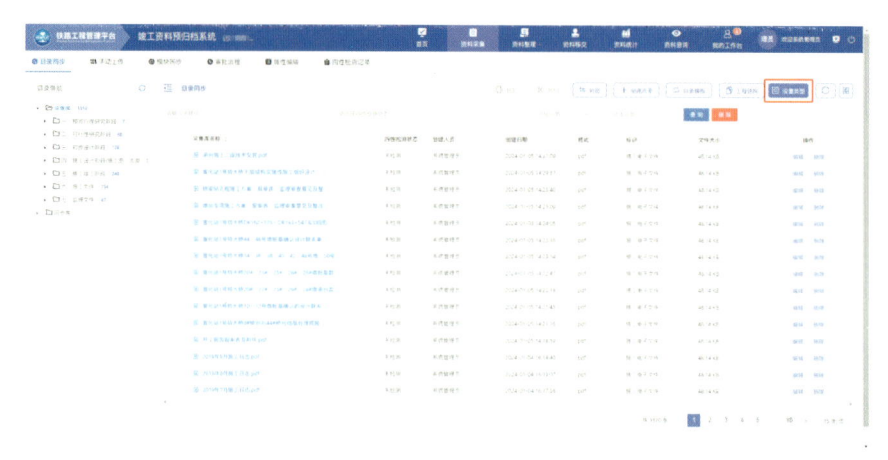

图5-27　工程竣工档案系统目录同步功能

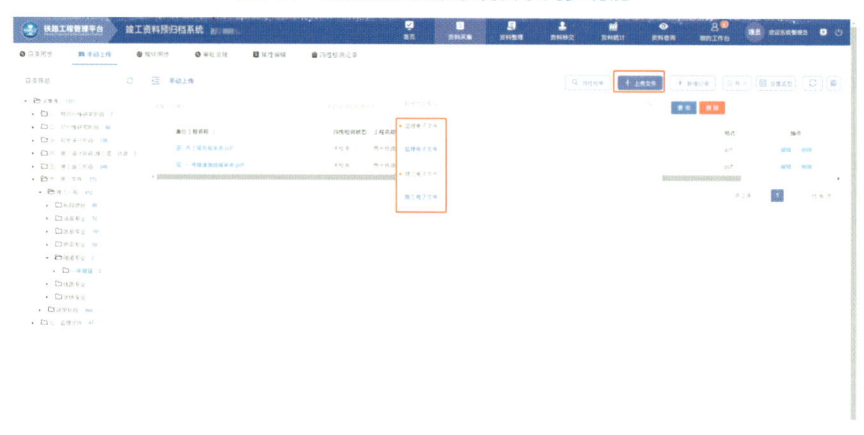

图5-28　工程竣工档案系统手动上传功能

图5-29　工程竣工档案系统四性检查功能

导入（图 5-30）：点击导入选择导入的 Excel 文件、选择导入配置、相应 PDF 文件即可批量导入数据。

图5-30　工程竣工档案系统导入功能

模块同步（图 5-31）：可以将业务系统的资料同步到预归档系统，可按照施工日志、检验批、监理日志、影像资料等进行筛选显示。

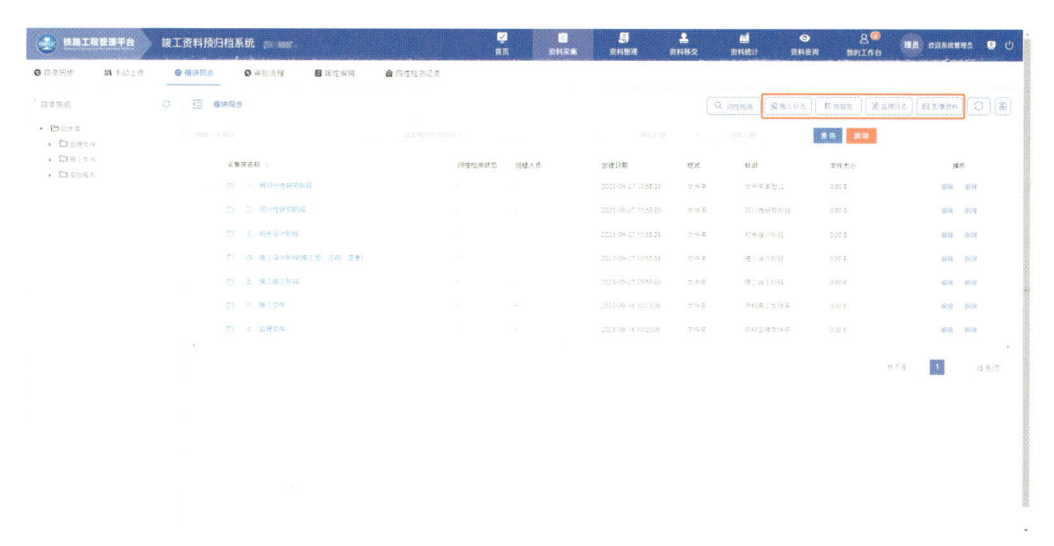

图5-31　工程竣工档案系统模块同步功能

资料整理模块：通过有效的档案系统资料整理，组织可以更高效地管理和利用其文档、记录和信息资源。

格式转换：可将电子档案格式转换为具备符合国家长期保存和利用要求格式。

资料关联（图5-32）：可将不同的数据信息进行连接，建立它们之间的关系或关联性。

图5-32　工程竣工档案系统资料关联功能

资料封装（图5-33）：可将信息或数据打包成一个单独的单元或格式，以便更轻松地传输、存储或处理。

图5-33　工程竣工档案系统资料封装功能

资料移交模块（图5-34）：将系统中的封装的文件信息转移到其他业务系统，以确保资料的完整性和可用性等不受影响。

图5-34 工程竣工档案系统资料移交功能

资料统计模块（图 5-35）：档案系统信息包、资料单位工程文件进行统计。

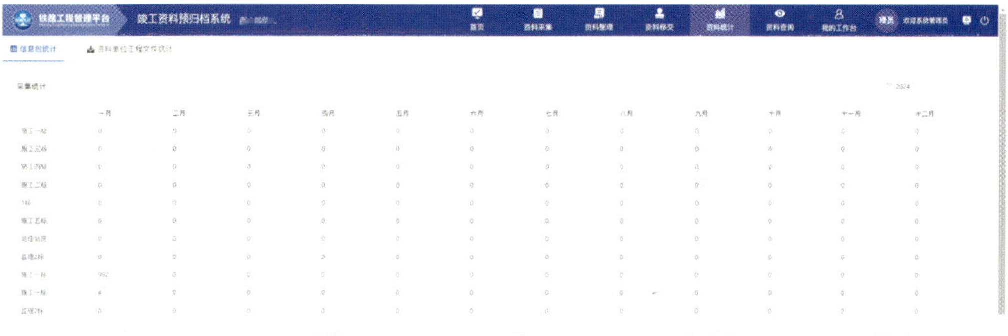

图5-35 工程竣工档案系统四性检查功能

资料查询模块（图 5-36）：可以系统性地进行档案系统的资料查询，从而获取与档案管理相关的全面信息系统文件可通过关键字、数字、编号等查询，支持模糊查询、二次查询等，有筛选的功能，可指定查看文件、文件夹或者全部查看。

工作台模块（图 5-37）：主要包含了【工作台】、【临时文件夹】、【我的收藏夹】、【信息反馈】、【登录日志】、【登录统计】、【我的申请】、【待办事项】、【已办事项】、【签名签章】、【检查记录】、【标准规范】、【我的申请】、【部门职责】、【问题通报】、【综合】。

图5-36　工程竣工档案系统资料查询功能

图5-37　工程竣工档案系统工作台功能

5.2.3.2　BIM可视化档案系统主要功能

档案系统具备档案收集、整理、保管、利用以及年报统计等管理功能，支持对档案全生命周期的真实性、完整性、可用性和安全性的四性校验功能；能够与相关管理系统实现对接，具备如电子公文档案直接归档等相关业务管理及应用功能；实现对馆藏资源（含缩微胶片）的数字化整合，并实现对历史数据（包括原系统、纸质文件等数据）的迁移工作。

第 5 章　全生命周期交付数字化

档案系统功能设计部分由个人工作台、档案管理、档案利用、统计分析、史志鉴管理、年报管理和系统管理七个方面组成。档案系统功能如图 5-38 所示。

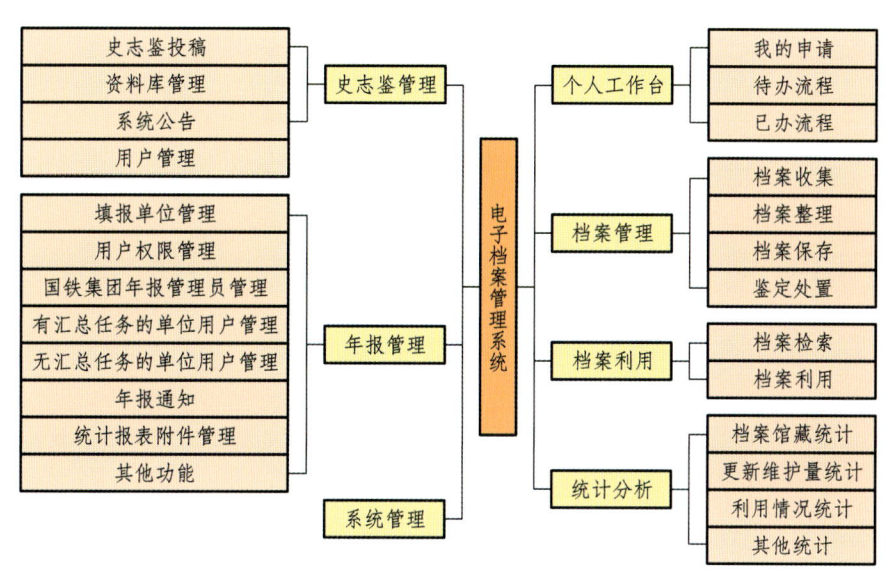

图5-38　档案系统功能

档案收集（图 5-39）：具备在线收集、离线收集的功能，展示收集、批量收集的所有目录列表。列表展示信息支持自定义功能；可使用收集或批量收集，可导入目录、批量挂接附件；检索支持条件检索、多关键字检索等，支持生成、编辑、导出、打印、驳回归档文件等功能。

图5-39　工程竣工档案系统档案收集功能

143

档案整理（图 5-40）：支持预归档档案的审核、整理功能；支持电子档案的自动归类与排序功能；支持分类与排序的调整处理；支持电子档案的著录、标引等功能；支持电子档案批量格式转换的功能；支持电子档案入库功能，并保存入库处理记录。

图5-40　工程竣工档案系统档案整理功能

档案保管（图 5-41）：支持备份与恢复、生成抽样检测任务以及扫描查询功能；具备电子档案保护和监控功能；支持生成、导出、打印档案标识（柜签、排签、门签等）的功能；支持导入温度、湿度表格，生成温度、湿度曲线统计图。

图5-41　工程竣工档案系统档案保管功能

档案处置（图 5-42）：展示保管期限到期文件，可针对文件鉴定列表的数据进行查询、查看、鉴定或选中多个进行批量鉴定；可针对文件处置列表的数据进行单个或批量续存、销毁。

图5-42 工程竣工档案系统档案处置功能

档案利用（图 5-43 ~ 图 5-46）：具备简单检索、高级检索、模糊检索、精确检索、跨档案门类检索、全文检索、递进检索、关联检索、检索记忆、查询权限区分、检索历史记录、附件下载、图片合并导出等功能，且能区分用户的利用目的，供统计分析功能使用。支持档案借阅归还和档案编研功能。

图5-43 工程竣工档案系统档案利用功能

图5-44　工程竣工档案借阅功能

图5-45　工程竣工档案文件整体情况查看

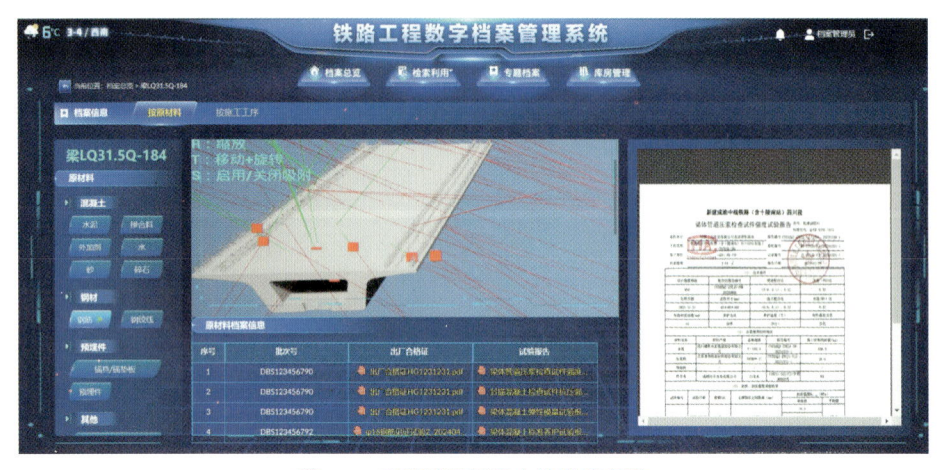

图5-46　工程竣工档案文件详情查看

档案统计（图 5-47）：支持以树表、饼状图、折线图、表格等形式进行全宗统计、门类统计、文件格式统计、年度统计、开放程度统计、利用情况统计、档案年报统计等。统计可自定义配置展现形式和统计内容。

图5-47 工程竣工档案系统档案统计功能

史志鉴管理：档案史志部门编修铁路史志鉴，需要向各部门和所属各单位征集稿件，建立专门网络投稿渠道规范投稿管理，同时建立史志鉴资料库，把编修成书的史志鉴电子资料上传至资料库，并能够检索查询，实现史志鉴资料信息化、规范化管理。投稿单位可新增、修改、查看史志鉴稿件，新增史志鉴稿件时可选择投稿栏目、录入文字内容、上传附件、上传图片等信息，针对图片可进行说明、分组。责任编辑可对各单位投稿文件进行下载、审核、采编，稿件如有问题，通知投稿单位重新投稿。可建立资料库，根据资料类型进行维护管理。资料库可输入文字信息、批量上传图片、附件等，图片可设置标题、说明信息，附件可设置标题，图片和附件可下载查看。可发布、查询、删除系统公告，提醒各单位投稿以及系统维护。档案史志中心管理员可维护投稿单位，并为每个投稿单位分配一个登录账号密码，此账号为投稿角色，投稿单位登录后可修改密码。

三维档案室管理：通过录入与实体档案库房一一对应的档案案卷存放位置，实现快速的档案内容 BIM 模型定位，在轻量化后的三维档案室中进行高亮显示，从而辅助实体档案的查找利用，如图 5-48、图 5-49 所示。

图5-48　工程竣工档案文件列表展示

图5-49　工程竣工档案三维展示

5.3 数字化站房钢结构健康监测

以运维为目的工程数字化交付是基于 BIM 技术对工程建造全参与方、全过程的运维管理数据信息采集、校验、审核及移交的过程。项目参与方按照要求将工程图纸、工程文件、工程数据经由监理方检查后统一交付建设方汇总并整合形成工程竣工信息模型，提交运维管理方以备后期使用。

为响应国铁集团档案信息化建设要求，白云站建设规划积极探索运维阶段的数字化交付创新模式。结合铁路建设项目信息化现状及各方要求，白云站规划建设探索出了一套由站房钢结构健康监测系统完成对白云站环境荷载、结构相应、行车状态及振动等方面检测的综合方案。

高铁车站客流量巨大，其钢结构站房及其相关工程的主体结构和使用期间不可更换的结构构件均按较长年限进行耐久性设计。结构材料在经历长时间的使用周期难免会产生一定损伤，存在影响行车和旅客乘降安全的问题及隐患。为了保障高铁客站建筑钢结构的安全和管理维护的需要，对铁路客站钢结构健康状况进行监测十分必要。

鉴于此，为更好地实现设计、施工及运维等工程全生命周期各个阶段的数据信息共享和安全管理，广州白云站将建设施工期的 BIM 模型及工程数据信息数字化交付至运维阶段，进行铁路站房钢结构健康监测，最终达到实时互联、协同作业情景关联和智能预测等智能建筑卓越运营的目标。

5.3.1 钢结构全面概况

白云站采用"桥-建合一"线上式高架站房，工程规模为 $1.445 \times 10^5 \, m^2$，最高聚集人数按 15 000 人设计。站房主体结构南北向长约 220 m，东西向长约 390 m，主要柱网尺寸（顺轨方向 × 垂轨方向）为 24×28 m、24×24 m、20×28 m、22×28 m。站房工程地上两层，地下一层，局部设夹层。从下到上，站房主体包括如下结构部分：

出站层（底板）：采用钢筋混凝土板（基础为钻孔灌注桩基础）；

出站层夹层：采用钢筋混凝土框架结构，局部采用钢结构；

承轨层：采用型钢混凝土柱 + 预应力混凝土梁 + 现浇混凝土楼板结构；

站台层、站台夹层：采用钢筋混凝土框架结构；

高架层和高架夹层：采用钢-混凝土组合结构，室外走廊采用钢筋混凝土框架结构；

站房屋盖结构：采用大跨空间钢结构，结构顺轨方向最大跨度 64 m，垂轨方向最大跨度 30 m。主体结构采用钢结构空间桁架，屋盖东西光谷侧花瓣造型采用桁架结构外挑

28 m。屋盖南北侧波浪造型采用空间桁架结构，桁架跨度 50 m。

之所以要对白云站站房钢结构健康状态进行监测，与白云站本身所处的地理环境和特点有关。白云站地理位置处于沿海地区，易受到台风等恶劣天气的影响。同时，白云站空间造型复杂，结构空间变形量较大，若结构出现异常，其动力特性也容易发生改变。白云站总共 11 台 24 线，站台规模较大，旅客聚集程度高，容易对站房产生振动损伤、荷载不均损伤等问题。此外，在白云站范围内外的结构基础存在一定差异，工后可能会产生不均匀沉降，从而影响上部结构的受力状况。因此根据广州白云站实际情况，本方案从以下 5 方面开展监测。

5.3.2 数字化环境荷载监测

1. 风速风向及风压

广州白云站位于沿海地区，每年受台风影响多次，且屋盖大跨钢结构轻柔、刚度小，在大风作用下屋盖位移和振动较大，为全面掌握车站区域内风场的变化规律，须对风速风向进行监测。根据站房屋面实际情况，在站房屋盖顶中部布置 1 个风速风向传感器进行风速和风向测量；根据屋面几何特征及流体动力数值计算结果，在屋面顶部分散布置 15 个风压传感器。测得的风压数据一方面用于屋盖荷载预警和屋面板风揭预警，另一方面用于后期科学研究。其布置示意如图 5-50 所示。

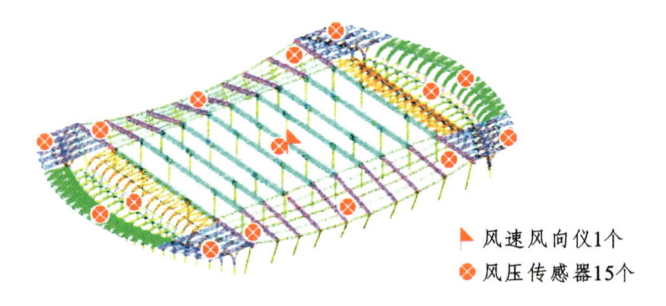

图5-50 风速风向、分压传感器测点布置示意

2. 温湿度

环境温度的骤变会引起大跨钢结构的胀缩变形，其周期性变化对于大跨度钢结构的受力影响较大，而环境湿度则是影响钢构件耐久性能的重要因素。因此，温湿度是最为常规但又不可或缺的监测内容。考虑室内外温湿度差别，分别在屋面板内外布置温湿度计。

3. 地震响应

地震对结构而言属于偶然作用，虽然发生的概率非常小，但其瞬间产生的能量和作用力巨大，往往会对结构造成较大的损伤甚至破坏，危及结构的安全运营。车站所处地抗震设防烈度为 7 度，鉴于客站的重要性，地震响应监测也不容忽视。

为了捕捉地震作用时的振动响应，在出站层底板布设地震仪（3 个单向加速度计）对地震动进行监测。

4. 结构温度

环境温度通过热传导作用，在客站结构不同部件之间产生一定的温度差和局部温度梯度。白云站屋盖为高次超静定结构，结构温差的存在将会产生一定的次内力，局部温度梯度亦会产生一定程度的温度应力。

在屋盖空间桁架、光谷拱顶、入口处屋盖空间桁架、跨中网架、飘带处空间桁架等结构位置布设 31 个温度传感器监测钢材表面温度，如图 5-51 所示，用于大跨屋盖温度荷载的实时监测及预警。

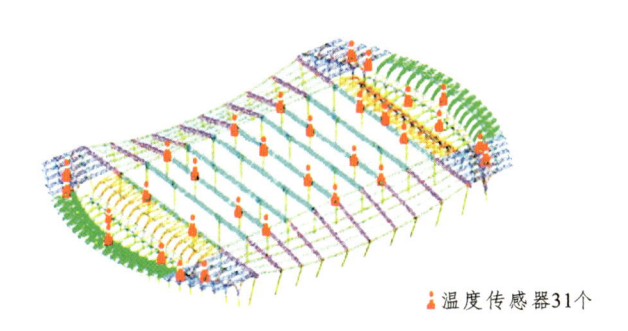

图5-51 温度传感器测点布置示意

5.3.3 数字化结构响应监测

1. 结构变形

（1）空间姿态及变形：车站大跨结构空间造型复杂，结构空间变形量较大。为了掌握典型部位的变形情况，从宏观上把握大跨钢结构的力学性能和形位变化情况，及时对大跨屋盖的整体工作状况作出评估，须对全屋盖变形控制点的空间位移和屋盖空间桁架倾角进行监测。

（2）承轨层主梁挠度：主梁直接承受来自车辆的荷载作用，主梁的挠度值不仅反映了梁体刚度的大小，还是结构整体工作性能最直观的表现。此外，主梁线形直接影响轨道不平顺度，增加车 - 线 - 结构耦合振动对于承轨层结构附加效应，影响列车行车的安全性和舒适性。为了掌握主梁线形变化情况，须对主梁典型截面的挠度进行监测。

在屋盖空间桁架、光谷处空间桁架、入口处屋盖空间桁架、飘带处空间桁架、光谷处空间桁架等位置布设 35 个挠度计，在承轨层主梁跨中布设 1 个挠度计，在屋盖空间桁架支座顶部设置 18 个倾角仪，实时监测大跨度屋盖的结构变形并预警。

倾角仪及挠度计测点分布如图 5-52、图 5-53 所示。

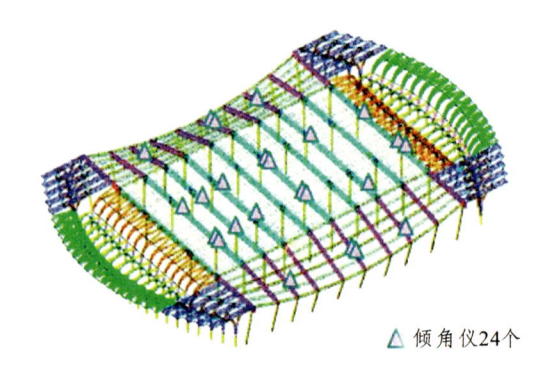

图5-52　倾角仪测点布置示意

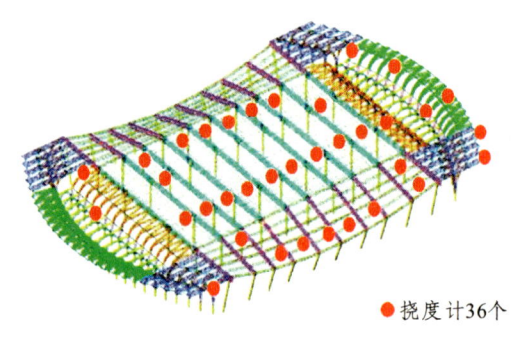

图5-53　挠度计测点布置示意

2. 结构动力特性

结构一旦出现损伤或其他异常，其动力特性也将随之发生改变，因此车站结构的动力特性参数可作为评估结构健康状态的重要依据。为获取车站结构的振动特性（自振频率、振型）从宏观把握结构的健康状况，须对结构动力响应进行监测。

在屋盖空间桁架、屋盖网架、光谷拱顶屋盖、飘带处空间桁架、光谷处空间桁架等位置设置 41 个加速度计，监测站房屋盖结构的动力指标，宏观上反映结构的工作性能。

5.3.4　行车状态及振动数字化监测

1. 行车状况

白云站站场规模为 11 台 24 线，其中国铁车场 10 台 22 线，城际车场 1 台 2 线。正线列车运行速度较大，为全面获取不同车辆荷载对承轨层主梁结构响应的影响，须对列车的行车速度等列车信息进行监测。

2. 站台旅客的聚集状况

旅客在站台候乘时，聚集程度较高，在结构上有较大响应，应通过视频技术获得旅客在站台的聚集状况，反映出结构的荷载状态，为结构损伤识别提供关键数据。

在承轨层上方设置 1 个高清摄像头，监测列车运行状况及站台旅客的聚集情况，客观反映承轨层的荷载变化情况。

3. 列车振动状况

列车通过时，在承轨层形成移动荷载。一方面，行车引起结构振动可能会造成构件疲劳，也会影响上部高架层旅客候乘舒适度体验；另一方面，规律的振动也是结构损伤识别领域的良好激励，为后期识别结构损伤提供了可能。因此，须对承轨层的列车振动响应进行监测。

在承轨层主梁和承轨层与高架层间柱等位置设置 4 个加速度计，监测承轨层在列车通过时的振动响应。加速度传感器测点布置示意如图 5-54 所示。

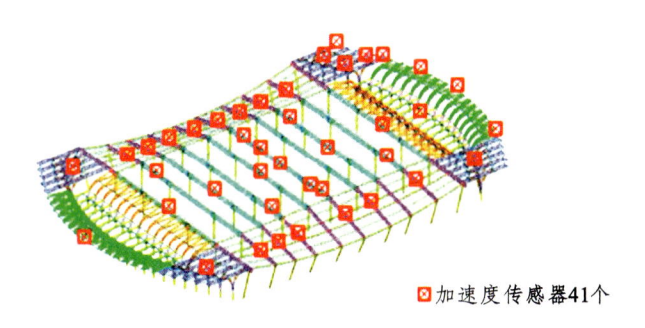

图5-54 加速度传感器测点布置示意

5.3.5 旅客候乘舒适度的数字化监测

1. 高架层旅客聚集状况

旅客在高架层聚集程度高，在结构上有较大响应，会改变梁板的动力特征，视频技术可获得旅客在站台的聚集状况并反映出结构的荷载状况，为结构损伤识别提供关键数据。

在候车厅上方设置 4 个高清摄像头，监测旅客的聚集情况，客观反映候车厅旅客的重力分布情况，为候车舒适性研究提供关键数据。

2. 高架层振动状况

高架层在人群激励和下部列车激励下会产生振动，一定情况下会影响旅客的舒适度体验，故应对高架层的振动状况进行监测。在高架层楼板分别设置 3 个加速度计，监测高架层的挠度情况及振动响应。

5.3.6 基础不均匀沉降监测

地铁范围内外，结构基础存在一定差异，工后可能会产生不均匀沉降，进一步影响上部结构的受力状况。因此，应对基础进行不均匀沉降监测。

根据实际需求，在出站层地铁范围内外柱各设置1个差压变送器（挠度计），实时监测基础的沉降情况。广州白云站各类测点数量及位置具体见表5-1。

表 5-1　广州白云站各类测点数量及位置

监测类型	监测项目	传感器类型	测点数量	监测位置
环境荷载监测	风速风向	风速风向仪	1	屋盖顶部中央位置
	风压	风压传感器	15	屋盖网架中间（1个）、屋盖边缘及四角（12个）、光谷拱顶（2个）
	大气温湿度	温湿度计	2	屋面板内外各布置1个
	地震	地震仪	1	出站层底板（柱底）
	钢结构表面温度	温度传感器	31	屋盖+飘带空间桁架（16个）、入口处屋盖空间桁架（4个）、花瓣桁架（7个）、光谷拱顶（4个）
结构响应监测	钢应变	应变传感器	235	屋盖+飘带空间桁架（50个）、入口处屋盖空间桁架（24个）、光谷拱顶（10个）、花瓣桁架（56个）、网架（95个）
	结构变形	挠度仪	36	屋盖飘带空间桁架（25个）、入口处屋盖空间桁架（4个）、花瓣桁架（5个）、光谷拱顶（1个）、承载层（1个）
		倾角仪	18	屋盖空间桁架柱顶
	支座工作状态	倾角仪	6	支座顶

续表

监测类型	监测项目	传感器类型	测点数量	监测位置
结构响应监测	加速度	加速度传感器	41	屋盖+飘带空间桁架（28个）、入口处屋盖空间桁架（6个）花瓣桁架（6个）、光谷拱顶（1个）
行车振动监测	行车及站台旅客聚集状况	高清摄像机	1	承轨层上方
行车振动监测	列车振动状况	加速度传感器	4	承轨层
候乘舒适监测	高架层旅客聚集状况	高清摄像机	4	高架层上方
候乘舒适监测	高架层振动状况	加速度传感器	3	高架层
基础不均匀沉降监测		差压变送器（挠度仪）	2	出站层地铁范围内外柱各1
合计			400	

第 6 章　客站运营管理智慧化

为更好地拓展铁路建设信息化应用，为旅客提供更便捷舒适的出行环境，白云站结合广州局车站旅客服务信息系统的既有管理模式，建立生产管控平台，打造智慧车站。其包含旅客无障碍便捷服务、车站安全高效作业、环境绿色节能环保三大模块。白云站采用"绿色低碳"以及"智慧车站"的理念，建设包括一体化交通出行管理服务、无线定位精细化室内导航及旅客服务智能化便捷终端的旅客无障碍便捷服务。一体化交通出行服务为出行者提供出行引导、出行规划等服务，从而加大人流通过量，避免拥挤，提升出行体验；无线定位精细化室内导航能够为白云站内提供精细化的地图导览服务，通过短信推送或者小程序为旅客提供高精度、高可用的三维定位导航服务；旅客服务智能化便捷终端让旅客出行更便捷、车站运行更流畅。为实现车站安全高效作业，白云站建设旅客服务与生产管理平台、旅客行为视觉阵列系统、物联网设备可视化平台、车站智能感知与视频分析应用、智能化运维管控系统及铁路客运设备管理应用等，实现了旅服集成管理平台、客运管理、客运设备管理和客运站应急指挥四个应用的功能。白云站拓展绿色节能降耗系统，根据广州等湿热地区的气候特点，结合站房建筑空间高大、透明围护结构多、空间连通性强等特点，调研适宜的节能技术方案，运用数字化手段，推进湿热地区铁路站房与节能技术相适应，形成属于广州等湿热地区的铁路站房建筑节能体系，助力我国交通系统的减碳升级，同时利用智能环境监控及环保验收技术开展环境监控、环境监理及环保验收工作，实现项目全过程管理，确保环境绿色节能环保。

6.1　旅客便携服务

6.1.1　一体化交通出行管理服务

近年来，随着"出行即服务"（MaaS，Mobility as a Service）新概念的出现，交通出行领域逐步开展一体化交通出行和一站式服务。目前，北京、广州、济南等多地均开展了 MaaS 系统应用探索。与此同时，不少企业也加入其中，建设一体化出行服务平台。

白云站项目积极建设一体化交通出行管理服务(图6-1),整合了高铁站及周边火车、汽车、出租车、大巴等相关数据,并将其接入交通运输部门、交警、高铁站等相关信息系统,为政府管理部门提供了交通辅助决策、数据分析等功能,为企业提供了运行监测、综合调度、出行优化等管理,为出行者提供了出行引导、出行规划等服务,从而加大人流通过量,避免拥挤,提升出行体验。

图6-1 一体化交通出行管理服务

6.1.1.1 出行信息服务

围绕广州白云站枢纽信息和周边城市路网的综合出行信息,向用户提供交通信息、路况信息、票务信息、优惠信息、停车资讯、线路开通变更信息等。用户可通过地图查看实时路况信息、周边停车位信息、地铁公交车的实时到站信息等,同时可通过APP或小程序(图6-2)实现线上预约购票服务。

(1)交通信息查询:用户通过线上平台(APP、小程序)对枢纽及周边交通信息进行查询,包括地铁、公交、接驳大巴、出租车、网约车、私家车、单车等信息。

(2)路况信息查询及推送:用户通过线上平台(APP、小程序)对枢纽周边道路路况信息进行查询,并且根据实时路况信息自动推送拥堵路段信息至相关自驾出行人群。

(3)停车查询:用户通过线上平台(APP、小程序)对枢纽及周边的停车场、共享停车位的余位、设备设施的信息(充电桩、费用等)进行查询。

(4)票务信息查询:用户通过线上平台(APP、小程序)对高铁列车、长运大巴、城乡公交等车辆的时间、余票信息进行查询。

(5)联乘优惠查询:用户通过线上平台(APP、小程序)对周边接驳地铁、大巴、公交联乘票价的优惠信息查询与活动推送。

（6）线路变更信息推送：对周边接驳地铁、大巴、公交线路变更信息及时推送给出行用户。

（7）列车晚点/取消推送：列车晚点、列车取消相关信息的自动推送。

图6-2　旅客小程序

6.1.1.2　出行规划服务

（1）行程规划：提供一站式行程规划辅助，包含国铁、地铁、公交、出租车、网约车、私家车等多种单一或混合出行方式，实现全场景、全生态出行的一体化整体行程规划。

（2）接驳服务：提供枢纽周边接驳点位的车票购买、车辆预约、位置查看、到发时间查询等一系列便捷服务。

（3）停车服务：提供枢纽及周边停车场的空位预约、位置导航、费用结算等一系列停车相关服务。

（4）交通服务：提供枢纽周边道路拥堵/顺畅的实时路况信息，方便自驾旅客出行。

6.1.1.3　枢纽服务管理

枢纽服务管理的智能化多体现在出行服务管理方面，白云站结合智慧枢纽交通资源能力和一体化出行平台，对接一体化融合出行应用系统，为用户提供智慧枢纽出行服务。

1. 枢纽交通运行感知系统

在一个交通运行体系中，客流量的变化、车流量的增减、列车的准点率等一系列状态对判断交通态势的运行良好与否至关重要，具体包括如下几个方面：

（1）城际交通运行态势感知能力：需要满足城市与城市之间交通运行的现状感知，加强对城际交通流动趋势的了解。感知交通运行态势信息至少包括（但不限于）客流迁徙情况、车辆准点情况、城市流动热力。

（2）市域交通运行态势感知能力：需要满足城市内（主要是枢纽周边）交通运行的现状感知，通过对周边道路车流量、周边道路拥堵情况、周边公共交通运行与建设情况、停车场饱和情况等的感知和掌握，判断枢纽在城市交通中的整体运行状况。

（3）站域交通运行态势感知能力：需要对枢纽内客流的流动与趋势状态进行感知，包括（但不限于）不同时间段和不同区域客流量、客流动线、客流拥堵点。枢纽交通运行分析系统在对枢纽交通运行感知的基础上，需要对感知数据进行统计与分析。

（4）交通客流分析：应对枢纽客流进行统计与分析，统计客流在枢纽端的时间与空间分布，分析客流在枢纽端的特征与变化趋势。

（5）交通资源分析：交通资源是枢纽衔接交通场景的组成部分，也是对内对外交通能力的延伸。交通资源分析应通过对枢纽周边静态交通设施点位的分布来分析枢纽交通资源建设的合理性与丰富性，提供的数据分析支撑应包括（但不限于）提升枢纽交通接驳能力和丰富设施规划建设等方面。

（6）周边拥堵分析：拥堵主要是指枢纽周边道路的拥堵情况。为提高缓解周边道路拥堵管理辅助能力，应充分利用现有成果，实现周边重大交通拥堵动态识别，对于可预见的重大交通拥堵提供疏导决策支持，为特殊情况下的交通应急提供有力支持。

2. 枢纽交通运行预警系统

通过对交通数据的感知和分析，加强对交通事故、活动表演、重大节假日等一系列状态的预警、预报、预测功能。以客流、车流的感知为基础，以排行、筛选等分析为支撑，提高相关部门面对各类应急、活动、事件的反应时间。

（1）交通预警：基于周边道路拥堵分析能力，结合交通拥堵指数模型，动态识别枢纽周边可能会出现的交通拥堵常态化情况，并自动向管理者与公众通过不同渠道进行及时提醒与发布。

（2）客流预警：基于交通客流分析能力，结合列车准点情况，动态识别枢纽内部客流高峰期较为常态化的客流滞留、拥堵位置，并自动向管理者与公众通过不同渠道进行及时提醒与发布。

（3）资源缺口预警：基于交通资源分析能力，结合客流预测，动态识别枢纽客流高峰期较为常态化的交通资源缺口点位，并自动向管理者与公众通过不同渠道进行及时提醒与发布。

（4）专题预警：需根据枢纽周边各类事件、活动、施工限行等开设一系列的专题，旨在为特殊事件中的枢纽安全有效运行保驾护航。

3. 枢纽交通规划决策系统

通过各类算法与模型，结合机器学习，不断优化调整，最终达到虚拟平台演示与模拟的效果，为相关顶层决策、建设规划提供可靠、真实、精确的可视感依据支撑，具体包含分析报告、优化建议及评估、客流规划模拟、交通规划模拟等功能。

6.1.2 无线定位精细化室内导航

根据广州白云站的站内建筑结构情况，形成物联网无线定位基站网络的部署方案，然后根据部署方案在相应的点位上部署定位信标。在智能手机及其持有用户进入定位区域时，室内精细化导航平台将室内物联网定位、轨迹跟踪、多传感器数据融合算法引擎进行结合，能够为白云站内提供精细化的地图导览服务，并通过短信或者小程序为旅客提供高精度、高可用的三维定位导航服务。

基于蓝牙定位传感网络建成一套高精度、高可用的智慧位置服务导航系统，该系统具有精细化的地图导览系统，方便用户了解广州白云站内部区域结构和服务点方位；配备高可用的导航系统，可实现实时导航、寻找服务、寻找位置以及寻找站台入口的功能；具备高精度的定位系统，能帮助人们快速定位自己当前的所在位置，实现实时定位、共享位置寻人的功能。另外，白云站导航后台管理系统，可对站内导航信息和导航数据进行分析展示，方便白云站的运营管理，提高员工工作的效率。无线定位精细化室内导航如图6-3所示，其总体结构架如图6-4所示。

图6-3 无线定位精细化室内导航

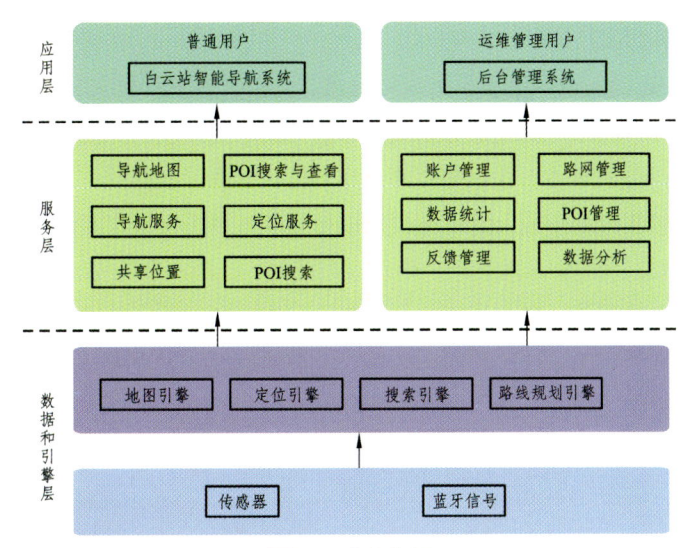

图6-4 总体构架

6.1.2.1 最优路径规划

无线定位精细化室内导航提供室内高清地图、用户位置标定、实时导航、兴趣点搜索等室内位置服务的必备功能。在此基础上，增加智能语音交互、最优路线推荐、智能动态导航、便捷分类推荐等优化，可以满足白云站内的定位导航需求。

用户在启用导航系统后，可以选择或查找需要前往的服务台、出入口、洗手间、电梯等目的地，并可以按自身需要选择乘坐电梯还是使用楼梯前往，系统会自动以用户所在位置为起点，规划最合理的路线，即最优路径。路径规划方案展示如图6-5所示。

图6-5 路径规划方案展示

6.1.2.2 智能实时导航

智能实时导航（图6-6）使用第三人称视角，全程提供语音和文字提示（如前方转弯、剩余距离、剩余时间等），用户偏离导航路线一定距离后，系统自动重新规划路径。

在用户使用导航过程中，系统根据用户实时位置计算导航路线、距离等。用户开始导航后，系统支持以用户视角或上北下南视角进行导航，并进行语音提示播报。若用户偏离了原定的导航路线，系统会自动为用户重新规划路线，让用户全程安心使用。导航过程中，使用导航辅助指向光圈指引用户按正确导航路线行走。导航前端系统还可以自动检测用户的定位，向用户展示以用户位置为中心的所在楼层的地图，用户可以选择查看不同楼层的地图，也可以对地图进行放大缩小等操作，以查看白云站内地图信息。

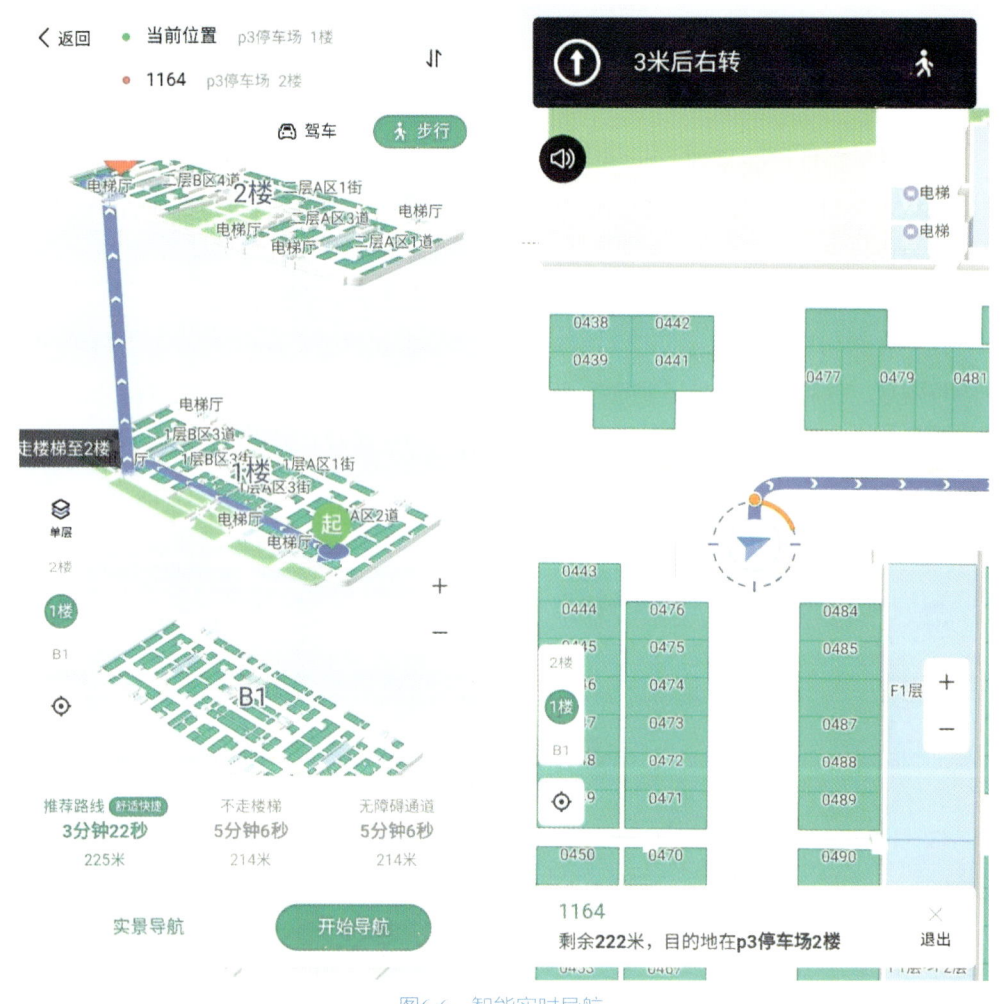

图6-6　智能实时导航

6.1.2.3 AR 实景导航

通过调用手机摄像头拍摄的道路实景视频与实时导航视图同时在屏幕上展示，并在实景视频视图上叠加前进方向箭头，方便用户从当前实际环境中找到正确的导航路径和前进方向。图像清晰易懂，系统不卡顿、不闪退。系统可在 Android 和 IOS 操作系统微信小程序上实现 AR 实景导航（图 6-7）。

图6-7 AR实景导航

6.1.2.4 全景辅助导航

无线定位精细化室内导航系统在地图的关键位置或交叉路口放置 720°全景照片（图 6-8），用户可点击全景功能按钮查看地图上所有的全景图，或者导航至全景点附近的时候，小程序弹出该位置点的全景图，全景图内叠加前进方向箭头。

用户用手指拖动全景图、或调整手机朝向，即可从不同角度浏览全景图。

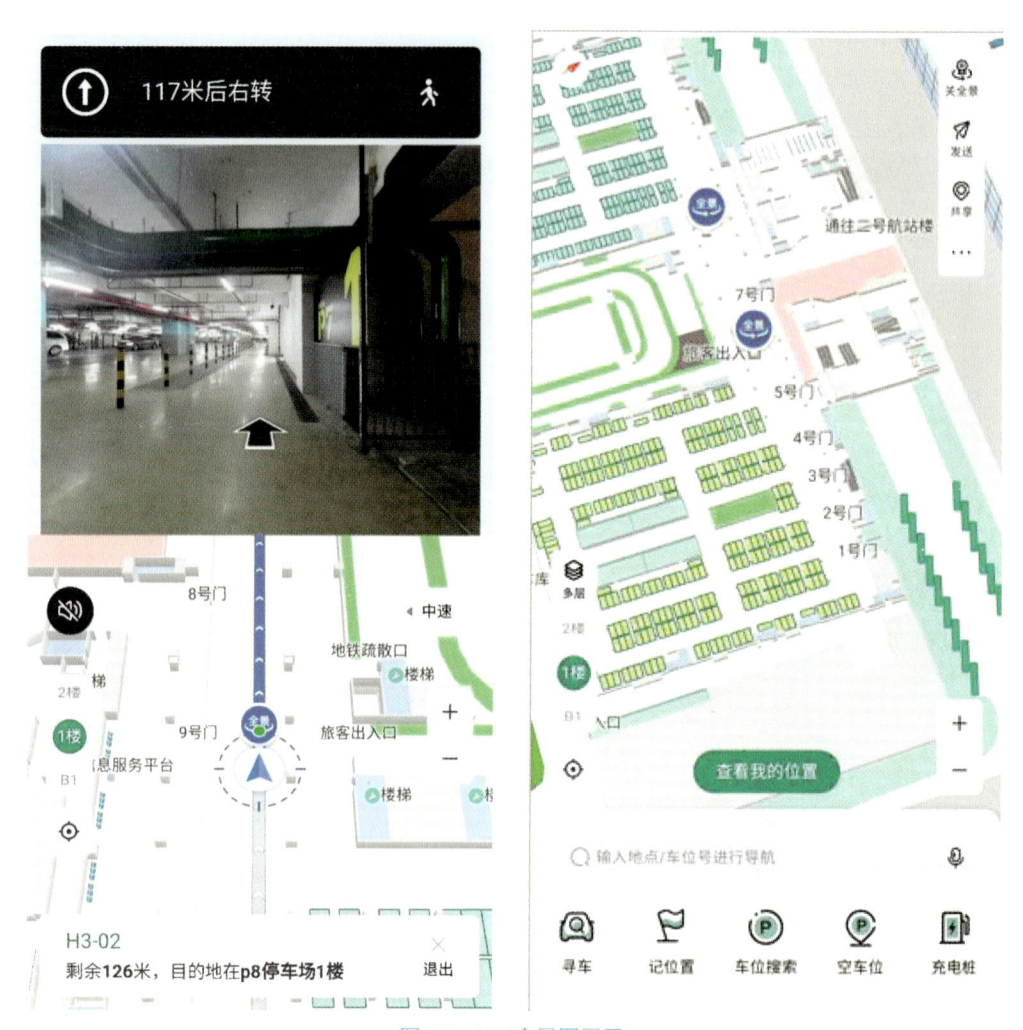

图6-8　720°全景图展示

6.1.2.5　位置共享

用户邀请好友可共享各自当前的位置，并且可以查看对方的实时位置，点击对方的头像即可生成导航路线。导航路线随着当前位置变动而实时更新，方便用户和好友在站内快速找到对方，如图 6-9 所示。

图6-9　室内位置共享、导航找朋友

6.1.2.6　访客引导

以导航小程序中的位置分享功能引导访客（图 6-10）。该功能通常是为单个或者微信群中的访客引导。使用时，可先打开导航小程序，点"发送"按钮，选择转发，然后在微信中发送给指定好友，可加文字描述，点"发送"后，会将文字及指定目的地的导航入口一并发给好友。当好友到达入口时，点击分享的导航小程序，就可以发起指定目的地的导航服务。

6.1.2.7　位置打卡

用户第一次点击打卡按钮时，记录当前所在的位置；用户第二次点击打卡按钮时，系统提示用户记录新的当前位置或者导航到之前已记录的位置。

位置打卡（图 6-11）可用于记录停车位置，帮助用户后续进行反向寻车，或者用于记录其他位置点。

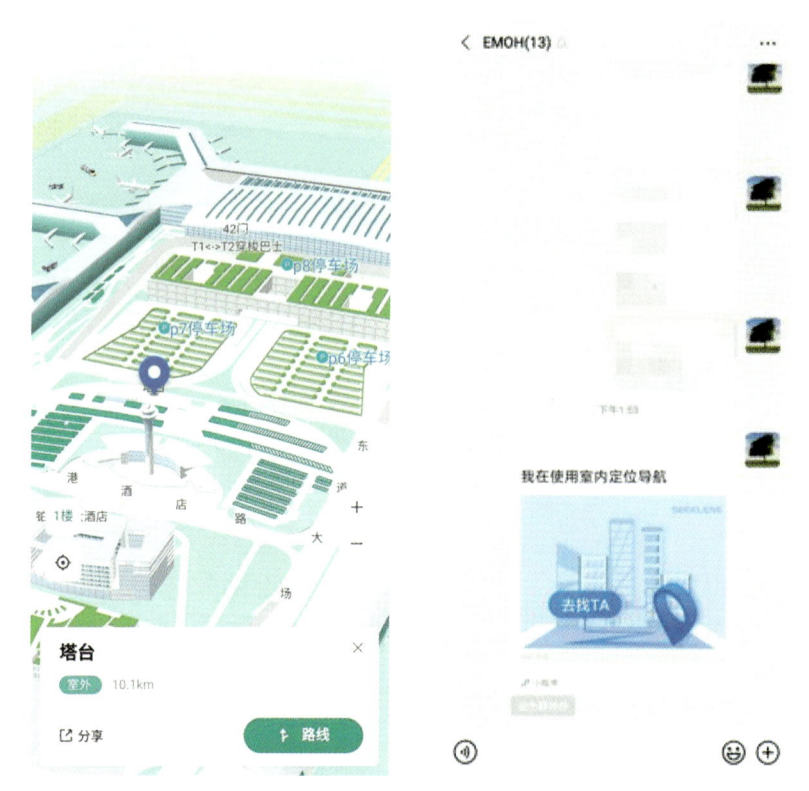

图6-10 位置分享引导操作流程

图6-11 位置打卡

6.1.2.8　来站导航

用户从家里前往交通枢纽时，系统可提供交通枢纽周边的公交和停车场信息，并调用第三方导航工具帮助用户前往白云站（图6-12）。当用户到达室内导航覆盖范围内即可继续通过白云站导航小程序进行导航。

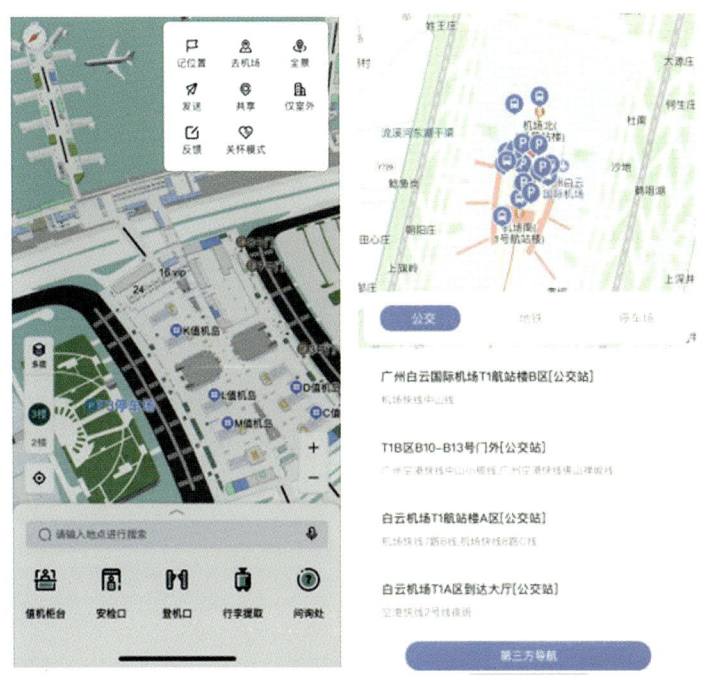

图6-12　来站导航

6.1.2.9　模拟导航

当用户不在白云站定位范围内或者定位初始化失败时，用户可选择起点和终点，发起模拟导航（图6-13）。系统播放用户在现场进行实时导航的情景模拟演示动画，让用户提前了解导航路线以及建筑内部环境。

6.1.2.10　室内驾车导航及车主服务

基于室内步行导航，通过与停车业务系统对接，实现步行、驾车一体的综合性导航（图6-14）。室内驾车导航提供速度在 15 km/h 下的精准驾车导航服务，导航精度在 3 m 以内，支持与步行模式双向切换。导航的过程中支持语音、文字等多种形式的提醒。驾车导航行进的过程中，当用户偏移当前路线或者方向时，可通过语音提醒用户纠正路线。当偏航超过一定距离后将重新规划路线，在 2 s 内完成重新规划路线，并即时提醒用户新的路线。

绿色低碳　数智赋能　——现代化铁路枢纽广州白云站建设实践与探索

图6-13　模拟导航

图6-14　选择驾车状态、发起驾车导航

168

系统与停车场空位侦测系统对接，为车主提供空位引导，帮助车主轻松找到空车位。

灰色表示车位已被占用，其他颜色表示车位可用，同时提供空车位数统计。车主点击车位后可发起导航找到该车位（图 6-15）。

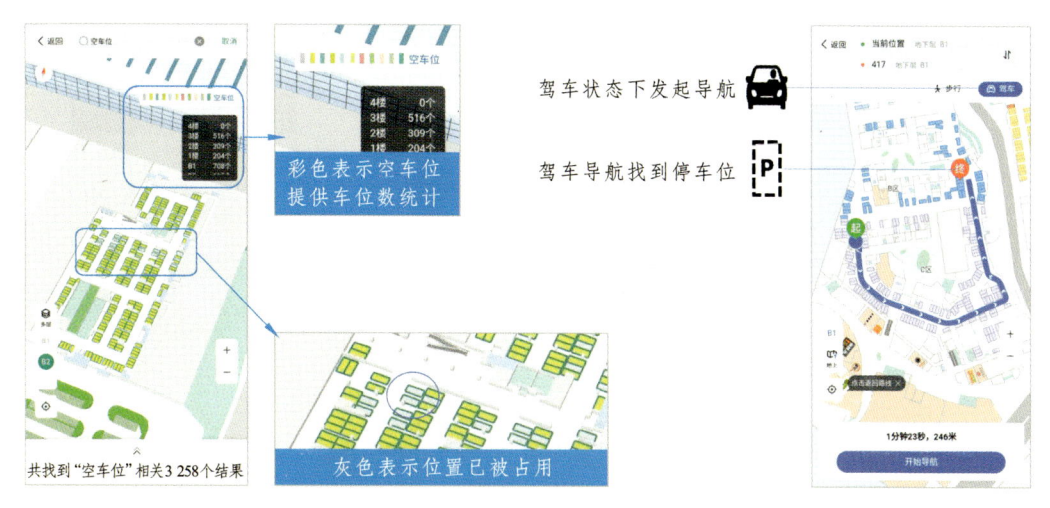

图6-15　查找空车位、发起导航找车位

系统可支持第三方停车系统或第三方停车缴费系统（图 6-16），支持通过车牌号（图 6-17）或车位号信息实时动态导航寻车、缴车费。车主无需再奔波于停车缴费处和车位、出口之间，可达到线上缴费、轻松离场的目的。

图6-16　使用第三方提供的车位预约/缴费等服务

169

图6-17　输入车牌号寻车

6.1.2.11　无障碍通道导航

针对特殊群体的使用需要，提供无障碍通道、无障碍换乘工具、无障碍车位等特殊指引服务（图6-18）。地图支持无障碍设施标注，并可设置无障碍专属路网，支持一键点选目的地并发起无障碍导航服务。

6.1.2.12　关怀模式

开启关怀模式（图6-19）能使文字更大、更清晰，色彩更强、更好认，按钮更大、更易用，保证用户看得见、看得懂，页面协调舒适，为老年人、视障群体等人群提供阅读便利。

图6-18　无障碍通道指引

图6-19 关怀模式

6.1.3 旅客服务智能化便捷终端

为让旅客出行更便捷、车站运行更流畅，白云站项目利用物联网、互联网＋、大数据平台和算法等多项前沿科学技术，探索智能消防、智能监控、智能卫生间、智能能源、智能停车、智能定位以及智能广告等多个平台化应用，打造了一个立体化、智能化信息系统，为车站的顺利运行和旅客的快速出行提供了重要保障。

与传统的车站相比，基于 BIM 技术、IOT 技术以及 AI 等技术的智能车站建设具有以下特点优势：① 提高消防、物防、技防水平，创新消防管理工作模式，有效应对消防工作挑战，实现消防管理无死角，确保车站消防安全。② 实现智能化卫生间管理，实时共享、显示采集到的卫生间使用信息，让乘客准确、快速找到空缺卫生间。③ 全面提高车站能源的利用率和智能化水平，构建智能车站节能系统数据采集、边缘计算、反向控制、数据分析、策略优化、策略下发和能源预测等功能。④ 实现三维的路径指引空间定位导航以及人员通过闸机时的一体化验证。⑤ 通过图像、语音等方式简洁明了地显示车站信息、社会公益信息以及广告宣传等。

6.1.3.1 无感票务

基于人脸识别技术，实现人脸识别无感通行（图 6-20）新体验。乘客只需要在白云站乘车码小程序或白云站 APP 上实名注册个人信息，并绑定支付方式即可在刷脸过闸设备实现无感通行（无需监测身份证等）。

图6-20 无感通行

闸机自动识别人脸（图 6-21），并通过与票务云数据联通，即时读取到人员的购票信息，实现进站验证。

图6-21 闸机自动识别人脸

6.1.3.2 智能客服

智能客服（图6-22）具有智能化的客服系统功能，乘客可以向客服机器人进行提问，了解白云站各方面的运营资讯，同时客服系统还支持站外导航，为乘客提供各类综合交通出行建议。客服系统后台设有人工客服功能，提供"一对一"的咨询互动，并根据乘客的需要解答疑问，远程指导乘客操作，帮助乘客快速掌握和进行各种车站服务。

图6-22 智能客服

通过收集、记录旅客咨询的问题，在后台进行完善补充，逐步实现机器人的智能化，优化后台客服对常见问题、简单问题的解答，提高服务品质。

6.1.3.3 智能安检

智能安检（图6-23）由实名注册APP、安检票务一体机、安检系统、集中判图平台等诸多车站安检设备设施结合互联网、大数据平台、人脸识别、图像识别等多种技术融合而成。

图6-23 智能安检

在身份检查环节，旅客一共需要经过"两道门"的核验，过去的人工证件检查岗已经换成了机器查验。第一道门的机器可以对旅客的车票（非必要）和身份证进行核验，第二道门则用来进行人脸拍照，实现身份比对。

安检行李传送带加长分区配备了一排摄像头及传感器。旅客的行李在传送带中受摄像头及传感器监测。该系统会在1 min之内完成安全识别和处置，实现旅客信息和行李信息的监测记录。

一旦发现问题行李需要开包复查时，复查岗工作人员面前的显示屏可以直接显示出问题行李的旅客姓名和照片。

6.1.3.4 智能照明

白云站照明分类较多，主要包括正常照明、应急照明、广告照明、导向照明和安全电压照明。除应急照明、安全电压照明外，其余照明全部采用智能照明（图6-24）控制，并对车站公共区照明系统设置全亮、高峰、低峰、清扫、停运5种运营模式。智能照明系统按运营人流高低峰时间段，自动切换照明的运营模式，可做到100%、80%、50%、30%、0%等5种照明亮度灵活控制，且每档照度均匀。

图6-24 智能照明

站内照明可根据不同时间、空间，调设车站照明场景，并在出入口、站厅走廊、站台座椅、自助服务区按使用功能自动调节灯光，让照明更人性化。例如售票大厅是乘客购买车票的场所，是进入轨道交通工程站台之前的必经之路。售票大厅内有不同窗口，能办理各个车站售票业务，因此售票大厅的人流量很大，对灯光控制的要求也很高，照度不均衡会直接影响乘客的心情。为了让乘客更好地购票,智能照明对售票大厅灯光控制方式可分为手动场景控制、定时控制等。

在出入口位置安装照度传感器,可以在中控软件上对出入口区域进行时间自动控制,并根据预设的亮度和室外光线强度,对灯具进行智能控制,既保障了基本照明,又不会造成能源浪费。

智能照明与普通照明相比,首要区别就是智能化,智能照明可通过软件自动控制,实现车站公共区照明自动开关,节省了人力;其次是能节省电能,照明用电在客站运营中占很大比重,采用智能照明控制以后,节电效果非常明显,响应了国家节能降耗的政策方针;除此之外就是延长了灯具的寿命,降低了客站运营成本。

6.1.3.5 站台异物检测

采用顶置式、收发一体式的激光雷达传感器,对站台危险区进行监测,监测站台异物(图6-25),降低夹人夹物事件发生的概率与风险,保障乘客上下车安全。

自动识别重点监控区域内人员的行为并进行预警,如站台两端过人或站台无车停靠时人员穿越白线。

图6-25 站台异物检测

并且基于该技术,结合现场监控摄像头(图6-26),自动识别邻近站台轨道上出现的异常物品并进行预警。

图6-26 现场监控摄像

6.1.3.6 智能化视频监控

铁路在我国的交通体系中占据重要地位，其旅客和货物运输量远远超过了其他运输方式。智能化视频监控系统（图6-27）是当前保证铁路不出现安全问题最重要的组成部分。这些监控系统在处理火车站事故和出现安全问题后恢复铁路运输正常秩序方面起到了十分关键的作用。

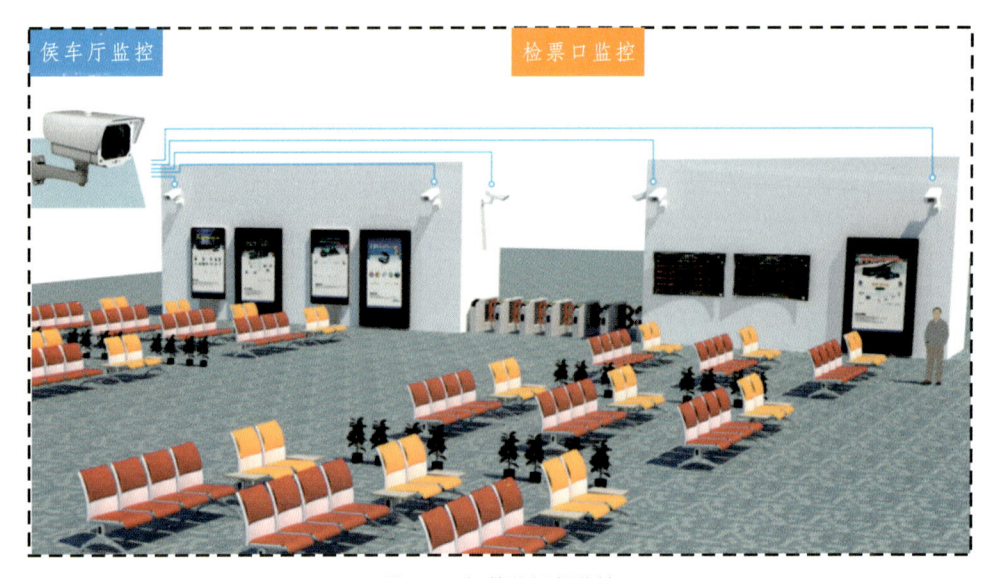

图6-27 智能化视频监控

白云站采用全高清数字视频系统（图6-28），通过智能视频分析技术，实现车站客流状况、特殊人员行为监控、外部人员入侵监测、关键区域异常行为监控及报警，并实现车站24 h智能巡站和AR全景监控功能。

图6-28　全高清数字视频系统

（1）前端信息采集摄像机主要的采集场景包括室内和室外两部分。室内环境包括乘客大厅及服务器管理间等。室外环境包括邻近客站的桥梁、岔路以及隧道等。前端摄像机带有热感红外功能，日夜不同的双滤光片交替使用，使得在低亮度和夜晚环境下也可以保证视频的质量。并且使用长距离变焦功能在旷野中可以对远距离的列车进行长距离高清晰度的拍摄，在需要时使用降噪技术对视频存储时的文件大小进行压缩，在保证一定码率的前提下，尽量减少占用的空间。

（2）在视频文件进行传输和保存时采用H.264及MPEG-4技术，在进行编码时对视频数据进行空间域到频域的转换，再通过量化和预测的形式对视频每一帧数据的内容对比，去除冗余信息。

（3）核心数据服务平台和客户端数据处理站是视频监控系统的整体组成部分，集成智能化视频监控到智能客站平台，从核心数据库中读取到服务器的核心数据，客户端处理站则配置用户信息和管理设备信息。每天24 h录像，录像文件保存15 d以上，重点是车站大厅与月台区域的监控和记录、车站停车场与端墙门的监控与记录、维持机电运作正常和保障乘客安全的巡检。

6.1.3.7 扶梯智能运维系统

扶梯设备存在维护保养难度大、维护保养不到位、维护保养费用高等问题，且部件出现故障频率高，大大影响其正常运行，尤其在公共场所，严重时甚至引发安全事故。扶梯智能运维系统（图6-29）可实现扶梯运行状态实时监测、故障实时报警，提供健康度诊断和维修维护建议。

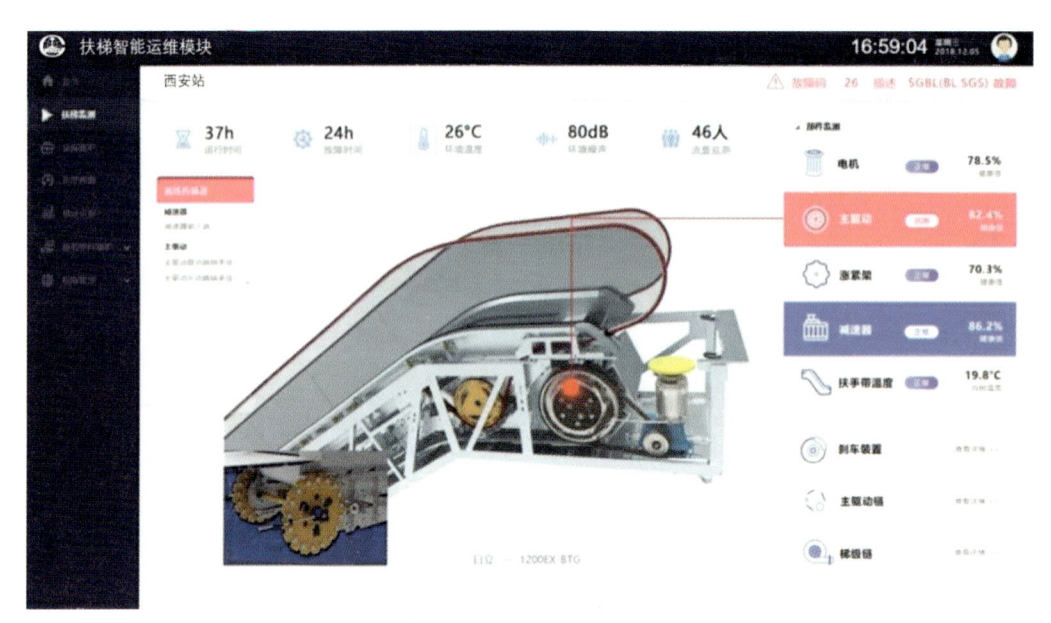

图6-29 扶梯智能运维系统

扶梯智能运维系统能够达到的检测范围覆盖扶梯内的关键设备（包括电机、减速器、主驱动、张紧架、扶手带、梯级链，刹车装置等），这些装置对扶梯的正常运行至关重要，否则随时会导致扶梯停机。通过大数据和AI技术，能够对这些设备进行智能感知、数据汇聚、统一处理、实时预警和诊断，推动扶梯维修模式从故障维修、计划维修向状态维修、预防维修转变，在提高扶梯运行效率的同时，也为乘客出行带来安全保障。

利用该模块系统在线实时检测、隐患预警分析、协同智能分析、大数据统计分析、智能维修指导、设备质量和健康度评价和运维智能管理等功能，客站工作人员即使不在现场，也能够实时监测扶梯运行状态、评估扶梯健康状况，对关键设备进行全生命周期管理、安全风险预测等，为扶梯健康运维提供技术保障，从而实现对扶梯安全的长效健康评估和优化提升。

6.1.3.8 智能消防管理系统

智能消防管理系统（图6-30）能够提升消防信息化管理水平，提升消防、物防、技防水平，创新消防管理工作模式，有效应对客站消防工作挑战，实现消防管理无死角，确保客站消防安全。

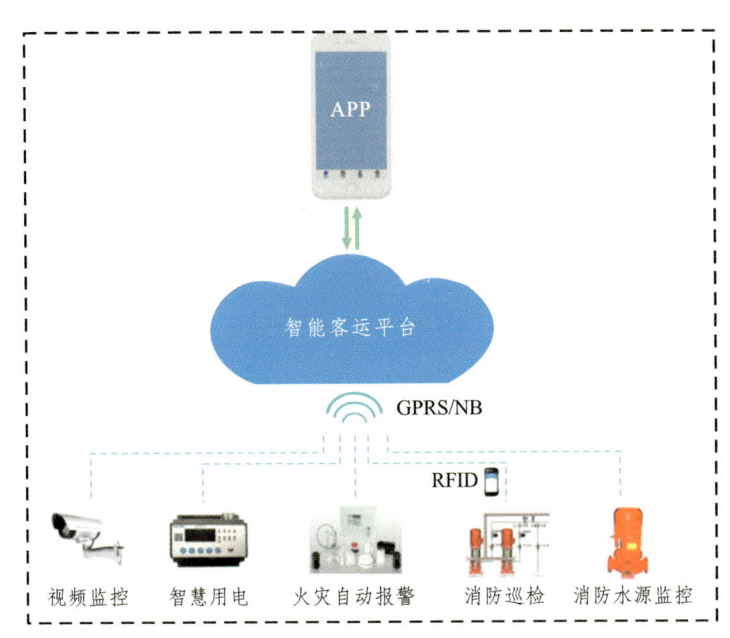

图6-30　智能消防管理系统

智能消防管理系统通过手机 APP 客户端每天向一线工作人员下达消防巡查任务，部署责任人员开展巡查、隐患整改、消防维保等工作，并盯控和提示任务完成情况，巡查人员用 APP 扫码自动记录巡查轨迹，了解检查要点、上传隐患情况、记录整改结果，实现任务自动下达、自动记录，隐患整改全过程自动化跟踪。

智能消防管理系统实现火情处置无差错。将火灾应急处置预案录入系统，登记灭火救援、引导疏散等应急处置人员通信方式，预设启动应急处置程序指令信息，将火灾报警系统报警后，系统自动调取相关区域监控视频确认火情，并通过一键发送功能将"火灾情况、发生地点、应急处置、工作分工"等指令信息发送到应急处置人员手机，启动应急预案，指挥应急救援。

火灾应急预案自动录入系统。火情发生时，自动调取相关区域监控视频画面，提供现场一手资料，经过火情研判后，可实现一键发送功能，将火灾现场情况、位置、处置方案等信息，分发至应急人员的手机上，其根据电子预案指令处置警情。应急人员在处置现场时，可以通过系统语音或视频等方式，实时反映现场情况，并请求指导。

系统自动收集并汇总消防安全管理、火灾隐患情况和物联网监控采集的消防设施状态等数据，建立信息数据库，进行大数据分析，及时分析消防管理、设备状态、隐患整改等情况，查找管理漏洞，为制定相应措施提供科学依据。

6.1.3.9 智能卫生间

智能卫生间（图6-31）是通过智能产品联动厕所的使用情况，并在卫生间外和智能车站系统中实时更新采集到的卫生间使用信息，让乘客能准确、快速找到空缺卫生间使用，避免"一厕难求"，浪费时间。

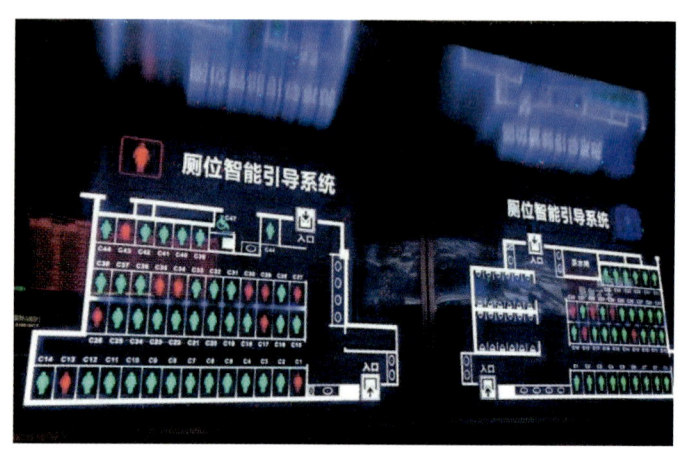

图6-31 智能卫生间

在智能卫生间的引导大屏上，红色代表有人使用，绿色代表无人使用。在卫生间内部，厕位上方也会有屏幕显示使用状态（图6-32）。一方面，旅客可以根据屏幕显示的信息合理安排时间，避免在厕所内长时间排队；另一方面，清洁人员可以根据显示的卫生间情况及时进行清洁。

图6-32 智能卫生间引导大屏

6.1.3.10 智能能源

车站采用智能物联网架构,将大数据、云计算、人工智能、机器学习、远程运维等技术应用到智能车站节能系统管理的实际中。全面提升能源的利用效率和智能化水平,构建智能车站节能系统数据采集、边缘计算、反向控制、数据分析、策略优化、策略下发和能源预测等功能,通过节能策略的执行和控制、大数据挖掘建模、专家团队远程分析指导,构建能源控制、管理、运维一体化平台。智能能源如图 6-33 所示。

图6-33 智能能源

数据通过物联网云自动传输至监测中心终端及服务器,自动记录并显示用电情况,超过功率上限时自动报警。根据监控记录数据,科学合理地组织、调整和优化用电配置,将软件与管理人员手机实时联动,以方便用电管理,减少用电安全隐患。

系统监测的参数包括：三相电的漏电、温度、电压、电流、视在功率、频率、功率因数、电量、故障电弧量、三相电压、电流平衡度、电流相位角、信号强度、传感器的短路、断路及电流互感器穿线方向的自检测。通过无线 GSM（全球移动通信系统）、有线 CAN（控制局域网络）总线数据传输,并且支持本地、远程参数查看与设置,数值显示,声、光报警,具有输出功能。

6.1.3.11 智能广告

车站内设置丰富多彩的高亮户外显示屏,动态显示车站到站信息和候车区人数,同时液晶屏可以播放多媒体视频广告或者城市公益宣传片,还可以简洁明了地用文字显示车次到站信息、当前时间、候车台温度、社会公益信息等。可通过语音的方式,同步播放车站到站提示或者多媒体广告音乐,同时创建灯箱画页广告,采用步进电机滚轴,可翻滚播放 3 ~ 5 页平面广告。智能广告如图 6-34 所示。

181

图6-34　智能广告

6.1.3.12　智能停车

在车站建设AGV（自动引导车）智能停车系统（图6-35），即将智能停车机器人作为车辆运输、停靠工具，是一种用于停车领域的汽车场内自动转运系统。

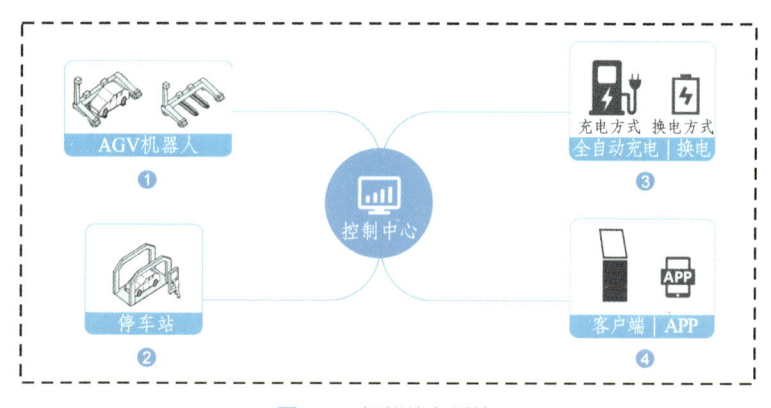

图6-35　智能停车系统

1. AGV停车类型

现有的AGV停车主要有三种形式：梳齿式、车抬板式、夹持轮胎式。具体类型如下：

（1）梳齿式：所谓梳齿就是拥有多个齿隙且像金属梳子的装置。梳齿式AGV的工作方式为：内梳齿固定，外梳齿设置在AGV上，搬运器可利用梳齿间隙，通过AGV上下升降移动实现梳齿的交叉换位，从而实现车辆的搬运交接。这种类型适用于现有经改造的或新建的平面停车库等，运行效率相对其他类型最高。但是伸出的梳齿需要支撑起整辆汽车的重量，对强度和刚度要求较高，制造工艺难度大。

（2）车抬板式：车抬式AGV是立体车库中应用较为广泛的一种汽车搬运方式。这种停车AGV工作方式为：汽车停放在车抬板上，AGV钻入车抬板底下举升，然后把汽车和车台板一同运载到指定停车位置上。汽车停放好后，AGV要去抬另一个车台板，以便停放下一辆汽车。这种类型需要每个停车位上都要有车抬板装置，且因牵涉到要取空车板或存空车板的情况，搬运效率较低，但是制造难度较小，安装方便，成本较低。

（3）夹轮胎式：夹持轮胎式停车AGV以德国的RAY（一种自动停车机器人）为代表，能直接钻入到车辆下面，利用夹持装置将车辆轮胎夹起，把汽车送到停车位上。与梳齿式相比，它有结构简单、安装方便快捷等优点，但速度相比梳齿式的慢。

2. AGV智能停车流程

（1）用户将车辆驶入机器人停车场某宽敞舒适的停车站后，拿上行李锁好车，带着钥匙轻松离开（图6-36）。

图6-36 驶入宽敞停车站

（2）确认车牌号码，用户输入预计取车时间或返程航班信息（图6-37）。如果未来行程计划有变，可直接通过手机进行更改。

图6-37 停车信息登记

（3）停车机器人收到系统指令，驶入停车站将汽车取出并停放到系统智能计算的指定车位（图6-38）。

图6-38　机器人停车入库

（4）用户在前往机器人停车场途中，直接通过手机进行取车预约，信息将通知机器人系统开始调度（图6-39）。

图6-39　手机预约取车

（5）用户在到达交接站时，车辆已停放好并面朝驶出方向，用户放好行李后，可轻松驾车驶离停车场（图6-40）。

图6-40　轻松取车离开

6.1.3.13 电子地标

在广州白云站的第 1 ~ 7, 18, 19 共 9 个站台面安装 LED 智能电子地标指示灯,方便乘客在站台准确获取列车车厢位置。

首先,站台地面的 LED 智能电子地标指示灯由地面显示单元、电源中继控制箱单元、控制操作(自动控制/手动操作)单元、站控系统(站台显示屏接入信号)组成,电子地标系统接入车站旅服应用,以获取列车到发信息(系统应满足旅服系统网络安全相关要求)。其次,站控系统从广州白云站站台显示屏控制信号输出给同一站台上的控制单元,控制单元解码出列车对应的地标颜色代码,输出对应的控制信号,并通过多芯线缆并联控制地面显示单元,再由配电房供电到各站台的电源中继单元,电源中继单元连接地面显示单元联网。电子地标技术架构如图 6-41 所示。

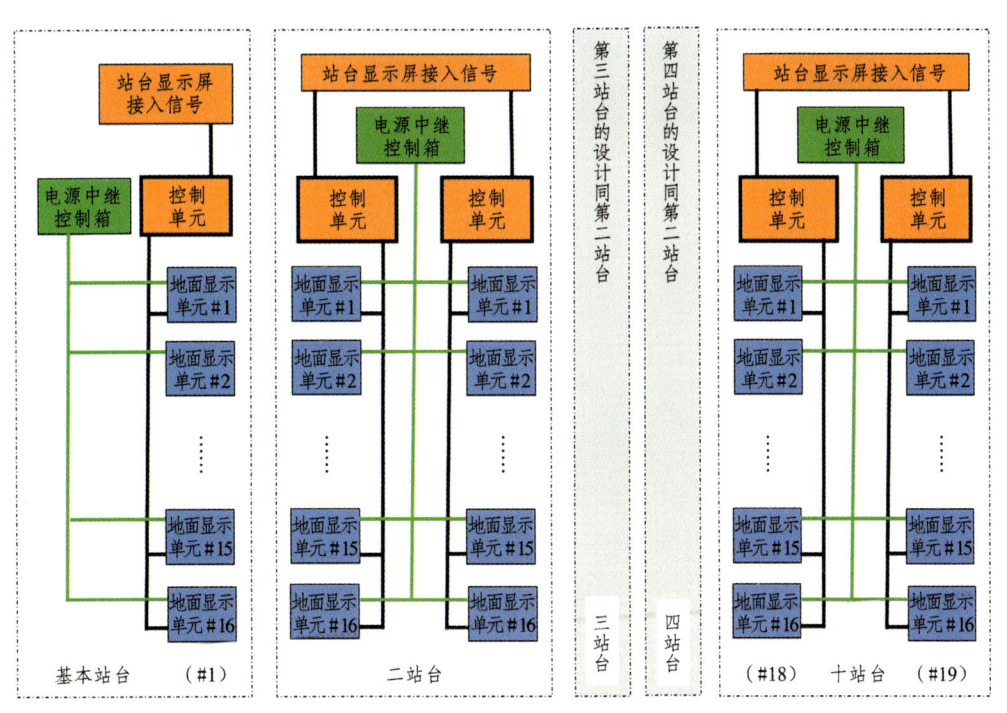

图6-41 电子地标技术架构

6.2 生产安全高效

6.2.1 旅客服务与生产管控平台

白云站旅客服务与生产管控平台(图 6-42)综合汇总站内基础信息、站内舒适度、列车到发数据、人员上岗信息、列车停靠情况、监控视频、客流统计预测、实时风险提示和设备状态 9 大模块于一屏，实现全站信息中心化、综合信息模块化、空间信息可视化、风险信息精细化，做车站指挥管理人员的"千里眼"和"顺风耳"，其总体架构如图 6-43 所示。

图6-42 旅客服务与生产管控平台

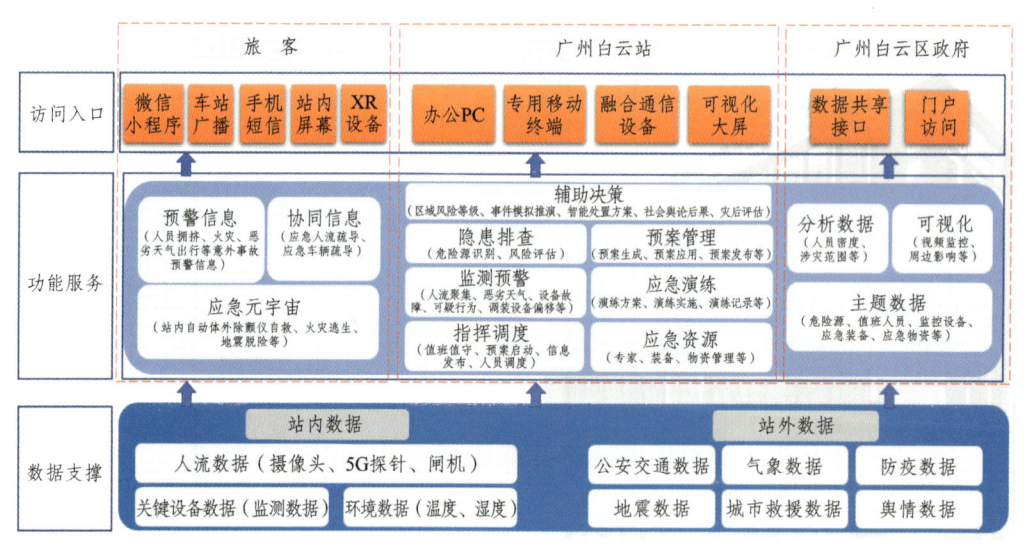

图6-43 总体架构

6.2.1.1 综合信息管理子系统

综合信息管理子系统是整套系统的总体门户系统，该系统通过数据通信接口与各交通方式进行数据通信，采集各种交通方式的实时视频图像，获取各种交通方式（机场、高铁、地铁、高架地面、出租、公交、长途客运、停车库）的信息，以文字、图、表的形式进行画面展示。同时，关键的信息也在易于操作的 GIS 的地图上直观展示，从而实现信息共享。此外，还可以通过该系统实现对其他子系统的调用与管理，具体功能包括：全体交通方式信息综合展示、各交通方式信息的分别展示、停车库信息展示、气象信息的展示、地理信息数据展示、信息共享与发布（含大屏）、显示区域及分布布局管理、信号源管理、显示信息切换管理、画面轮训预案管理、可视化信息管理。其中，综合可视化大屏如图 6-44 所示，智慧旅客管理系统如图 6-45 所示。

图6-44　综合可视化大屏

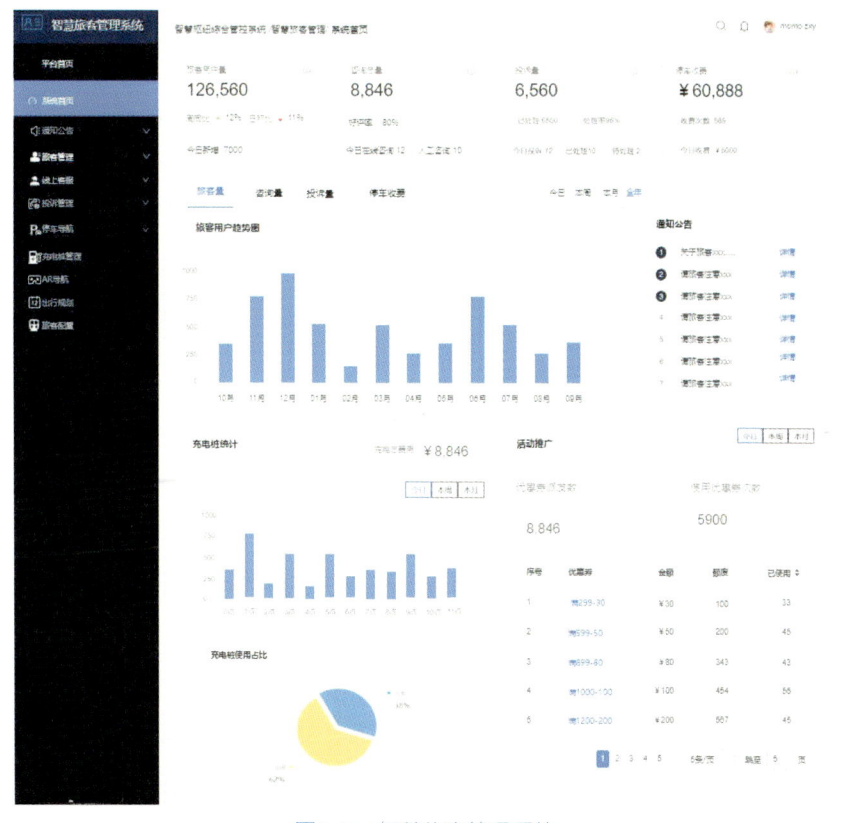

图6-45　智慧旅客管理系统

6.2.1.2 应急管理与指挥响应子系统

一体化综合应急指挥系统（图6-46）是汇聚、关联、融合了各类站内、站外数据，实现覆盖广州白云站枢纽人员、设备、环境的一体化指挥监控与管理，对各类应急事件实现隐患排查、风险识别、监测预警、指挥调度等功能，形成统一指挥、专常兼备、反应灵敏、上下联动的应急指挥体系。

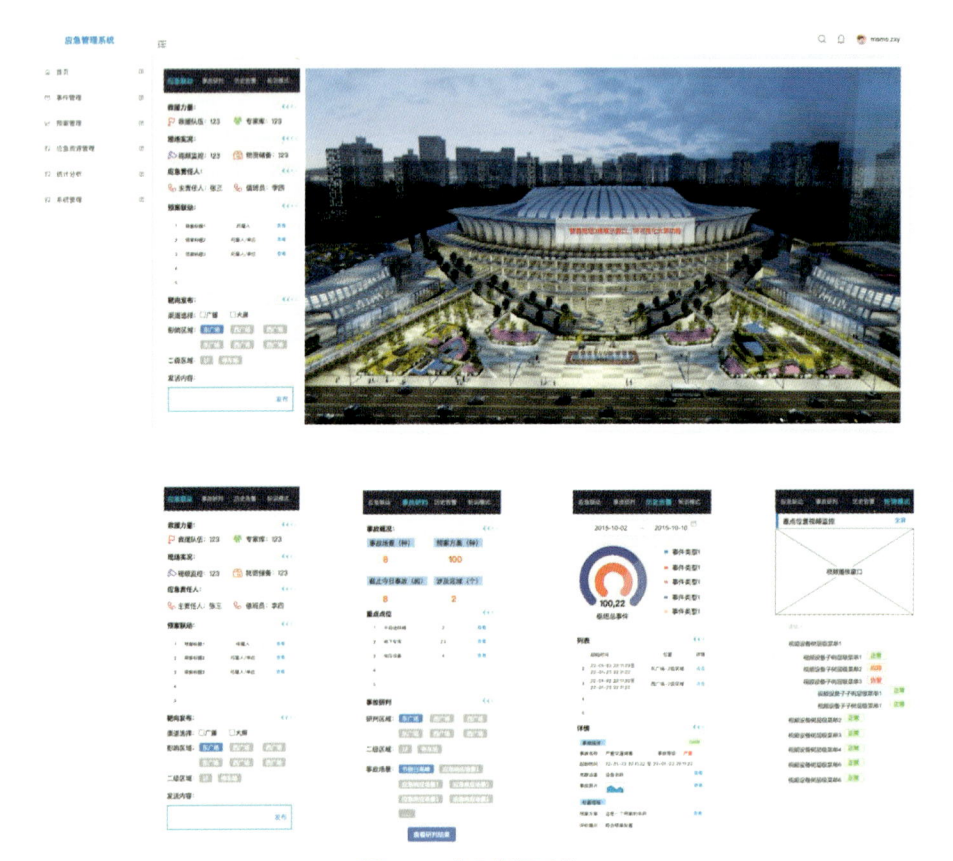

图6-46 应急指挥系统

1. 应急排班及值班管理

应急指挥系统对应急中心的值班、排班提供相关支撑，实现电子排班及值班管理，提供值班日志的移交、检索、跟踪管理。

2. 应急设施管理

应急指挥系统可实现对枢纽区域内的应急设施信息的管理，主要功能包括：针对应急设施资源信息库，提供数据采集、加工、导入、导出、查询、元数据管理等功能，并为应急指挥和决策提供应急设施方面的信息资源服务。

3. 应急资源调度管理

应急指挥系统能够利用GIS及三维技术将广州白云站全域内与建筑、设备模型结合，并将现场图像、声音、位置等具体信息集中在大屏幕中展示，使控制中心与现场保持看得见、听得着、传得出、控得着，为应急事件处置提供方便、直观的技术支撑。指挥决策者能够借助智慧大脑平台及时调度应急人员、应急资料、应急设施、应急物资，迅速处置紧急事件。

4. 应急演练管理

可以建立应急演练数据库，内置编制好的应急演练预案，包括应急流程应急人员、应急资料、应急设施、应急物资、应急事件发生时的人员疏散路线、管理人员负责区域、车辆（消防车、救护车等）进场路线等事项。同时导入各运营单位的演练脚本，对预案进行模拟演练，并提供修改和更新功能，对每次应急演练过程进行记录和评价，从而形成宝贵的知识与经验。

5. 应急处置管理

系统收到预警信息后，可参考应急处置与机电管理平台提供的各种辅助信息（如监控系统、辅助决策、预案系统、历史记录、应急人员和应急资源信息等）对报警事件做出初步处理方案，并通过联动融合通信系统派出应急人员、调配应急物资。应急指挥系统应能支持客流过大、消防设施损坏、突发安全事件等引起的应急事件的联动处置。通过对用户需求的充分理解消化和归纳整理，以应急指挥中心对突发事件的处置为核心，实现突发事件处置模式的全业务流程可视化。支持事件闭环管理，实现"事件影响—初步研判—决策态势—事件处置—事件回顾"的全流程可视化管理。围绕处理突发事件需要采取的行动、需要调动的资源、需要使用的信息、需要利用的工具等要素，在该模式下，将配合处置业务流程仅显示与该事件相关的数据，为调度人员减少其他数据的干扰。

提供更加简洁、清晰的指挥调度界面。围绕事件任务处置进度，以智能预案流程为依托，对事件任务处置节点以时间轴方式进行呈现，对事件状态、图层控制、资源调拨、周边视频调用、地图标绘、指挥调度等展开应用，便于快速控制事件发展态势，减小各类损失。

（1）事件影响。

地图可视化呈现事件发生的位置点位、基本信息（标题、类型、来源、归属、优先级、创建时间等）及详细内容描述，以时间线的方式直观呈现接报信息和处置信息。

（2）初步研判。

可视化呈现研判分析记录，系统自动关联与事件类型相关的各类人员，智能分析与事件处置相关的应急资源、应急设施，以及智能匹配事件相关的协同信息（例如交通、气象、客流等信息），研判事件的影响范围和可能造成的影响和危害。

（3）决策态势。

应急指挥系统可智能提取事件关键要素信息并关联呈现事件相关的应急预案，基于地图呈现应急预案类型、事件影响程度、预案处置流程等，实现预案可视化。结合响应级别启动应急预案，进行决策和态势分析，快速成立突发事件处置总指挥部和现场指挥部，并建立突发事件应急群组。

（4）事件处置。

对当前事件信息进行汇集分析，实现对事件相关应急资源及信息的（救援队伍、庇护场所、应急物资、交通数据、客流数据、气象数据等）查询和调用，通过创建任务快速向处置小组下发应急处置指令，迅速控制事件发展态势，将事件产生的后果降至最低。

（5）事件回顾。

针对所发生的事件，从经济、人员、物资、处置时效、改进措施等几个维度进行数据统计分析，形成统计分析图及评估结果。

6. 应急组织管理

提供应急机构、组织、岗位、人员、专家以及提供应急响应支持服务的其他第三方单位的关键信息的配置管理。

7. 应急信息发布

根据应急响应中心的需要，结合获取的各类数据，编制每日航班、火车车次、客流、安全事件、应急处置日报、月报、年报及各类专报。对各类报表数据进行整理与汇聚，以便应急响应中心管理人员及时掌握广州白云站枢纽的整体运行态势及应急事件处置与响应的状态。应急指挥系统支持利用广播系统、大屏系统、广州白云站APP等途径发布相关必要应急疏散信息。

6.2.1.3　数据管理与操作日志管理子系统

根据以往运行经验，白云站对系统的数据库系统做好规划与管理，能够区分在线、离线数据。运维人员、运维管理人员可以通过系统自动实现数据的归档备份、临时数据的清理等自动化数据库维护操作。建立专用管理员账户，可以查询自定义时间段内任何数据录入或修改的时间及操作账户，实现系统运行全记录，并且需要对所有系统关键操作进行日志记录，以便系统发生异常情况时，能够组建操作记录回溯历史操作记录。子系统主要功能为数据归档及日志配置与查询。

6.2.1.4　综合信息数据采集子系统

根据枢纽相关单位的最新运营管理情况，沟通确认最新的用于应急管理的数据和接口情况。广州白云站城市配套一体化平台可实现与高铁、公交、地铁等相关单位的交通、客流、气象数据等与应急管理相关的数据接口对接，减少中间通信环节的流程，提高数据传输采集效率和应急响应效率。枢纽综合应急指挥响应系统主要采集的数据如下。

1. 客流管理信息

（1）地铁信息。

到达枢纽地铁班次计划信息、枢纽内地铁车站信息、地铁班次动态信息、地铁小时段客流统计信息、地铁小时段班次统计信息。

（2）高铁信息。

高铁班次计划信息、高铁班次动态信息、高铁小时段客流统计信息、高铁小时段班次统计信息。

（3）公共区域信息。

公共区域包括：机场出入口、机场候机厅、地铁站台、地铁出入口、高铁候车厅、高铁出入口。收集公共区域的消防报警信息（图6-47）、客流信息（图6-48）和设备状态信息等。

图6-47　火灾报警

图6-48　智慧车站客流监测及预警

2. 气象系统信息

广州市及周边城市今明（定时）天气预报（站点名、预报内容、预报对应的日期、预报更新时间）；国内外主要城市今明天气预报（站点名、预报内容、预报对应的日期、预报更新时间）；广州市短时（3小时）预报（站点名、预报内容、预报对应的日期、预报更新时间）；广州市当前天气实况（时间、站点编号、能见度、2分钟平均风向、2分钟平均风速、1小时雨量、温度、湿度、气压）；广州市灾害性天气预警信号，如台风、暴雨、大雾等预警信号（预警地区站号、预警类型编码、预警类型说明、预警对应的防御指引、预警发布时间、预警解除时间、预警说明）。

6.2.2 旅客行为视觉阵列系统

视觉阵列系统（图6-49）提供视频接入、解析、汇聚、管理及算法场景服务，主要包括阵列视觉支撑服务、阵列计算视觉应用功能及算法场景组成。对19个镜头进行视频融合拼接，提供一整幅1.5亿像素的视频图像，并消除拼接过程中不同镜头之间的视差、色差。提供行人流量统计、人群特殊行为分析、区域禁入分析、人员轨迹等其他算法能力，对视频资源进行提炼解析，完成视频数据融合拼接。同时，可进一步根据算法解析结果进行多维的统计分析，为监测、预计提供依据。车站视频监控如图6-50所示。

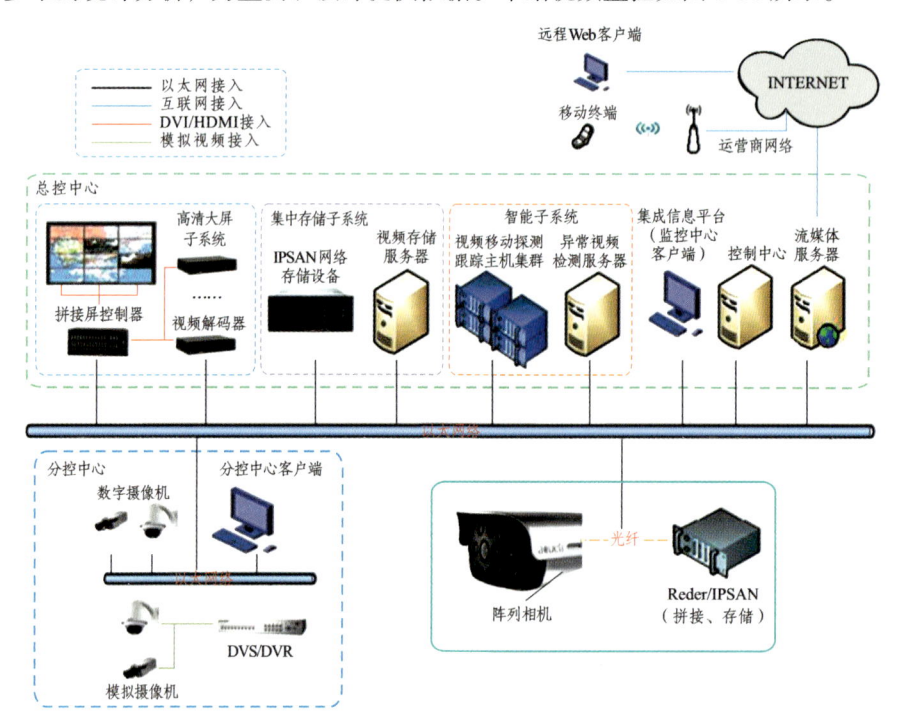

图6-49 视觉阵列系统

图6-50 视频监控

6.2.3 物联网设备可视化平台

物联网平台（图6-51）基于流式处理、分布式、微服务架构的设计思想，采用插件化的开发方式，实现海量物联网设备的信息管理、数据接入、数据处理、设备影子、规则引擎等功能，使用物理模型屏蔽设备之间的差异，为上层应用提供通用设备访问和控制等能力。建设覆盖全站的物联网汇聚平台，实现全域无缝覆盖。建立设备1∶1实际二维图，重点区域三维建模，数字孪生可视化监控。

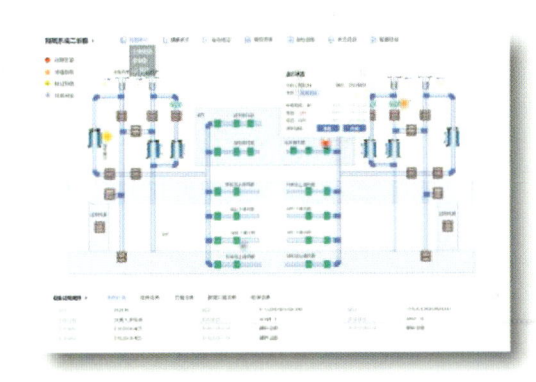

图6-51 物联网平台

6.2.4 车站智能感知与视频分析应用

白云站在整个施工和运营期间为贯彻安全与科技理念，提高建筑的舒适度与安全性，对白云站进行施工阶段和运营阶段的监测。对白云站站房的受力、变形、振动以及环境进行长期实时监测，综合利用多项结构性能指标，对结构的安全性与功能性进行实时的评价与预警；对荷载的长期效益以及结构的老化、病变进行定期的综合性诊断；建立结构的健康档案，为建筑的日常运行与维护提供可靠依据；通过监控中心实时再现结构当前的受力状态，向管理者提供相关信息。

在铁路客运站运营环境监控开展智能感知及智能决策技术的应用研究，采用智能感知关键技术实现铁路客运站运营环境信息的自动采集，应用人工智能跨媒体智能处理技术实现高质量数据融合、处理和分析，并基于智能决策技术实现运营环境的自动调节。以保障旅客"平安、便捷、畅通、温馨、有序"出行为目标，搭建车站智能感知物联网，建立车站智联网，实现车站内人数、旅客异常行为的实时在线监测。全息感知及管控系统如图 6-52 所示。

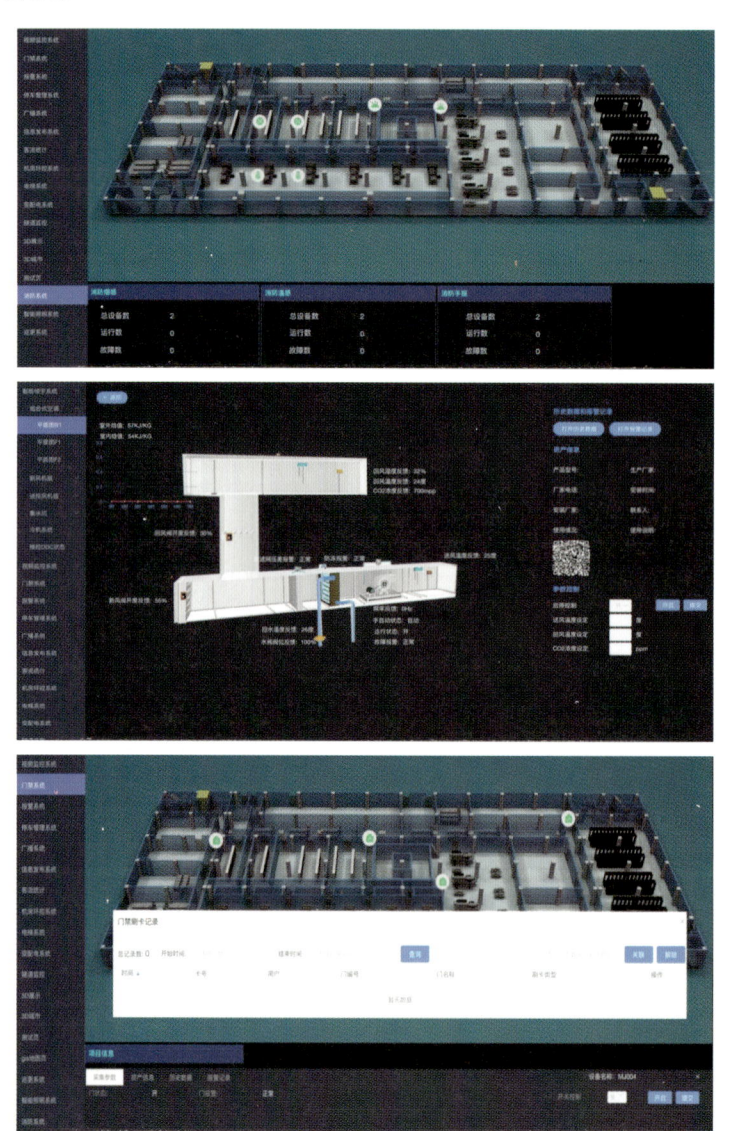

图6-52 全息感知及管控系统

6.2.5 铁路客运设备管理应用

6.2.5.1 上水安全卡控

客站现有上水设备通常没有安装在线监控，需要安排专人进行值守，其作业、统计和报表的自动化程度较低，难以进行集成化的集中管理，同时给上水设备管理与维护带来了挑战。

动车组驻站时间短，留给作业工作人员的作业时间也相当有限，如何在极短的时间内，既保证作业流程正常有序完成，又保证作业过程中人员及设备的安全，成为亟需解决的问题。为解决这个问题，构建了上水安全卡控管理系统。其能够远程实时监控车站生产作业现场的客车上水栓设备、列车卸污设备的设备运行情况，以及生产作业过程状态，以防止类似列车拖拽橡胶软管等情况发生，避免引发重大行车安全事故。通过"互联网+"技术革新方式，建立数字化的设备运营体系，全方位把控设备作业流程，能够有效杜绝作业过程中有违安全的操作因素。

上水安全卡控主要由上水控制机、股道管理机、上水信息监控系统等部分组成。

每个上水节点各安装一台上水控制机，每条股道两侧及中间共安装1~4台股道管理机，在每个站台两边电梯口各安装一台显示屏，车站综控室机房安装一台上水信息监控主机，泵房值班室可同步监控上水作业信息。

上水安全卡控管理系统总体结构按功能可以划分为以下两个子系统：

（1）股道控制子系统：负责实时采集、分析上水作业状态、流量、压力数据，根据安全策略进行预警，并将相关数据上传到综控室监控子系统。

（2）综控室监控子系统：负责用户交互、上水作业管理和上水作业数据统计分析等。

上水安全卡控管理系统总体结构如图6-53所示。

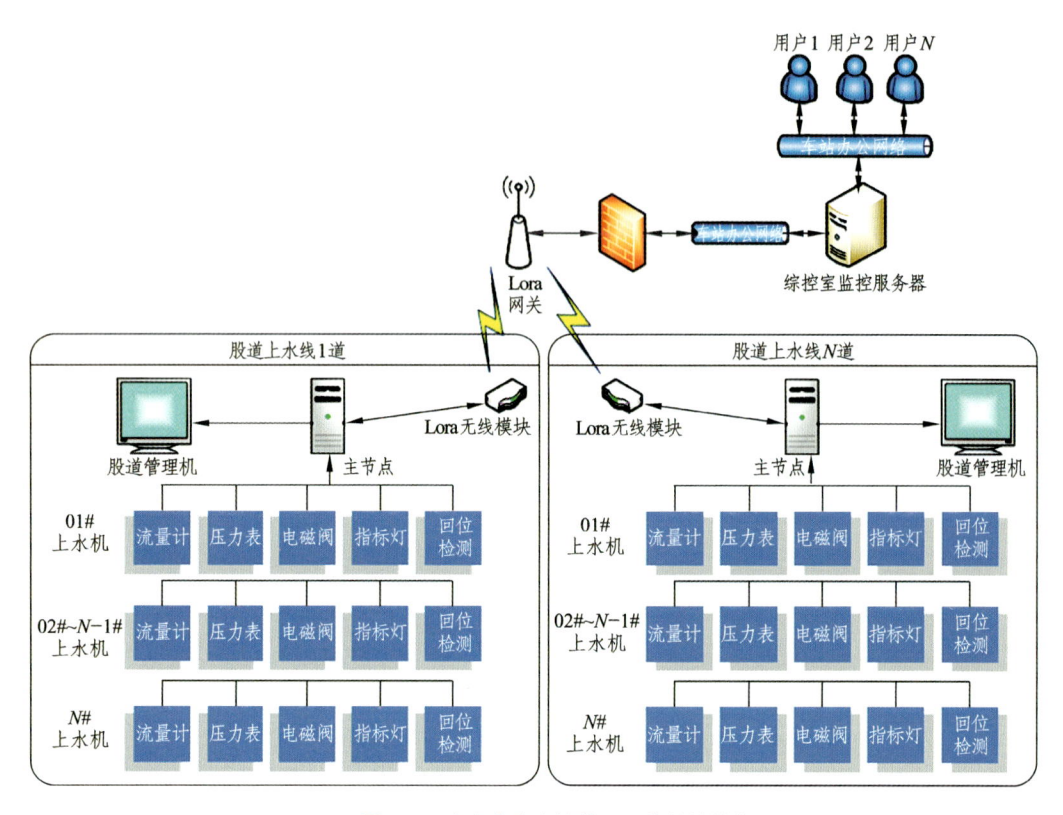

图6-53　上水安全卡控管理系统总体结构

1. 股道控制子系统

上水控制机是每条上水线实现上水功能的基础设备，并用于各上水节点的数据采集和信号控制。股道控制子系统的结构如图6-54所示。

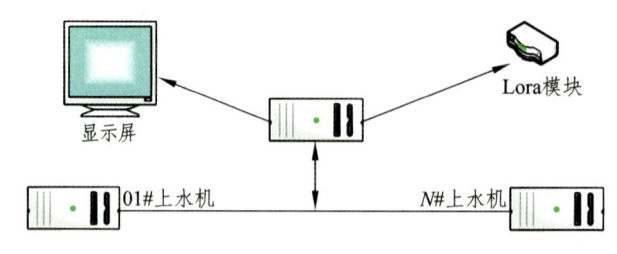

图6-54　股道控制子系统结构

2. 综控室监控子系统

上水及安全监控系统（图6-55）通过客车单排上水自动控制单元、信息采集单元与相关配套软件，能够对所有的上水作业过程进行集中管理与控制，实时监控每台上水控制机的作业及设备运行情况，记录与显示每台上水控制机及该条上水线内所有上水控制机的实时上水作业状态。

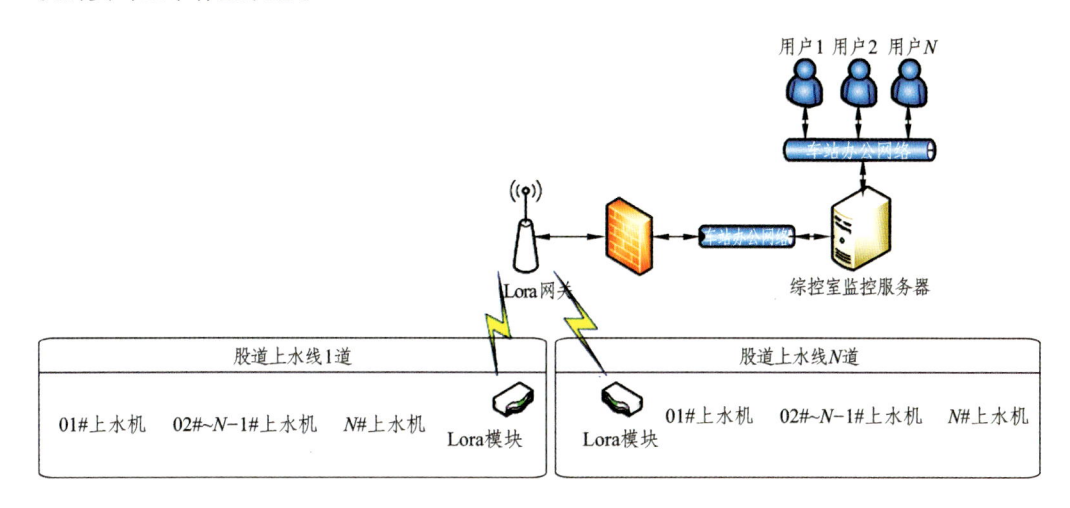

图6-55 综控室监控子系统结构

6.2.5.2 智能视频分析

智能视频分析系统以车站客运安全监控与管理的需求为引导，建立融合边缘计算、智联网、人工智能等技术的多维信息感知体系，实现安全状态的主动感知、危险事件的主动发现、安全态势的智能分析评价与决策，研发统一的客运智能视频监控平台，为相关业务提供视频、图像等数据的高效接入、稳定存储、有效管理共享等服务。该系统的总体架构如图6-56所示。

传统视频监控系统前端摄像头内置计算能力较低，而神经网络芯片等的快速发展为我们提供了新的解决路径。因此，本系统充分利用基于边缘计算的视频图像预处理技术，提出了"云+端"的智能视频监控技术。该系统存在两方面的优势：① 对视频图像进行预处理，去除图像冗余信息。② 计算前移可降低整个系统对云计算平台的计算、存储和网络带宽需求，避免复杂网络条件下的高频、碎片计算和传输带来的延时、拥塞等问题，提高视频分析的速度。

融合边缘计算的多维信息感知体系得到的报警信息，可通过专网、无线网络等传输方式传输到后台进行展示和存储，在后端构建基于结构化视频描述的跨域协同视频Hadoop（一个由Apache基金会所开发的分布式系统基础架构）平台。并以此为基础，构建基于行为感知的视频监控数据弹性存储机制，其可以根据行为特征决策功能实时调整视频数据分析存储机制，既减少无效视频的存储，降低存储空间，又最大化存储"事中"证据类视频数据，增强证据信息的可信性，提高视频数据的存储空间利用率。

通过车站智能视频分析系统可以实现客运站自建视频资源、铁路综合视频网、移动设备采集视频资源的整合，实现客运站局域网内视频监控资源统一接入和共享。同时为实现数据互联互通和信息共享，车站智能视频监控系统将视频应用的各种处理过程分解为若干标准接口部件，针对上层应用输出统一接口，实现针对服务的接口标准化。

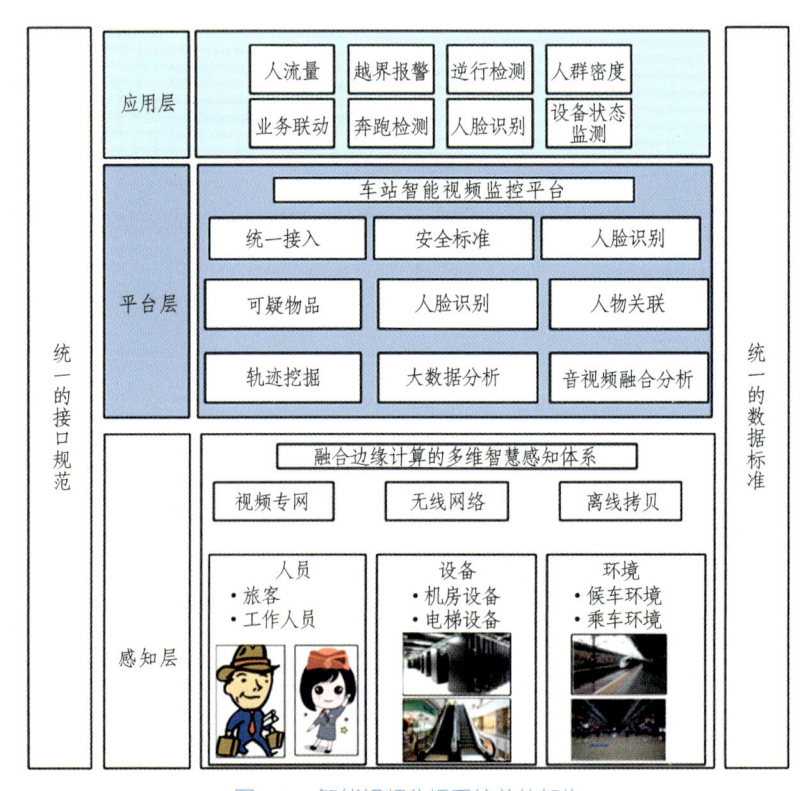

图6-56 智能视频分析系统总体架构

智能视频分析系统主要基于大数据、智能视频分析等技术，可实现视频监控管理、视频发布联动、智能视频分析等功能。车站智能视频分析系统逻辑架构如图6-57所示。

基于Hadoop的分析和存储平台提供分布式计算和分布式存储服务，流媒体服务器及接口为综合视频平台和智能分析算法提供对外接口，是整个系统处理海量视频数据的核心。视频分发和展示平台主要由转发接入、后台处理以及展示构成，可实现视频管理、实时预览、录像回放、本地配置等功能，满足车站全方位实时监控分析车站的需求。

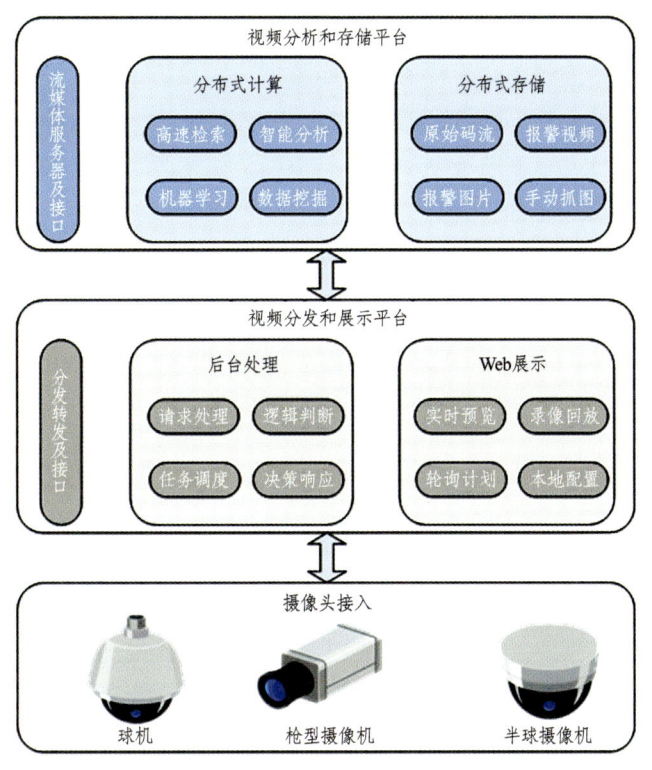

图6-57　智能视频分析系统逻辑架构

基于Hadoop的流媒体平台基于MR（MapReduce，映射-化简）编程框架，其核心包括三部分：分布式存储（HDFS）、分布式计算框架（如MapReduce）、流媒体服务及接口。基于Hadoop的分析和存储平台，其后台存储采用分布式文件系统，分布式文件系统具有高容错、高可用、高吞吐量等数据访问特点。分布式计算框架可接入各种视频分析算法、数据挖掘算法以及机器学习算法等，在海量的视频文件中进行训练和数据挖掘，并将结果保存和输出。分布式存储和分布式计算框架共同组成Hadoop分布式系统体系结构的核心。HDFS在集群上实现了分布式文件系统，MapReduce在集群上实现了分布式计算和任务处理。HDFS在MapReduce任务处理过程中提供了文件操作和存储等支持，MapReduce在HDFS的基础上实现了任务的分发、跟踪、执行等工作，并收集结果，二者相互作用，完成分布式集群的主要任务。

6.2.5.3　站台入侵警报

站台入侵警报系统利用激光雷达、微波雷达探测技术和RFID（射频识别）技术、激光测距技术、红外对射技术等，对站台端部、站台白线进行全方位的防入侵警报。警情发生时，系统联动控制LED和语音广播，对站台端部的穿越者和跨越白线的旅客进行声光和语音警报，并结合设备上的摄像头，将现场入侵信息以图片或视频的方式，通过有线网络实时传输到车站指挥中心的屏幕上，实现防范人员入侵站台两端指定区域，避免安全事故的发生。系统还具备 RFID 技术和智能化主动布防功能，可以实现对站台两端出入人员或车辆进行主动监测与识别，使正常工作人员能够自由通过不进行报警。

站台入侵警报系统主要由站台端部报警装置和操控终端组成，该系统通过安全生产网与生产管控平台相连，作为管控平台的一个子系统。生产管控平台可通过平台的管理软件或智能作业终端监控各个报警设备的监控现状，并向设备下发指令。站台端部入侵报警系统网络架构及布防示意如图 6-58、图 6-59 所示。

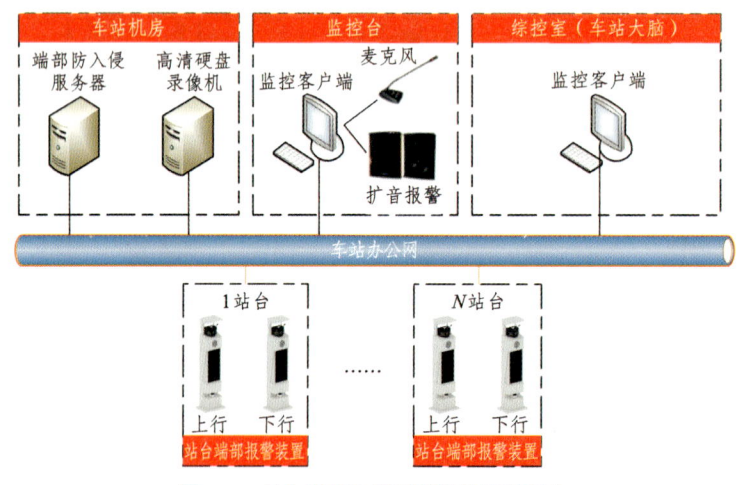

图6-58　站台端部入侵报警系统网络架构

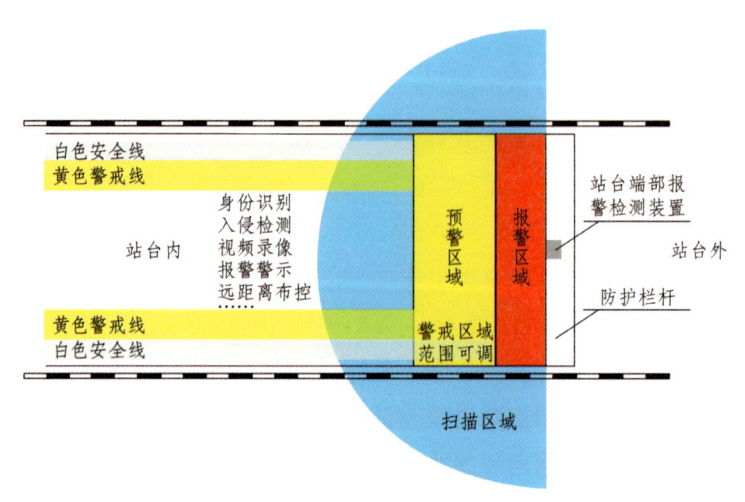

图6-59　站台入侵警报布防示意

6.2.5.4 客户端提示报警系统

当值人员可通过客户端远程查看设备中三台监控摄像头的实时预览，发生侵入事件时，程序弹出窗口并语音提醒工作人员。弹出窗口应展示侵入事件发生区域位置、实时监控、图像抓拍及视频抓拍信息，相应录像可以回放查看。弹出窗口具备快捷喊话功能，通过话筒在上报侵入事件的端部报警装置上喊话，警告并驱离侵入人员。事件弹窗应提供事件处理人、事件类型、事件处理时间及事件处理结果等信息记录项。工作人员对侵入事件进行确认时需填写项目记录。客户端提示报警系统包括如下功能：

（1）警情事件记录与管理功能。

（2）支持对未确认处理的报警事件进行确认处理。

（3）支持查询所属车站报警事件历史记录。

（4）支持调取报警事件发生时的抓拍图片和视频录像。

（5）支持根据站台点位、报警事件类型、报警事件时间及报警事件处理结果等条件筛选查询报警事件。

（6）支持对单位时间（月度、季度及年）内按事件类型、处理状态等条件对报警事件进行数据统计及分析。

（7）可根据时间、报警类型、站台、处理状态等信息对报警信息进行查询或导出 Excel 进行数据分析。

（8）支持站台端部报警装置监控实时查看。

（9）支持按站台点位及时间检索视频监控录像及监控录像下载。

（10）前端设备前方和后方配有高清监控摄像头，在警情发生时系统可对报警位置进行全方位的视频记录。视频存储于硬盘录像机中，存储时间不低于 30 d。

（11）系统管理功能。

（12）身份认证信息管理及查询。

（13）站台端部报警装置布防及撤防时间自定义。

（14）预警及报警区域自定义。

（15）在功能中添加射频卡卡号，对持有这些卡的人员不会进行报警。

（16）身份识别感应距离调整。

（17）站台端部报警装置警告文本内容自定义。

（18）站台端部报警装置报警语音播放次数调整。

（19）前端软件报警事件声音播放次数调整。

（20）用户管理（每个用户可修改自己的用户密码）。

（21）用户组权限管理（对用户进行创建、移除、初始化密码等功能）。

（22）设备状态查询功能。

（23）实时查询各个前端设备的状态，即是否布防或撤防、调取前端摄像头画面等，还可查询历史报警事件及系统故障事件。

（24）与生产管控平台联动功能。

该系统可作为生产管控平台的一个子系统运行，与管控平台进行信息交互，并受管控平台的控制。

6.3 运营节能环保

6.3.1 智能运维管控系统

白云站站房作为大型交通枢纽建筑设施，在实际运营过程中将面临大量能源消耗带来的运营成本，采用智能监测技术可对设施内大量分散的用能设备进行实时管控，有利于降低能耗、节约资源。

在站房内设置设备运用监控应用系统，实现设备动静态履历的信息化管理、设备的全生命周期管理、设备运行状态监测、设备智能控制、能源管理等，通过管控平台与BAS（宽带接入服务器）系统平台互联（图6-60），实现机电设备数据的采集、分析和管理。

在现有铁路配电自动化系统的基础上，利用现行技术成熟的多种电力设备监测技术，增加电力配电系统的信息采集，采用物联网及大数据分析等技术对数据进行收集与分析，对故障进行定位、诊断，以提供最佳维护策略。

另外，动态显示屏自带智能管理模块，可支持远程智能、手动、定时启动上电功能，能在可用工作模式下正常运行，在非工作时间范围内自行断电断网，能在同等设备运行情况下实现节省40%功耗，有效降低和节省能耗。

智能化运维系统架构如图6-61所示。

一体化智能设备运维应用系统集成了设备运维、综合监控、能耗管理三大功能模块为一体，采用高效的通信接口技术，无缝融合各子系统的功能模块，使其操作界面统一化，并能深度融合各子系统间的业务模块。系统通过对空调、照明、安防、门禁、停车、UPS（不间断电源）等设备的运行状态监控、模式管理、报表输出以及对建筑能耗数据的采集、统计和分析，实现智能化设备的一体化监控和能耗管理。

第 6 章　客站运营管理智慧化

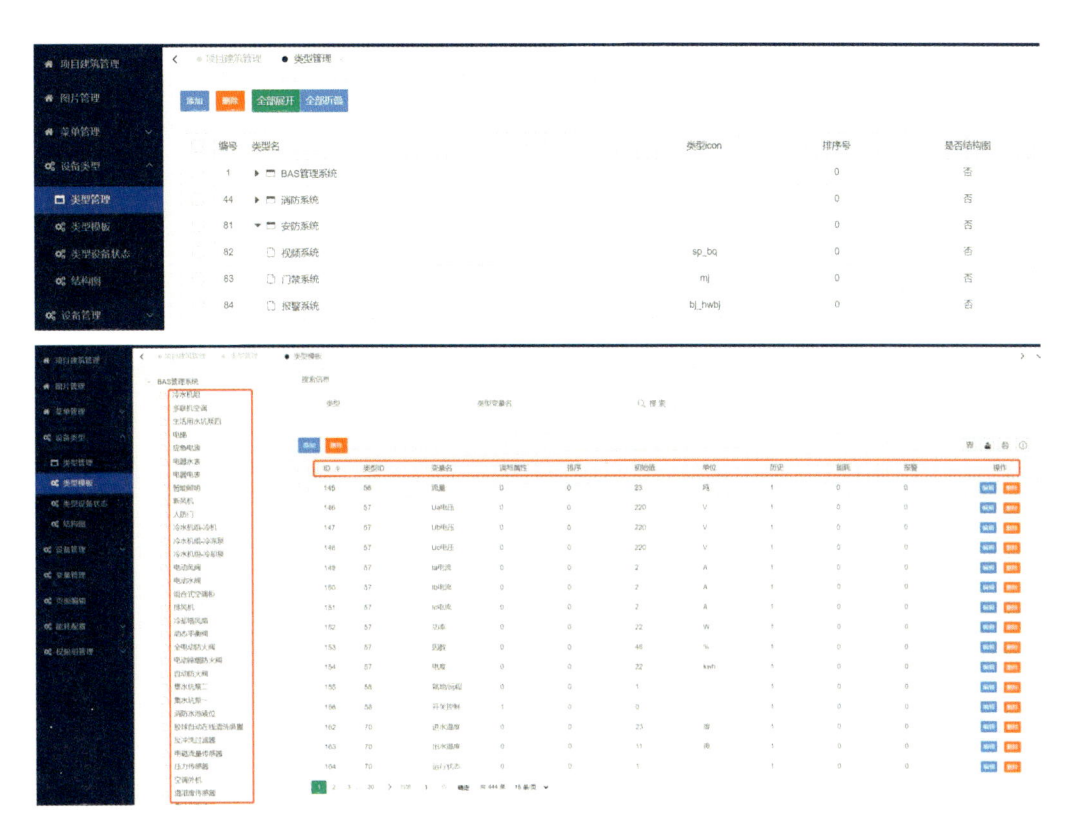

图6-60　管控平台与BAS系统平台互联

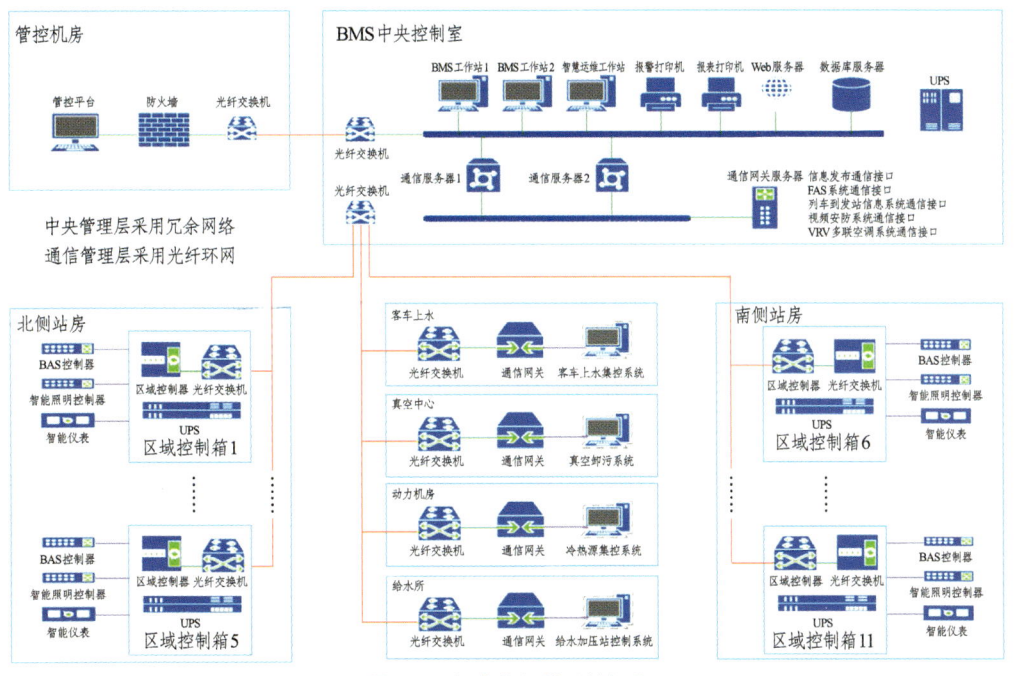

图6-61　智能化运维系统架构

203

6.3.1.1 智能设备运维

1. 基础管理

（1）组织管理：系统管理员可根据公司实际情况在系统中维护组织架构信息，指定部分负责人。系统支持批量导入或录入组织成员，并给成员分配相应的角色。

（2）排班计划：系统支持设置上班班次，班次可设置一天一个班次或一天多个班次。系统管理员可在系统中维护项目工作人员的上班时间、休息时间以及负责的工作内容，进行调班。例如：工程排班，可设置巡检人员和维护人员。

2. 运维知识库

（1）作业参考手册：系统管理员可在系统设置SOP（标准作业程序），便于项目员工在日常作业中查看作业规范，以达到规范作业行为、安全生产的目的。

（2）故障处理手册：提供系统中设备常见的故障原因和解决方案，以指引工程师快速定位故障原因和解决方案。

（3）巡检标准：提供系统设置巡检标准。巡检标准分为环境巡检标准和设备巡检标准。

（4）保养标准：提供系统设置设备的保养标准。保养标准可按设备系统和保养周期进行设置。

（5）维修案例库：维修案例库汇集日常维修的案例，为工程师维修设备提供参考，也可以为工程师学习专业技能沉淀实际经验。

3. 设备管理

（1）设备台账：支持创建或管理已有的设备，默认展示或根据搜索条件显示巡逻标准的列表，可按照设备系统组织树筛选。展示信息包括设备名称、设备位置、设备状态（运行正常、运行异常、设备离线）、首次启用时间和操作（新增、编辑、删除、查看），支持按照系统模板填写好的表格导入设备信息，进行批量新增设备功能。

（2）配置运行模式：展示运行模式详情，支持根据有效期、颜色、重复频次新建运行模式，根据此类告警设备或者此类告警设备的执行条件等告警条件触发其执行动作，也支持按照设备类型触发执行动作，并且生成执行记录。展示联动模式详情和列表，支持根据有效期、颜色、重复频次新建联动模式，根据此类告警设备或者此类告警设备类型的告警条件触发执行操作设备的联动动作，并且生成联动记录。

（3）设备运行监控：可按照标签分别展示设备基本信息、运行参数、告警事件和操作日志；可查看基本信息，包括设备参数和采购信息；可查看运行参数，包括设备属性和数值；可查看告警事件，支持按照折线图的方式查看历史记录。

4. 物业管理

（1）工单管理：可查看客户或内部人员提交的工单申请，并支持查询和导出工单。支持工单派发、取消、处理、工单验收和服务评价。每个工单都可设置限定完成时间。超时工单有向实施人上级逐级反馈提醒功能。提醒时间和级别可通过系统设定规则，工单统一执行。

（2）巡检管理：支持按日、周和月设置巡检计划，巡检机房。

（3）保养管理：支持按日、周和月设置保养计划，保养设备。

（4）物料管理：支持配置物料类型，支持对物料进行出入库操作。维修和保养使用的物料会与工单进行关联。

（5）供应商管理：支持新增、修改、删除和查看项目供应商的资料。

智慧物业管理系统如图 6-62 所示。

图6-62 智慧物业管理系统

5. 审批管理

（1）配置流程：支持工单审批流程自定义创建和修订，支持审批过程的监控和手动流转，支持审批流程的打印。

（2）审批申请：项目员工可以根据自身需求提交审批申请。例如：物料和物业保养计划等。

（3）业务审批：业务负责人可以审批或驳回业务申请。

（4）记录查询：支持查阅审批记录以及打印审批记录。

6. 客户服务

（1）客户投诉：客户通过移动端可在线提交投诉或物业考评，由客服中心集中受理。客户可在线查看受理人、受理时间、投诉答复、处理流程、监督监管等，实现受理及时、回复缘由、监管有效。

（2）服务申请：客户可以通过手机移动端与客户中心沟通客户服务，同时平台记录详细的问题描述，通过 APP 或短信等方式直接派单给客服处理人员处理。

7. 报警中心

（1）报警规则配置：支持按照具体的设备和设备类型来自定义设备告警，可添加和修改触发对象以满足某一条件或者任何条件，可以自定义参数范围为前提触发告警，可设置告警等级是否转工单操作。

（2）报警处理：值班人员可以将告警工单转派给相应人员进行跟进处理。

（3）自动生成工单：紧急告警系统会自动生成工单，分配给相应人员进行处理。

（4）报警统计：统计当日告警数据（总告警数量，未处理、处理中、已完成占比）、各类告警类型占比等，显示告警信息，支持按条件筛选。告警信息包括告警类型、系统、状态（未处理、处理中）、等级（严重、一般、提醒）、时间、具体设备、所处空间位置、告警内容。报警日志如图 6-63 所示。

图6-63　报警日志

8. 运维报表

（1）设备报表：支持统计设备完好率、故障率和告警数量等，统计周期可以是日、周或月。

（2）工单报表：支持统计工单及时率、工单数量和同环比情况等。

（3）保养巡检报表：支持统计保养任务次数和任务完成情况。

（4）用料分析：支持按物料类型统计用料使用情况，以及用料使用途径。

（5）财务报表：支持统计有偿维修的费用、维修费用、保养费用和物料费用。

设备智能运维系统如图 6-64 所示。

图6-64　设备智能运维系统

6.3.1.2　能耗管理系统

能耗管理系统各界面如图 6-65 ~ 图 6-68 所示。

1. 工区能耗统计

统一界面展示工区能耗概况，包括总能耗用量、占比、趋势情况以及用户关注的环境参数趋势和异常能耗统计。

2. 节能措施展示

能耗管理系统基于用能数据的实时采集和监视，通过大数据统计与分析，发现用能异常，指导用能管理，并能通过各类图形报表展示单位面积用能、空调面积用能等。

3. 能效对标展示

能耗管理系统提供对用电量、用水量、用冷量等用能数据进行趋势、占比、同比、环比等对标分析和展示。该系统支持对能源调度、设备运行、环境监测等要素指标进行多维对标分析；支持能耗趋势分析，帮助管理者实时了解能耗状况，为合理调配资源、节能减排提供有力的数据依据。

绿色低碳 数智赋能 ——现代化铁路枢纽广州白云站建设实践与探索

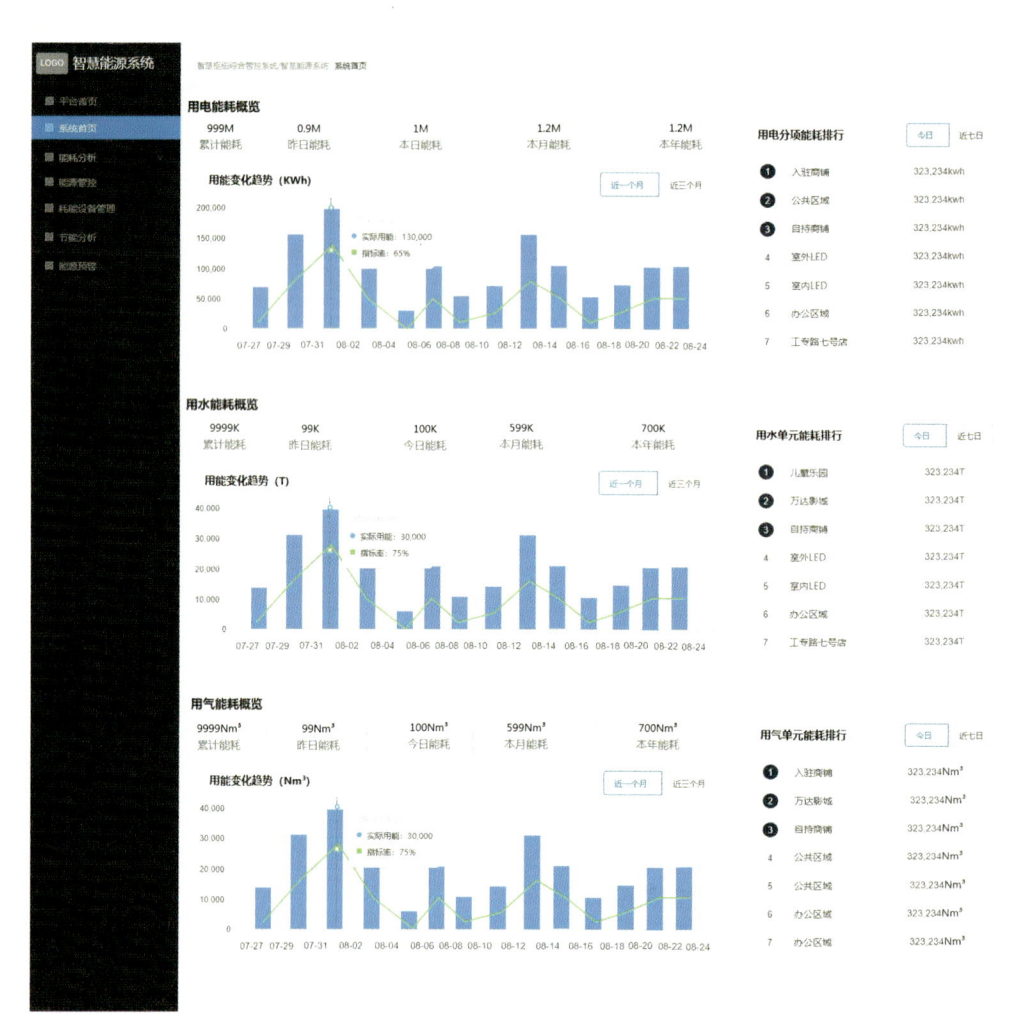

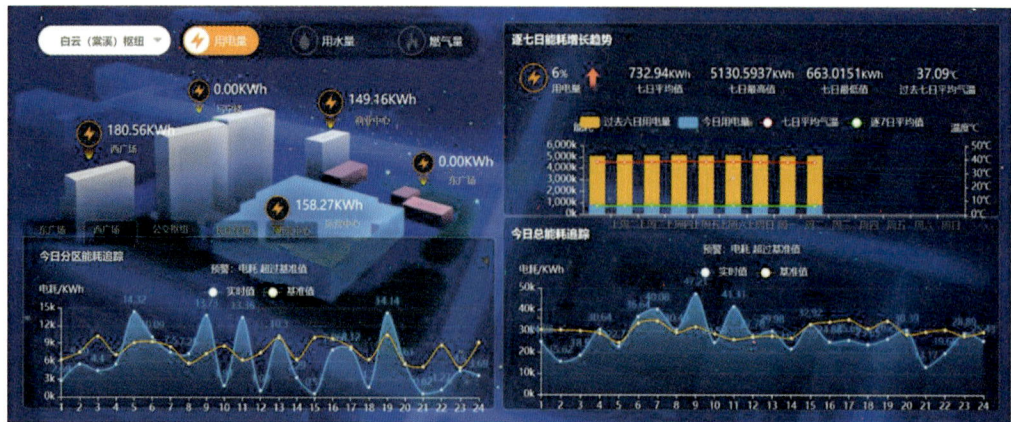

图6-65 能源系统

能耗管理

序号	租客	租住房间	租赁期限	操作
1	合同: LZ20181217000004-CD(v001)	9栋-1单元-5层-505	2019-01-01至2019-12-31	能耗查询 预警设置
2	合同: LZ20181217000002-CD(v001)	9栋-1单元-5层-503	2018-01-01至2018-12-31	能耗查询 预警设置
3	合同: LZ20181217000001-CD(v001)	9栋-1单元-5层-501	2018-01-01至2018-12-31	能耗查询 预警设置

图6-66 能耗管理

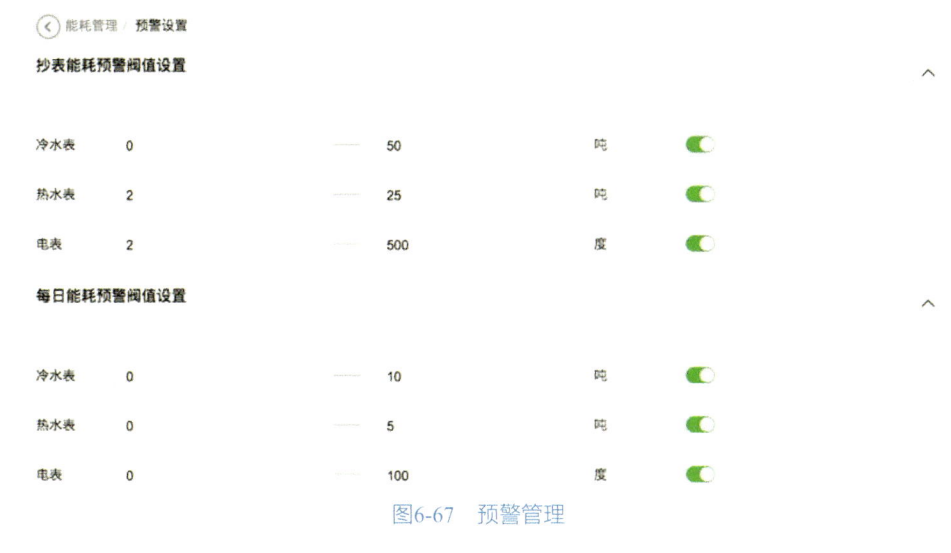

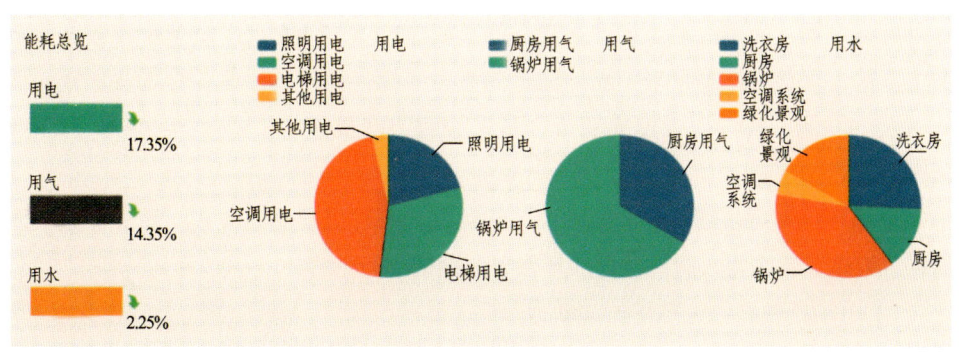

能耗管理 / 预警设置

抄表能耗预警阈值设置

冷水表	0	—	50	吨
热水表	2	—	25	吨
电表	2	—	500	度

每日能耗预警阈值设置

冷水表	0	—	10	吨
热水表	0	—	5	吨
电表	0	—	100	度

图6-67 预警管理

能耗总览

用电 17.35%
用气 14.35%
用水 2.25%

用电: 照明用电、空调用电、电梯用电、其他用电
用气: 厨房用气、锅炉用气
用水: 洗衣房、厨房、锅炉、空调系统、绿化景观

图6-68 能耗分析

4. 能耗报警预警

系统提供能耗异常报警功能。报警类型包括能耗预警、设备异常报警、通信异常报警和数据异常报警。网络出现通信异常时，触发通信异常报警，当通信恢复正常后，报警可自动解除。报警系统记录报警开始时间和报警消除时间，恢复后数据可以在合理范围内进行自动或手动修补，完成数据修复工作，以保证能耗数据的完整性和真实性。

6.3.2 智能节能降耗系统

绿色节能作为现代社会可持续发展的支柱，以其在能源利用方面的创新引领着能源革命。电动交通、智能建筑、可再生能源的广泛应用，正在改变着我们对能源的使用方式。电动汽车的普及减少了传统交通方式对石油的依赖，智能家居系统则通过优化能源利用，降低了家庭能耗。这些实践不仅在保护环境上有着显著的效果，同时也为产业发展开辟了新的增长点。碳中和作为应对气候变化的一项关键策略，旨在降低碳排放，甚至将其排放量降至零。项目管理者们纷纷响应，通过投资清洁能源、采用碳捕捉技术等手段，为应对气候变化贡献自己的力量。碳中和不仅有助于提高空气质量，减少温室气体的排放，更为未来的可持续发展奠定了基础。

然而，绿色节能与碳中和并非一蹴而就的事业，其中充满了各种挑战与机遇，而技术创新、政策法规、社会认知的提升都将影响这场变革。技术创新方面，先进清洁能源和碳捕捉技术的研发是必不可少的，这既是一项科学难题，也是潜在的经济机遇。在资金投入方面，研发这些技术需要投入巨额资金，但同时也催生了可持续发展领域的新兴产业和投资机会。城市和企业在转型过程中虽然可能面临经济成本的增加，但通过提高能源效益和降低环境污染，也有望在可持续经济中找到新的增长点。对于政策法规上的不完善，通过鼓励政府、企业和社会各界加强合作，以形成更有力的政策支持体系。国际合作是一个机遇，各国通过共享技术和资源，共同应对全球气候变化，推动全球可持续发展。而挑战主要集中在现有低碳城建技术落地困难以及碳排放数据库多个层面上。这一现状为市场带来了新的前景，激发了绿色创新，促使各行各业加速向低碳经济过渡。因此，我们需要拥抱变革，积极应对，在机遇中，要敢为人先，引领行业的未来。

在全球环保和可持续发展的浪潮中，铁路作为一种低碳交通方式，积极探索节能减排的智慧策略，旨在为人们提供更加环保、高效的出行选择。

（1）电动化铁路：为零排放添动力。

电动化铁路是铁路节能减排的一项关键战略。相较于传统的燃油机车，电力机车的使用不仅能够显著减少二氧化碳和颗粒物的排放,更在提高运输效率的同时减少了能源浪费。通过加速推广电动化铁路,可以有效减轻铁路运输对能源的依赖,实现零排放出行的目标。

(2)智能调度系统:精准化管理提升效能。

智能调度系统是铁路管理的一项重要举措,其采用先进的技术手段,实现对列车运行、停靠、能源利用的精准监控和调度。这不仅有助于优化列车运行的速度、间隔,减少能源浪费,还能够在提升运输效率的同时减少碳排放。智能调度系统的引入,使得铁路运输更加环保和高效。

(3)能效提升技术:绿色创新助力可持续。

能效提升技术是铁路领域绿色创新的关键,其采用新型材料、节能技术和智能化装备,使得铁路车辆能效得以显著提升。例如,采用轻量化材料、智能空调系统等,不仅可以减轻列车整体重量,还能够有效减少能源消耗,实现节能减排的目标。

(4)再生能源应用:绿色动力助推前行。

铁路在能源方面的另一项策略是应用再生能源。通过在铁路沿线利用太阳能、风能等再生能源,为铁路电力系统提供清洁能源,减少对传统能源的依赖,实现绿色动力的使用。这一创新助力铁路行业实现了更为环保和可持续的运营。

在铁路的可持续发展之路上,节能减排是一项任重道远的任务。电动化铁路、智能调度系统、能效提升技术以及再生能源的应用都是铁路行业为积极响应环保号召,创造更为清洁、高效的未来出行环境而做出的不懈努力。

白云站智能节能系统在湿热地区铁路站房建设中的应用是一项全面、可持续的创新。根据广州等湿热地区的气候特点,结合站房建筑空间高大、透明围护结构多、空间连通性强等特点,调研适宜的节能技术方案,运用数字化手段,推进湿热地区铁路站房建设与节能技术相适应,形成属于湿热地区的铁路站房建筑节能体系,助力我国交通系统的减碳升级。

白云站绿色节能降耗系统(图6-69)的提出和实施,对湿热地区铁路站房建设具有深远的意义。以下是对该系统在项目环境下的可持续创新技术的详细描述。

1. 适宜铁路场站的被动式节能技术分析

本节被动式节能技术研究的分析模型是用EnergyPlus软件进行能耗分析模拟而搭建的,模型的主轮廓尺寸定为370 m×224 m×36 m(长×宽×高)。为了更好地配合EnergyPlus能耗模拟运行,对于不规则的三角形或多边形表面进行了规则化和连续性处理,对于站房非围护结构以及与外部空间相连的结构进行了简化处理(图6-70)。

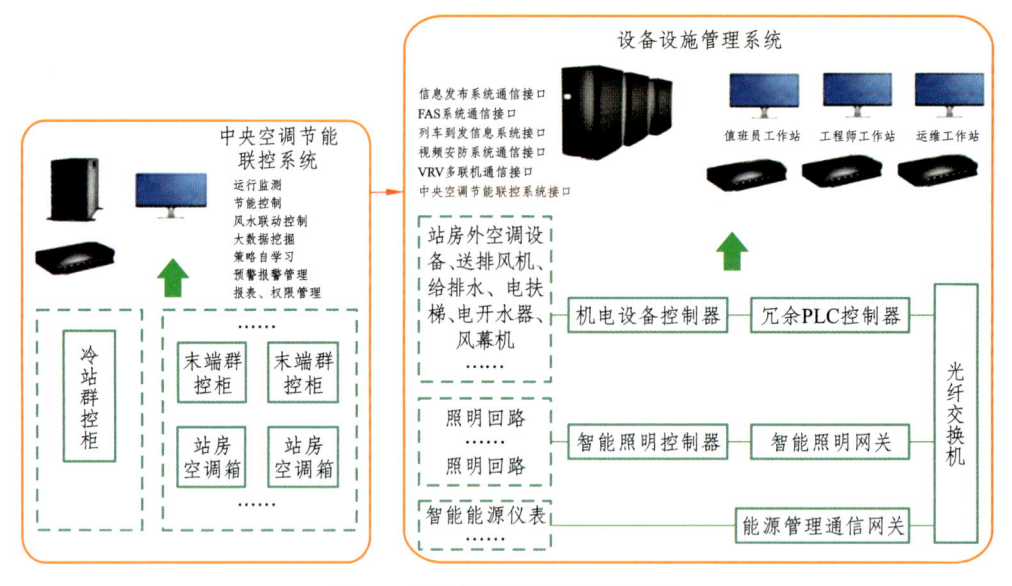

图6-69 高铁站房绿色节能降耗系统

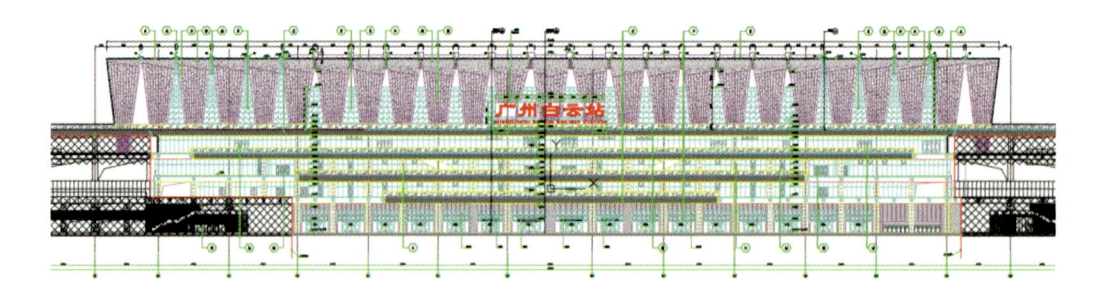

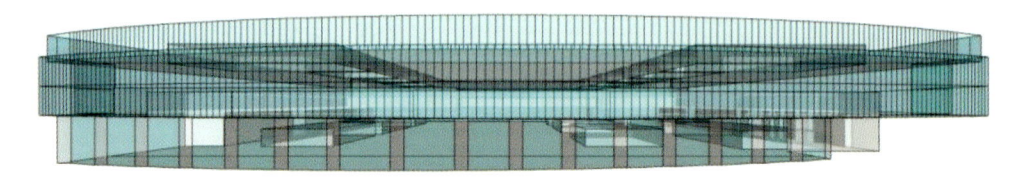

图6-70 规则化和连续性处理对比

2. 可再生能源与白云场站建筑一体化研究

可再生能源与白云场站建筑一体化研究采用热层压技术将玻璃基板、液冷换热器、PV/T（太阳能光伏/热）相结合，搭建实验台，将实验与理论模拟仿真结合，分析PV/T阵列工作温度分布特性和结构参数、运行参数对系统光电、光热输出性能的影响规律，如图6-71～图6-74所示。

第 6 章　客站运营管理智慧化

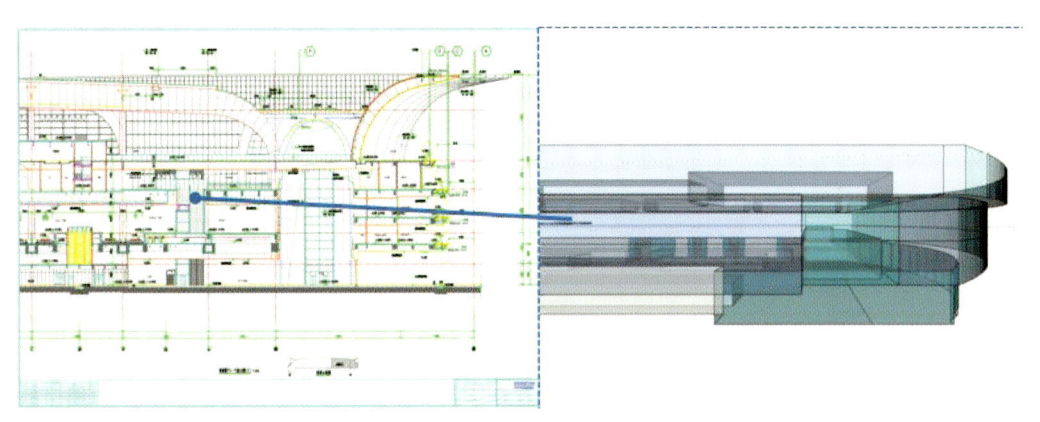

图6-71　结构简化处理对比

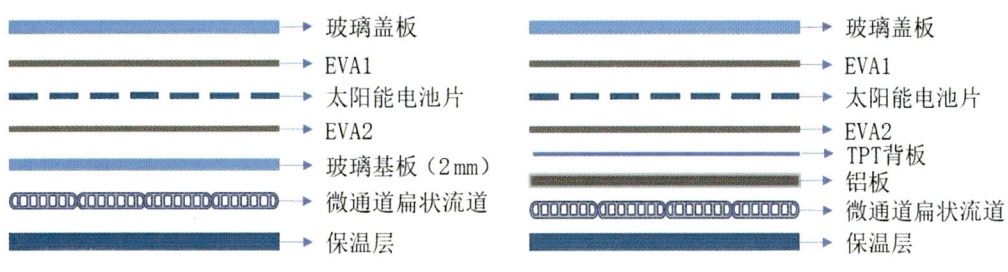

（a）玻璃基板微通道PV/T模块　　　　（b）传统微通道PV/T模块

图6-72　PV/T模块结构示意

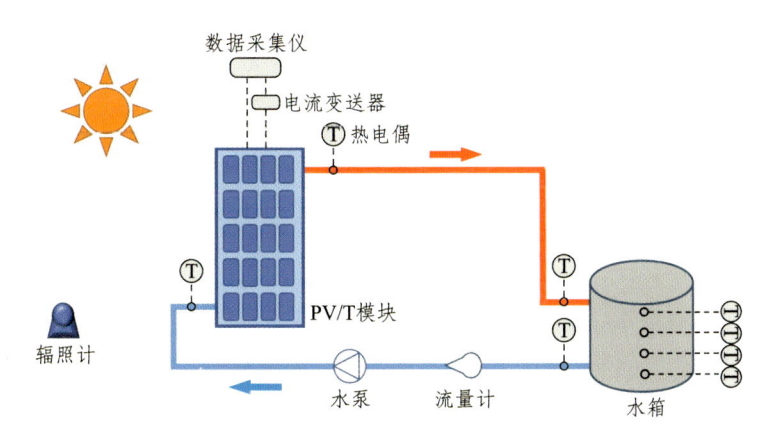

图6-73　PV/T模块性能测试示意

213

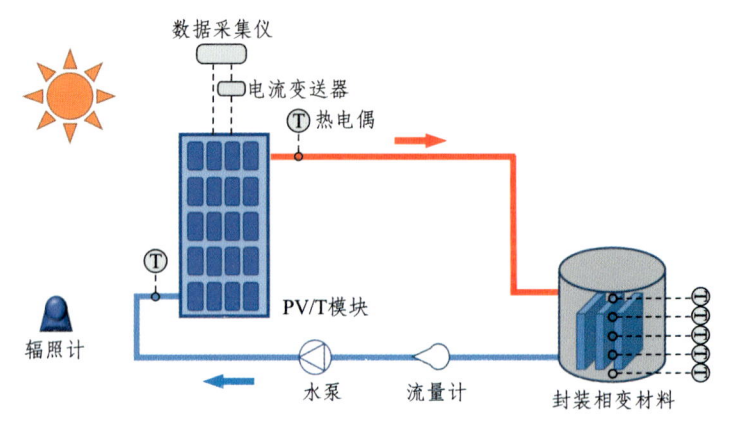

图6-74　PV/T耦合相变水箱性能测试示意

搭建新系统与传统系统对比平台，在室外环境条件下，实验对比两种模块的光电、光热能量输出性能。

3. 中央空调节能联控系统

（1）中央空调高效智慧管控系统可根据历史数据及气象、客流等实测参数提供初始运行策略，以使空调末端实现按需供冷（热）、新风，并根据运行反馈逐时调整；根据电动阀门、设备运行状态，调节管路水力平衡；远程协调设备运行工况以提高服役年限，减少操作强度和运行管理费用。

（2）系统以提高中央空调综合能效比为首要原则，通过空调末端分区节能群控、风水联动等，结合站房运行特点、分区使用情况、室外参数等数据，实时优化设备出力、台数，逐时寻优。

（3）系统具有存储大数据以及独立分析、计算的能力，能很快趋于优化的调节值，且不会因为较小变量引起空调系统振荡而反复调节，系统运行稳定。

（4）根据站房空间、功能、需求等不同对空调箱进行分组，实现群组控制。进站厅、售票厅、商业前厅与候车厅将具有不同人员密度、停留时间、室内参数需求的空调箱分开分组；候车厅内将服务于不同检票/候车区域、人流密度与使用时间有一定差别的空调箱分开分组。

（5）进站厅、售票厅、商业前厅等人员短暂停留区域，根据研究结果，优化重设温湿度、新风标准，有效降低空调负荷。候车厅空调箱根据服务区域实际情况设定占用模式、非占用模式、紧急模式等3种工作模式。其中，占用模式为该空调机组服务区域正在使用（有正常客流或发车信息反馈正常），回风温度设定值＝设定好的数值；非占用模式为该空调机组服务区域没有使用（无客流或没有发车信息），回风温度设定值＝

设定好的数值 ± 非占用模式数值偏移；紧急模式为该空调机组服务区域处于紧急情况下，回风温度设定值 = 设定好的数值。通过群组按需调节，人流大的加大出力，人流小的减少出力，避免"大锅饭"，降低无客流或少客流区域的空调供应，降低能耗。

（6）根据服务区域的负荷需求，对该服务区域的多台空调箱进行台数自动启停，对运行的空调箱风机频率、送风温度进行协同设定，提高空调箱冷水盘管的换热效率和风机输送系数，同时保证服务区域的送风均匀性和送风距离效果。

（7）依据室外空气实时焓值与室内空气对比，自动切换通风模式、全新风空调模式、空调模式，最大限度地利用室外自然冷源。

（8）利用围护结构蓄能特性，根据运行数据积累分析，自动给出客站空调机组开闭站时的最佳启停时间。

（9）利用夜间较低的室外气温，自动给出新风换气控制策略。

（10）对室内外环境、中央空调能耗、能效等数据进行采集、分析，结合空调末端的设备监控，逐时寻优，给出冷站的设备出力、优化控制策略，下发至冷站群控系统执行。例如：根据空调末端水阀平均开度、平均送风温度等进行反馈调整，在满足末端供冷的前提下，通过提升冷机的出水温度、末端送风温度重设或降低冷冻水泵频率、提升水阀开度等策略择优选择，实现风水智能联动，保证整体能效最优。

6.3.3 智能环保监控验收

新时代新征程我国生态文明建设面临新形势新要求，我国不断完善生态环保法律制度体系，深化生态文明体制改革。铁路作为重要的生态影响类项目，建设过程中不可避免地会产生一些生态破坏、环境污染等问题，是环保主管部门监管的重要领域之一。要实现绿色铁路发展理念，控制建设带来的不利环境影响，使建设程序依法合规，环境保护、水土保持措施得到有效落实，必须强化对建设项目全过程的环境管理，及时发现、处置建设中产生的环境问题，确保铁路建设全周期得到有效监控。近年来，大数据、物联网、无线互联、通信技术得到快速发展，基于空间遥感、智能识别的环境监控技术，为铁路建设项目实现智能监管提供解决方案，可以有效克服传统环境监管时效性滞后、人力成本高、监管范围有限、数据量不足等问题，同时协调环保、水保等政府部门，帮助站房指挥部顺利完成环保验收收尾工作。利用智能环境监控及环保验收技术开展环境监控、环境监理及环保验收工作，实现项目全过程管理，确保各项环保措施得到有效落实，满足环评报告及批复文件要求。

第 7 章 总结与展望

本书依托广州白云站站房及相关工程建设，以管理标准化、建设一体化和数据协同化的建设管理理论为标准，以数字化管控平台为依托，融合信息化建设与设计、施工、监理、数字化交付和智慧车站为一体，积极探索"绿色低碳、数智赋能"的智能建造新模式。通过白云站的信息化建设实践应用，在"站城融合设计""智能建造""数字化交付""智慧车站"等一系列信息化建设中取得了很多不错的成效，其主要如下：

在站城融合设计方面，从整体发展趋势来看，站城融合理念符合国家发展战略以及铁路便捷出行对新时代站房建设的需求。白云站以站城融合为引领，深化"规划、功能、交通、空间、风貌"等"五要素"融合。推动"多规合一"，枢纽的规划与片区城市规划统筹推进，将配套道路、城市轨道、水电气讯等基础设施和配套综合开发概念规划与城市规划控制性详细规划协调融合，做到规划一张图，从源头上确保枢纽建设与城市发展有机衔接、高效融合，突出枢纽的核心交通功能，完善片区的城市功能，打造独具特色的产业体系、服务体系和生活体系，建设城市新地标、发展新引擎。以"畅通融合、高效顺畅、便捷有序"为原则，打造"四网融合"示范枢纽，构建枢纽内外一体化的集疏运体系，保障区域立体畅达、内外转换高效，实现交通组织安全、便捷、高效、可靠。深化站城空间融合设计，实现地下、地面、地上空间便捷联通和整体利用，249m标高的出站层设置城市通廊，缝合铁路对城市空间的切割，形成立体化、复合化、一体化的站城融合空间。推动白云站片区生态风貌、城市风貌融合发展，以山水生态为本底，以白云站为核心，采用层层退台的设计手法，引领城市整体风貌景观打造，形成景中建城、城中有景、景城相依的一体化风貌格局，建设站、城、景有机融合的典范。

在智能建造方面，信息化建设的推广应用正在改变我们传统的思想观念和工作方法，发挥信息化在铁路建设管理中的重要作用，给项目建设管理带来了变革和实惠。信息化在推进实现铁路智能建造方面具有关键作用。白云站采用了混凝土叠合楼板施工技术、承插型盘扣式钢管脚手架施工技术、地下止水帷幕施工技术、绿色装配式护坡、泥浆0

排放系统、高强钢筋直螺纹连接技术、组合铝合金模板施工技术、钢结构深化设计与物联网应用技术、深基坑施工监测技术、建筑垃圾减量化与资源化利用技术，通过优化施工组织设计，减少施工过程中的环节，缩短工期，降低成本，同时降低建筑对环境的影响，提高使用寿命和品质。同时白云站积极应用节点建模、复杂溶洞地质仿真、管综路由深化、钢结构施工方案及优化幕墙、装饰、膜结构施工设计等BIM应用，加强了对施工质量和深化精度的管理。此外，白云站积极推广智能化装备施工及预制装配式施工，拓展智能随动布料机、地面整平机器人、三维激光扫描机器人等智能机器人、三维激光扫描与无人机摄影、智能拌和站、智能化钢筋加工以及装配式施工等多个智能建造应用，同时应用预制叠合板、装配式机房等预制装配式施工，基于产业链协同打造了人、机、料、法、环等各个生产要素的智能建造新模式，取代了施工过程中的繁重劳力及危险作业，提高了项目标准化施工水平。目前，铁路智能建造正处于运用新一代信息通信技术集成积累大数据阶段，在后续探索基于大数据的项目管理应用于工程实践、利用信息化提高智能建造装备革新、提高人工智能技术水平、实现高级智能建造过程等方面，信息化具有极为广阔的发展应用空间。

在数字化交付方面，数字化建筑是建设智能建筑的必经之路，而数字化交付则是为建立数字化建筑和实现智能建筑提供数据来源和数据基础的重要手段。以统一的数据协同为基础，构建出一体化数字管控等多个工程建造监测预警管控平台，实现从质量、进度、安全上全方位的协助管理。同时，白云站积极开展协同应用，运用BIM+AR竣工验收系统成功改进了验收的效率和精度。综上，白云站项目积极响应国铁集团、广铁集团号召，积极探索站房数字化交付新模式，为今后开展大型铁路站房数字化交付起到了很好的案例作用。

在智慧车站方面，随着工业4.0时代的到来，智能化、数字化已然成为主流发展方向，其中智慧车站就是铁路智能化的重要组成部分。白云站采用"绿色低碳""智慧车站"的理念，利用光谷引导技术、赋能绿色发展，通过数据库集成，建立旅客便捷服务、车站高效作业和环境绿色环保的生产管控平台，打造更深层次的智慧车站，确保旅客无障碍便捷服务、车站安全高效作业、环境绿色节能环保，建设出更好拓展铁路建设的信息化应用以及更舒适的出行环境。旅客服务智能化便捷终端让旅客出行更便捷、车站运行更流畅。

在一体化建设管理方面，为确保把广州白云站打造成世界一流铁路精品站房工程，白云站大力推广应用新技术、新工艺、新材料、新设备的"四新"技术，坚持四个到位，即理念到位、组织到位、机制到位、协调到位，优化深化设计，创新工艺工法，强化建设管理，建设管理标准化、建设一体化、数据协同化的建设管理方案，实现专业化建设管理模式。同时，应用一体化数字管控平台形成先进的建设管理模式，包含以设计、建设、运营全寿命周期管理为目标，以BIM技术为核心、云计算为平台架构、感知技术为基础、移动互联为传输手段、建设项目为载体，建立的统一的铁路工程管理平台。在调研全路其他大型站房枢纽信息化管理成效后，在借鉴杭州西站优秀成果的基础上定制研发使用的多元数据融合调度指挥系统，在施工中进行全过程的进度跟踪。在施工完成后可进行钢结构全生命周期追溯的钢结构全生命周期管控系统，其集成了进度管理、质量管理、安全管理、人员管理、AI监控、智能监测等模块，实现虚实互动数字对称管理的智慧工地一体化管控及终端以及将自动监测预警平台应用于深基坑工程中建设的岩溶深基坑自动监测预警系统。应用智慧监理管控平台在现场项目施工过程中，针对现场具体需求进行定制化服务，对进度、投资、质量、安全、设计、环水保等重点环节进行管理，贴合现场管理，精准重点管控，避免信息大而冗杂，有效提升管理效率，降低管理成本。信息化建设要勇于开拓创新，敢于在数据信息承载和传达基础工作中创新，敢于在施工数字化施工、加工、虚拟现实和装配式建造方面创新发掘潜在应用价值，敢于在人工智能方面创新，敢于在打造智能建造新模式创新中探索实践。

站城融合设计体现了高铁站房与城市空间的有机融合，通过优化交通流线、提升城市功能，实现高铁站房与城市发展的共赢。智能建造利用先进的信息技术和制造技术，提升高铁站房建设的效率和质量，减少资源浪费，增强建筑的可持续性。数字化交付基于三维数字化技术，通过将站房工程建设过程中的各种信息以三维数字化的形式进行表达和传递，实现站房工程建设全过程的数字化管理和交付。智慧车站以旅客为中心，通过智能化管理和服务，提升旅客的出行体验，实现高铁站房的智能化运营。一体化建设管理不仅提高了铁路客运效率、运输安全以及服务水平，还注重整体规划、信息共享、管理创新，充分发挥各个单位优势的同时，加强对相关人员的培训和考核，形成长效机制，不断提升管理水平和服务质量。

通过站城融合、智能建造、数字化交付、智慧车站、一体化管理等方面的信息化建设与尝试，我们发现，智能建造技术的发展将为建筑行业带来革命性的变化。随着智能建造技术的不断完善，其应用将不仅局限于建设阶段，还将拓展至运维阶段，在运维阶段与智慧运维平台相结合，更高效地实现智能监测及建筑管理在使用和维护中的能源消耗和绿色低碳应用，最终实现智能建筑及智慧城市的愿景。

然而，在实现高质量站房建设的同时，白云站也存在着一些不足和挑战：① 白云站的站城融合一体化建设不够充分，未形成可参照的标准。② 由于国内外智能建造的研究仍处于起步阶段，本书在进行文献分析时不可避免要受到限制，但随着相关研究的不断深入，理论研究与实践越来越成熟，智能建造的发展必将更广阔。③ 受本书作者工作实践和理论知识的限制，对于智能建造、数字化交付、智慧车站、一体化管理等的分析和理解还不够完善，具有一定的主观性。

未来，我们将继续秉承满足旅客美好生活出行需求的同时，进一步提升旅客的出行舒适便捷，以发展新质生产力为推手，通过在高铁站房站城融合设计、一体化建设、智能建造、智慧车站等方面的深入探索实践，结合交通、天气、住宿、购物等大数据，研究路地信息互联互通，运用信息技术，为旅客提供智能便捷的服务，提升旅客的一体化出行体验。

参考文献

[1] 郑健. 新时代站城融合协同发展的实践与思考 [J]. 科技导报，2023，41（24）：20-27.

[2] 王同军. 智能铁路总体架构与发展展望 [J]. 铁路计算机应用，2018，27（7）：1-8.

[3] 王峰. 我国高速铁路智能建造技术发展实践与展望 [J]. 中国铁路，2019，（4）：1-8.

[4] 金智洋. 杭州西站站城融合设计创新 [J]. 建筑技艺，2023，（S2）：72-79.

[5] 李迎九. 智能建造技术在铁路建设管理中的应用探索 [J]. 中国铁路，2018，（5）：1-7.

[6] 刘飞香. 铁路隧道智能化建造装备技术创新与施工协同管理展望 [J]. 隧道建设（中英文），2019，39（4）：545-555.

[7] 买亚锋，张琪玮，沙建奇. 基于BIM+物联网的智能建造综合管理系统研究 [J]. 建筑经济，2020，41（6）：61-64.

[8] 喻晓. 基于站城融合背景下交通枢纽更新升级——以松江南站为例 [J]. 智能建筑与智慧城市，2023，（12）：149-151.

[9] 朱旻，孙晓辉，陈湘生，等. 地铁地下车站绿色高效智能建造的思考 [J]. 隧道建设（中英文），2021，41（12）：2037-2047.

[10] 张宏瑞，汪咏琳，朱紫威，等. 轨道交通工程智能建造技术应用研究 [J]. 运输经理世界，2022，（28）：80-82.

[11] 张杰，马弯. 基于BIM的黄黄高铁无砟轨道智能建造创新应用 [J]. 中国铁路，2022，（8）：68-75.

[12] 赵有明. 基于BIM技术的智能建造在铁路行业的应用与发展 [J]. 铁路计算机应用，2019，28（6）：1-6.

[13] 王可飞，郝蕊，卢文龙，等. 智能建造技术在铁路工程建设中的研究与应用 [J]. 中国铁路，2019，（11）：45-50.

[14] 欧月琴. 城市更新背景下城市轨道交通站城一体化综合开发研究 [J]. 运输经理世界，2023，（31）：4-7.

[15] 曹少卫，严心军，董无穷，等. 钢结构工程全生命周期管理平台在高铁站房工程中的研究与应用 [J]. 土木建筑工程信息技术，2021，13（2）：51-59.

[16] 张其林，李晗，杨晖柱，等．钢结构健康监测技术的发展和研究 [J]．施工技术，2012，41（14）：13-19．

[17] 刘金锁，张凤龙，曾亮，等．京津城际延伸线于家堡站房穹顶单层网壳钢结构运营期健康监测方式研究 [C]// 中国钢结构协会．第五届全国钢结构工程技术交流会论文集，2014．

[18] 陈翀，李星，邱志强，等．建筑施工机器人研究进展 [J]．建筑科学与工程学报，2022，39（4）：58-70．

[19] 赵洪斌．数字化转型在绿色建筑施工中的应用 [J]．佛山陶瓷，2023，33（12）：77-79．

[20] 赵云伟，吴华鑫，薛仁宗．基于"双碳"目标背景的建筑业智慧与绿色建造发展方向研究 [C]// 中国土木工程学会总工程师工作委员会．中国土木工程学会总工程师工作委员会第二届总工论坛会议论文集，2022：5．

[21] 段瀚，张峰，陈高虹，等．建筑机器人驱动下的智能建造实践与发展 [J]．建筑经济，2022，43（11）：5-12．

[22] 黄宏庆．BIM 技术在建设项目全生命周期中的应用与探讨 [J]．2021 水利水电地基与基础工程技术创新与发展，2021．

[23] 曹洪亮，高迅．BIM 技术在大型产业园中的全生命周期应用 [J]．建筑施工，2020，42（9）：1773-1775．

[24] 范伟亚．BIM 技术在建筑工程项目全生命周期中的应用探索与实践 [J]．砖瓦，2022（5）：71-74．

[25] 林凤钦．建筑机器人及智慧工地应用出发点及着落点 [J]．机械管理开发，2021，36（2）：266-269．

[26] 汪再军，周迎．基于 BIM 的建设工程竣工数字化交付研究 [C]// 中国图学学会土木工程图学分会．第八届 BIM 技术国际交流会——工程项目全生命期协同应用创新发展论文集．华中科技大学土木与水利工程学院；广联达科技股份有限公司，2021：10．

[27] 卜莉敏．建筑机器人在我国的应用现状及推广难点研究 [J]．现代制造技术与装备，2023，59（3）：186-188．

[28] 蒋鹏程，刘泽宏，莫崇杰，等．BIM 在大型铁路与地铁综合交通枢纽中的应用 [J]．施工技术（中英文），2022，51（23）：31-34．

[29] 赵卫东，刘宏．BIM 技术助力建筑企业智能建造管理升级 [J]．施工企业管理，2022（7）：50-52．

[30] 张涛. 建筑机器人在高铁站房建造中的探索与应用[J]. 智能建筑, 2022（3）: 18-20.

[31] 于军琪, 曹建福, 雷小康. 建筑机器人研究现状与展望[J]. 自动化博览, 2016（8）: 68-75.

[32] 赵飞飞, 苏林, 渠涧涛, 等. 铁路工程BIM设计成果集成数字化交付技术研究[J]. 铁道工程学报, 2022, 39（12）: 97-103.

[33] 邹帅. BIM数字化交付平台在工程可行性研究阶段的应用[J]. 土木建筑工程信息技术, 2021, 13（4）: 74-79.

[34] 高先来, 张建宁, 张永炘, 等. 基于AR与BIM技术融合在变电站工程中设计与验收的应用[C]// 中国图学学会建筑信息模型（BIM）专业委员会. 第九届全国BIM学术会议论文集, 2023: 10.